MINERVA
社会学叢書
㊿

犯罪統制と空間の社会学

ゼロ年代日本における犯罪・都市政策

山本奈生著

ミネルヴァ書房

犯罪統制と空間の社会学　目次

4　都市再生本部（2005）「都市再生プロジェクト（第九次決定）」
（平成十七年六月二十八日、犯罪対策閣僚会議と都市再生本部合同会議、配布資料1―5より）

5　犯罪対策閣僚会議（2008）「犯罪に強い社会の実現のための行動計画２００８」序文

序　言

1　本書の対象と企図

二〇一〇年代の半ばから振り返ると、ほんの十年前に起こり連日ニュースで報じられた出来事の多くが忘れられていることに気付く。例えば二〇〇五年前後に始まり、その後数年間にどの街角でもみられることとなった「防犯パトロール中」のパネルが付いた自転車や黄色いジャンパーを着た人々の活動は、今はやや下火になって以前の盛り上がりはみられなくなった。

その当時、私たちの社会はある出来事を警戒していたのだった。附属池田小学校や寝屋川市立中央小学校、宇治小学校などでこの時期連続して発生したような小学校での事件や、あるいは秋葉原殺傷事件に代表されるような無差別的な通り魔から、社会は防衛されなければならないと。しかし今日、当時報道された中でも最もセンセーショナルであった秋葉原事件を除けば、その類似事件の概要や事件に関係した人々のその後について私たちは何を記憶し、社会は何を為しえたのだろうか。例えば、秋葉原事件と近い時期に起こった通り魔事件では名古屋市の連続通り魔事件（〇三年）、茨城県土浦市の連続殺傷事件（〇八年）、JR大阪駅構内での無差別傷害事件（〇八年）、八王子市の「ショッピングセンター内通り魔事件」（〇八年）など、これらの当時トップニュースとして報じられた一連の殺傷事件を、私たちはどれほど覚えているだろう。

後で検討していくように、ゼロ年代の中頃から多くの殺傷事件が報じられ、日本における治安は深刻な危機に晒されていると警察庁が発表し、当時の小泉および第一次安倍政権は犯罪に強い社会を目指すと明言した。その通り、第二次安倍政権が「秘密保護法」や「集団的自衛権」といった国家外部の「敵」を想定してきたのとは対照的に、第一次安倍政権は確かに自著等では憲法改憲論を主張してはいたものの、実行に移されたものは社会の内部における治安問題への防衛戦であった。

この間一部の専門家からは実際の殺人事件総数は増加しておらず、犯罪認知件数の増加は警察窓口対応の変更によるものだとの指摘もなされたが、「防犯ボランティア団体」の構成員は二〇〇三年の約一八万人から五年後の〇八年には二五〇万人余りに膨れ上がる。しかし、二五〇万人まで増加した地域防犯活動の参加者の増加数は二〇〇九年以後急激に落ち込み、〇九年から一三年末までの増加数は一〇万人ほどに止まっている（警察庁 2014）。そしてかつての五年間で増加した二三〇万人余りの参加者らのうち、何人が現在もまだ活動しているというのだろうか。

その原因の一つは、かつて連日みられた犯罪報道が、二度の政権交代や世界同時不況、「領土問題」、そして大震災と原発の報道に取って代わられたことに起因するのかもしれない。ゼロ年代の半ばには犯罪問題が大きなニュースになりがちであったが、リーマン・ショックから「集団的自衛権」問題に至るまでの期間、報道機関はトップニュースには困らなかったはずだ。しかしそれでも、私たちの社会は一度、犯罪問題から社会を守ろうと決起し、それを実行に移しつつあったのであり、そうした行為の構造的要因はマスメディア上の言説にのみ位置するものではないだろう。これは党派政治の場においても同様であり、メディアや世論調査の言説をポピュリズム政治が常に参照しているからといって、そこで言説の取捨選択を行う主体性をより強く発揮できるのはいつでも政権与党の側なのである。

本書が対象にしようと試みているのは、ゼロ年代日本における犯罪政策と、その帰結であり、より具体的には「環境犯罪学」（とりわけ「割れ窓理論」）や、「自主防犯活動」あるいは「犯罪対策閣僚会議」と「都市再生プロジェクト」の関係性についての言及がなされる。[1]

しかし、本書が対象にしているものは以上のものでありながら、それらへの理論内在的な評価ではない。すなわち、本書は犯罪学や政策学や、都市工学といった社会科学の理論に内在的な諸々の論理や合理性にしたがって、それら諸科学の「成果」や「より良き方法」についての是非を論議しようと試みるものではない。

ここではゼロ年代の犯罪政策を、現代日本における国家と社会の関係、および複数の権力（les pouvoir）が典型的に観察されるひとつの領域であると捉え、そこから現代日本における状況の一断片を切り抜き、その空間構成の論理と権力の作動方法について言及しようと試みた。本書においてゼロ年代日本の犯罪政策は、国家・社会間の関係性が変質する場であり、どのような空間を「望ましいもの」とし、どのような事物を「無秩序」だと捉えるのかといった、日常性と結び付きながら、しかし社会構造的なものとも関係をもつ空間管理の場として捉えられている。

「安全、安心なまちづくり」の必要性が述べられ、「官民一体」となった施策が行われ、国土の隅々にまで「自主防犯団体」が配置されるとき、そこで作動した、あるいはそれらの配置を可能とした力学はどのようなものであり、どういった空間、国家、社会の関係が志向されていたのかを明らかにすること、これが本書における問題圏だといってもよい。したがって、ここではゼロ年代日本における諸々の犯罪政策／施策に対して社会学的かつ批判的な言及を行うことで、これを通して、ゼロ年代日本における国家と社会、空間と権力の配置を描き出すことが企図されている。

もちろん、素材となる対象物のそれぞれに対して、実証社会学的、政策論的な言及は多くなされ、また「自主防犯団体」の質的データを用いる箇所もある。しかし、本書は決して実証社会学的な調査研究の報告書ではなく、先述したとおり犯罪学や政策学の理論内在的な論考でもない。本論は社会学や、あるいは社会思想的分野における空間論、権力論を念頭におきながら構成された批判理論を志向しており、そして、より抽象水準の高い一般理論の構築に資するために、出来事の把握と、これへの理論的解釈が加えられる。

より具体的な観点から筆者の企図を、もう少し詳細に説明してみよう。ゼロ年代の日本で行われてきた小泉‐安倍政権以後の犯罪政策は、コミュニタリアニズムや新保守主義的な理念をもちながら、その一方で都市空間を道具的に扱おうとする景観・観光政策とも明示的なつながりをもちつつ（都市再生プロジェクトと犯罪対策閣僚会議による合同の会議・施策など）、それら二者を矛盾なく連接させてきた。こうした国政的水準における志向性は地方政治の舞台で各々再解釈され、さらに施策の実施主体でもあり政策を支持しうる人々でもある国民、とりわけ町内会などの中間集団に所属する人々に対して、施策・制度上の影響力を発揮してきた。

ここで政策的に援用された「環境犯罪学」、とりわけ「割れ窓理論」は犯罪それ自体にではなく、「犯罪的なもの」に対する予防的措置を講ずるための方法論としても、理念上の枠組みとしても採用されてきたが、そうしたリスクに対する未然の試みは、不可避的に現場における施策の恣意的な選定を伴わざるをえなかった。地方議会における各種条例の制定や、私的・公的な諮問会である「有識者会議」の設置、よりミクロには現場住民の「声」などによって、社会にとっての警戒対象は変転し、中間集団の規範や多くの住民が前提とする「常識」によって具体的な施策内容が規定されてきたのである。

ここにあって国家と社会の一体性を強調し、警察人員だけではなく、多くの「一般市民」こそが犯罪政策の重要なアクターであるとの言辞が政府や「有識者」によってなされてきたが、これはとりもなおさず国家・社会の合一を保証しようとするものであると同時に、国家・社会の亀裂を証明するものでもあった。なぜならば、一般的な観光政策や環境政策であったとしても、中間集団内部においては、社会関係資本や正統性の多寡によって発言権の差異が生まれることはしばしば指摘されるが、当該政策は、社会内における「リスク・グループ」としての人口集団や事物を措定し、そして同じ社会内で「一般市民」による「犯罪的なもの」の不可視化を企図していたからである。この点については、都市社会学者の吉原直樹が、『コミュニティ・スタディーズ』においても触れている点であって、彼はこのような「割れ窓理論」の過度の適用は「コミュニティの柔軟性を殺いでしまう惧れがある」と指摘し、理念的にあるべきコミュニティのあり方は複数性を擁護し、国政的観点から距離をとった「生きられた共同体」であると主張した（吉原 2011）。

ここまでの議論に留意するのであれば、ゼロ年代日本の犯罪政策は、犯罪政策でありながら同時にデモクラシーの場を分割する根底的な領域として、あるいは既存のヘゲモニーが作動する場としても把握されうるし、また今日の状況を鑑みるに、そうすべきであろうとするのが筆者の立場である。

以上の具体的な出来事は、より抽象的に把握するのであれば、空間を国家・社会はどのように取り扱い、配慮しなければならないのかについての言説的領域における変動を示している。しかし、すぐさま指摘しなければならないのは、この出来事は言説上の出来事であると同時に、現実の都市における街路・街区の変位として、そして実際に存在する社会内の不平等や日常的な偏見と不可分であり、決して想像上の産物ではないということであろう。

今日、「一般市民」が「犯罪的なもの」を指示し、国家とともに空間への配慮を示す、その小さく見過ごされがちな視線の送り方の中に、国家の問題関心はもっとも典型的に現れる。L・アルチュセールが警察官の呼びかけ、その象徴的な身振りのたった一片に、国家とイデオロギー、そして主体化の力学が凝縮されていると論じたのと同様に（Althusser 1970/1976＝1975）、ゼロ年代日本における「犯罪的なもの」への視線のうちに権力性は反復され、そこに国家・社会・空間の関係が読み込まれている。

あるいはデヴィッド・ハーヴェイが、『コスモポリタニズム——自由と変革の地理学』において、とりわけアンリ・ルフェーヴルを参照しながら、言説上の「場所」や「空間」の編成は、現実の地理学的な不均等との弁証法的関係において議論しなければならないと主張したことを想起しながら（Harvey 2009＝2013）、本書では一連の犯罪政策と地域社会において微視的に生じた現象を、言説上の力学と現実的な権力、犯罪政策と文化政策、メディア・イメージと地域社会でのミクロな社会的行為などとの関係論的な問題を取り扱おうと試みたい。

2　理論／思想的視座

（1）フーコーと空間

本書の観点を構成するのは、すでに上述の文章からもある程度推察できるように、まずもってミシェル・フーコーの思想である。そのほかにも多くの思想家から本書の視座を構成するに際して恩恵を受けたが、それらすべての名前をあげるのは控えよう。ここではフーコーのほかに、ルフェーヴルとジャック・ランシエールの名をあげるに止めておきたい。

もちろん、これら社会思想的泰斗の議論を筆者はフランス思想の専門家として理解しているわけでもなければ、また本書は哲学・思想史の論考を企図しているわけでもない。ここでは例えばフーコーを文字通り「道具箱」として用い(2)、筆者が理解しえたと思われる範囲の、これら思想家から受け取った二つか三つの事柄をゼロ年代日本の状況に適用することが試みられている。しかし、筆者はフーコーディアンでありながら、本書では彼の議論を多く引用しているわけでもない。むしろ、フーコーの言辞は事例を分析する際の通奏低音として保持されているのみであり、彼の「統治性」や「主体化／服従化」の議論などは、分析の主軸とされてはいない。しかし筆者が本書の視座を構成するに際して、もっとも多くを負っているのは彼の思想であって、そのことは最初に付記されなければならないだろう。

　フーコーの議論を全面的に援用していないことには若干の理由がある。フーコーは決して現実政治の動向や、実際に「汚辱にまみれた人々」の生が存在することを否定しない。彼は、それらの人々が史的にも現実的にも「存在」し、そして諸々の表象をめぐる言説産出過程のうちに、抑圧された彼／彼女らの生が、諸々の権力の合理性にしたがって配置されていることを明らかにした。したがってフーコーは唯名主義者では全くないし、また自らの産出する言説が直接他の人々の生に影響を与える、すぐれて政治的なものであることを自覚している。しかし、彼の研究上の姿勢は方法論的な言説分析の枠組みに収まっている部分が多く、表象と言説の回路をとおして、禁欲的に当時の状況を見据えながら彼の研究は進展していく――もっともこのことは、フーコーが現実の情況に対して、しばしば直接的な発言や行動を起こしたことと矛盾するものではない[3]、彼は著作活動と政治的活動を、方法論的には別様のものだとして区別していただけである。

　しかし、本書の出発点と方法論的な視座は、彼のものと必ずしも同一ではなく、むしろ多くの部分においてこれを逸脱している。なぜなら本書の対象は、ある程度史料が堆積した過去のものでもないし、また理論的水準における思想家の語りそれ自体を出発点としているのでもない[4]。本書は街区における出来事や、条例内容や、政治的報告書の類からゼロ年代犯罪政策に対する部分的な物語を構成し（もちろん、これはフィクションであることを意味しない）、そこから現実に存在する諸々の経済的資本の多寡や、人的ネットワークの位置などを、社会学者の観点から読み込んでいる。こうした議論の進め方はフーコーの手法とは異なり、むしろ彼を批判的に読解した最近の地理学者や都市社会学者、例えばハーヴェイやニール・スミスの方法論に依拠するところが大きいのである。

また今日、フーコーの研究は日本語の研究書でも高い水準のものが多く出版され、その思想遍歴（初期の「狂気」論から、言葉と物、監獄と権力、統治性論を経由して「主体」論に向かう過程）に対しても詳細な註解が専門の研究者によって行われている。例えば近年のものに限っても、中山元による三部作[5]、佐々木中によるラカンおよびルジャンドルとの対比（佐々木 2008）、また渡辺守章との対話を収録した『哲学の舞台』の増補改訂版など（Foucault & 渡辺 2007）、フーコーの思想を要約および解釈した著作は多く、これらに加えてジル・ドゥルーズの追悼的論評をあわせれば（Deleuze 1986＝2007）、彼の思想に対する註解として私がここで付け加えるべき点はない。こうした註解や原文を参照しながら、本書において逐一フーコーの議論を引用し、そのための解説を加えることは現在の学的状況に照らして屋上屋を架するように思われた。したがって本書は、フーコーディアンによる、フーコーの原文テクストに対して忠実ではない議論として書かれている。

これに対して、フーコーよりも四半世紀先に生まれながら同時代を生き、ファシズムへの抵抗運動と六八年の二つを主体的に経験したルフェーヴルの都市・空間論は、本書がより直截に依拠し、また引用する対象である。

もちろん、フーコーとルフェーヴルのあいだに直接のつながりは少なく、両者の議論には実際に大きな差異もある。両者はともに同時代の共産党を脱退あるいは除名されたが、フーコーが早くからマルクス主義と距離をとっていたのに対して、ルフェーヴルは一貫してマルキストであり、それ以上に自由の擁護者であった。ルフェーヴルの思想については第六章において論じられているため、ここでは彼が初期のジャン・ボードリヤールのように、モノを基軸としながら生産諸力と人間疎外について考えたのではなく（Baudrillard 1968＝1980）、空間と生産、そしてプラティーク（日常的行動）を主軸として、これに対するマルクス主義的考察を「空間の生産」論で展開したこと、そして「空間のプラティーク」と「生きられた空間」、および都市計画家の視線である「表象の空間」（これはフーコーが対象としようとしたものに近い）の三項のうちに近代社会の特徴を観察したことについて注意を促しておきたい。彼は空間に対するこうした批判的省察の中から、自由のための塁壁を築こうと試みてきた。ルフェーヴルにとっての出発点は今目の前に存在する生産諸力と都市空間の矛盾であり、こうした姿勢は分析対象こそ違っていても、本書の立場とおおむね合致している。

さて、方法論も具体的対象も異なるルフェーヴルとフーコーであるが、しかしその論理的帰結や思考の過程には重なり合う部分も少なくはない。ルフェーヴルが対象のひとつとした「表象の空間」、すなわち都市計画家、技術官僚の論理と彼が呼ぶものは、フーコーが対象にした統治者の「合理性」と、ほとんど同じ平面の出来事である。ただしフーコーがその平面に沈潜しながら言語表象の網の目と主体化／服従化への省察に到達したのとは異なり、ルフェーヴルは当該平面と「遊歩者」の視線である「生きられた空間」におけるプラクシス／プラティークの区別へと議論を接合し、これらの弁証法的関係性の中から、「空間のプラティーク」概念を析出したのであって、両者の問題構成には一定の差異がある。しかし、空間についての考察をはじめる際、フーコーもルフェーヴルもともに、空間を内容のない容器、時間に従属する変数として考えていたのでは全くなく、空間を関係的かつ複数のものとして措定し[6]、とりわけルフェーヴルはここを思考の基盤としていた点については留意してよいだろう。

そして本書は先にも述べたように、ルフェーヴルの議論に直接的には依拠しながら、ルフェーヴルと、それ以降の都市・空間論を念頭において（例えばマイク・デイヴィスなどのLA学派や、ナンシー・ダンカンなどの景観と文化政治の地理学、あるいはハーヴェイの都市社会学と批判地理学）、ゼロ年代日本の犯罪政策を読み解いていこうとするものである。

（2）都市と政治的なもの

最後に本書の議論において外すことのできない論点を与えてくれた思想家として、ジャック・ランシエールの名前をあげておかなければならない。ルイ・アルチュセールの弟子にして、アルチュセール思想を一部受容しながらも別の道を進んだランシエールの思想は、現在行われている民主主義と公共性についての論争の中にあって、もっとも根源的な論点を指摘するものである。そして彼はおそらく表面上のデモクラシーへの批判者であることによって、強力なデモクラシーと「政治的なもの」の擁護者であり、アラン・バディウの言に従うのであれば、何よりも政治哲学的な意味における「平等」概念の支持者である（Badiou & Wallerstein 2009）。

ランシエールは、現代国家（民主制であれ共和制であれ）が作動させる「民主主義」を根底的に批判することで、来るべきデモクラシーに内在する理念を再建しようと試みている。そして彼は現実に存在する制度に対する反対者であることによって、民主主義的理念を追求した論者である。彼の問題構成は以下のようなものであった。

本来、古典ギリシアにおけるアゴラ的政治の舞台においてさえ、その「民主主義」を駆動させる前提要件として、「市民」と「奴隷」の区別がなされていたように、「民主制」は不可避的に、その舞台に参与しうる集団とそれ以外のモノを鋭く区分してきた。ランシエールにとって「民主制」の領域内において、すでに与えられた言葉に従って議論する「分け前あるもの」にとっての内的な「再配分」の政治は、民主的手続きに則りながら、そうあることで根底的には反民主主義的である（Rancière 1995＝2005）。

このアイロニーはハンナ・アレントの「公共圏」に対する問題構成においてもみられるものだが、この逆説に直面しながらも彼は民主主義の理念を手放すことはしない。彼は「声なき人々」「分け前なきものの分け前」を求める、その異論を現出させようとする試みの中に、民主主義に対する最後の賭け金を載せる。それがランシエールのいう「政治的なもの（la politique）」の領野であり、これは党派的な意味での政治や、「分け前あるもの」の再配分をめぐるポリティクスとも決定的に異なる、「不和」をめぐる民主主義の闘争的な舞台である。したがって彼の議論は、かつてフランツ・ファノンが「黒き肌」の人々について語り、ガヤトリ・C・スピヴァクがサバルタンにつ

いて論じたのと近しい問題構成の中で、体系的に民主主義の理念を再構成しようと試みたものだといえる。

このランシエールの議論は、ゼロ年代日本における「犯罪的なもの」の予防と、人口集団の分割に対して、この対象を決して警察学や都市工学の理論内在的にのみ取り扱ってはならないことを想起させてくれる。これは、それらの内在的研究の意味を否定するのではなく、そのような研究のみが現代日本の学的・党派政治的状況において提出されるだけなのだとするならば（事実、党派政治的状況においては、そうなっている）、その状況はランシエールにとって、「政治的なもの」を消去し、彼にとって同時代の論敵であるサルコジ大統領が行った移民や「危険な階級」に対する侮蔑的発言と、それによる共和政治の死を象徴する出来事の反復に他ならないだろうということである（Rancière 2005＝2008）。したがって本書にとってランシエールの議論は直接交差する部分があり、決して表面的には分析の主軸とはされていないとしても、常にライトモティーフとして傍らにおかれている。

3　本書の構成、および用語法

本書では、ゼロ年代の犯罪政策を対象とするために、便宜的に「上から下」への流れと一般に思われている、マクロな国政的水準から出発し、ミクロな現場施策の水準へと順を追って、その内容の概観を行っていく。これはあくまで論述構成上の便宜に則ったものであり、決して政策が直線的に、上下の流れによって指揮伝達されたということを意味するものではない。この点については後続の章においても再説される。

さて、第一章「国家・社会・犯罪統制」においては、この序言で記した内容と重なる部分はあるものの、再度本書の立場とインプリケーションについて、論述の角度を変えながら説明するとともに、予防的な犯罪政策がもつ意味と、「安全至上主義」の空間に対する批判的解釈が試みられている。

第二章の「配慮の空間」は、ゼロ年代日本の犯罪政策が前提とする「環境犯罪学」、とりわけ「割れ窓理論」に対する、日本ではこれまであまり言及されることのなかった論点、すなわち「割れ窓理論」と党派的な政治の関係性について指摘し、これが決して「無色透明」の理論ではないことを例証するとともに、日本の状況について若干の考察を加える。

第三章、四章、および五章はひとまとまりの部分であり、先述したとおり便宜的に国政的水準における出来事から地方政治の舞台へ、そして現場施策の活動について、報告書や議事録、フィールドのデータなどを用いながら、これらへの社会学的考察が行われる。ここでの論点は、ゼロ年代日本の犯罪政策が決してそれ単体でのみ把握される現象なのではなく、明示的に都市、あるいは文化政治の文脈と接合されてきた経緯があることから、犯罪・都市・文化政策の連関について注意する必要があり、さらにそこでの力学は行政的伝達の分野においてのみならず、ルフェーヴルがプラティークと呼んだ、日常性の価値公準にも求められなければならない点が示唆される。

第六章の「空間と権力」では、いわゆる「コミュニティの権力構造」に関する都市・政治社会学の論争を概観したのち、ルフェーヴルの空間論へと向かうこととなる。ここは本書が対象とする事例に対する理論的解釈の章であり、「空間の生産」がどのように文化的表象と関連しながら形成されてきたのかについて考察することによって、現代日本の状況を解読するための一つの格子を作成しようと試みた。

ここでは最後に、本書の用語法について以下に説明を付記しておこう。

〈「犯罪的なもの」と「無秩序」〉

これらは共に、刑法において一義的に定められるところの犯罪行為とは区別される。本書において「犯罪的なもの」という場合、これは住民や行政職員によって恣意的に指示される犯罪に準ずるとされた反規範的な行為や事物

のことを指している。これに対して「無秩序（disorder）」は、「割れ窓理論」において曖昧に規定された犯罪を呼び込む可能性のある、諸々の行為や事物のことを指している。両者は当然、主観的に規定されるものであり、またその意味内容も近しいが、「無秩序」をより「環境犯罪学」の一学説であるところの「割れ窓理論」と接合させて、ここでは論じている。

〈街区と街路〉

街区という際、これが明確な行政や自治体の活動範域のことを指すのであれば、それは当該地域における、通常は学区（もしくは町会）単位に分節された境界内部のことを指す。一般的に欧米の文脈では、クラレンス・ペリーの『近隣住区論（The Neighborhood Units）』にも示されているように（Perry 1925＝1975）、学区ではなく教区ごとに街区は分節されるが、日本では自治連合会やＰＴＡなど、既存の中間集団がもつ地理的な境界線は学区（旧学区を含む）単位で引かれているため、本書でもこの意味で用いている。より広義には、論述対象となっている市街地の一区画のことを指すものとし、その場合は以下で指摘する「場所性」とのかかわりをもちうる語句である。

これに対して街路は、より主観的な「遊歩者」からみた市街地の、主観的イメージを伴った都市の形象であり、エドワード・レルフが「場所」と呼んだものとも関係をもちうるものである（Relph 1976＝1999）。ただし、これが明確な行政などの施策対象として描かれる場合のみ、これは街区の一部分である特定の通り（例えば京都市先斗町の街路など）を指すものとして用いる。

〈「政治的なもの」と政治〉

本文中でも記したように、「政治的なもの」はランシエールや、あるいは近しい用法をシャンタル・ムフも行っ

ているが、民主主義の前提要件である参与の可能性をめぐる係争のことを指している。政治という際、こちらはごく一般的な用法として用いており、文脈に応じて党派政治としての意味合いとして用いられる場合もあれば、比喩的な表現として用いられる場合もある。

〈「社会的なもの」と社会〉

本書では、国家的領域に対するコミュニティといった意味合いで「社会的なもの」という語を用いてはいない。本書における「社会的なもの」とは、フランスおよびドイツ憲法にみられる「社会的国家」という際の意味合いを念頭においた上で用いられており、ここでの「社会的」領域とは、社会契約論の前提に挿入されている、「平等性」が確保された市民社会の領域という意味である。したがって、「社会的なもの」から国家が撤退する、といった表現を行う際、ここで念頭におかれているのは国家が民主主義の前提たる、生存権の保障や政治参加の平等性の領域から撤退している、という意味合いである。以上の「社会的なもの」の用法は、社会思想史や政治哲学の分野では広く用いられており、その概略は市野川容孝が指摘した通りである（市野川 2006）。

これに対して、本書で単に社会という際は、一般的な社会学的議論における見解と大きく異なる部分はない。すなわち、国家的領域に対するコミュニティおよびアソシエーションの領域が社会である。

〈コミュニティ・ポリシングと「自主防犯活動」〉

本文中でも言及するが、本書で「自主防犯活動（Citizen Policing）」という際、警察官および職業的警備業者ではない人々を主体として現実に行われている、防犯、監視、巡回活動のことを指す。これに対して、コミュニティ・ポリシングはより理念的領域に属する単語であり、必ずしも現実に行われている活動ではない場合があるが、こち

らは警察がコミュニティ志向の活動を行うべきであり、また街区住民との関係性を良好に保つべきだとする態度や理念のことを指すものとする。例えば、デヴィッド・ディンキンズ時代のニューヨークにおいて、警察に対する市民の不信感および人種差別のイメージを払拭するために実施されたのはコミュニティ・ポリシングであった。

注

（1）「ゼロ年代」という表現は必ずしも、どの人文社会科学の領域においても定着しているわけではないが、近年では「ゼロ年代」を表題の一部とした書籍も多く出版されていることから、本書では二〇〇〇年代とせず、ゼロ年代と表記することとした。

（2）こうした用法は、必ずしもフーコーの遺志に背くものではない。「『狂気の歴史』であれ何であれ、私の本は言わば全て小さな道具箱みたいなもんです、もし人々がそれを開いて、そこにある何らかの文や考えや分析をちょうどねじ回しやスパナーと同じように使って、権力体系をショートさせたり、失効させたり、ぶち壊したりすれば、たとえそれがたまたま私の本の母体となった権力体系だとしたって、それこそしめたもんですよ」（Foucault 1994＝2000a：327）。

（3）おおむね七四年ごろから八四年に没するまでの十年間、彼はそれ以前よりも積極的に情況に対する行動を起こしてきた。主として「監獄情報グループ」の活動や、「ポーランドの〈連帯〉運動」、あるいは発禁処分に対する同時代作家との連携などが有名だが、凡庸な言い方をすれば、彼は全体主義に抗し、言論の自由を擁護し、相対的に弱き立場におかれた者の側に立つか、強きものの側に立つかの選択を迫られた際、弱きものの側において共に在ることを決断するのに、おそらく一瞬たりとも逡巡することはなかった。あたかもジョージ・オーウェルがそうであったように。また、ランシエールもこの「監獄情報グループ」には間接的に参与しており、「フーコーとランシエール」という二者関係を問題にすることは、それほど奇抜なものではないと思われる。

（4）フーコーは原則として、著作物においては過去の出来事を対象とし、その堆積した地層の探求を通して〈現在〉のあり方に迫ろうとした。彼が近現代を対象とした数少ない事例として、七八年から七九年に行われたコレージュ・ド・フランスの講義「生政治の誕生（Naissance de la biopolitique）」があり、ここでは戦後ドイツ・フランス・アメリカにおける経済政策と政治について、いわゆる「新自由主義」の始発点であった「オルドリベラリズム」への言及が行われているが、これも講義の方法としてはエアハルト西独首相やヴァルター・オイケンなどの政策・経済論における言説の分析を中心とし、そこでの国家・社会・統治のあり方に対する言及がなされるといったものである（Foucault 2004＝2008）。

（5）中山は哲学者としても、フーコーやアレント、さらにカントの訳者としても知られているが、二〇〇八年からフーコー思想の初期・中期・後期にそれぞれ照準し、フーコー思想の基礎的概説と中山解釈を加えた著作を三分冊にて出版した。後期主体性論を念頭におき「パレーシア」概念の周辺を解説した『賢者と羊飼い』（中山 2008）、中期から後期の「統治性」論を中心に、コレージュ・ド・フランス講義の新しい議論を読み込んだ『フーコー――生権力と統治性』（中山 2010a）、これから少し遅れながらも、ほぼ同時期に出版された初期の「狂気」と歴史論および、「考古学」について省察した『フーコー――思想の考古学』（中山 2010b）がそれである。

（6）このような発想はフーコーの著作の中では、それほど明示的には示されていないが（もちろん、『監獄の誕生』などで暗示されてはいる）、『思考集成』に含まれるインタビューや著作以外の書き物においては明確に語られている。時期としてもっとも多くなるのは『監獄の誕生』が出版された翌年の七六年から七七年にかけてのことであり、例えば以下のような語りである。「空間とは死んだもの、硬直したもの、非‐弁証法的なもの、じっと動かないものだったのです。その代わりに時間が豊かなもの、肥沃なもの、生き生きしたもの、弁証法的なものでした」（Foucault 1994＝2000b：40）。あるいは「『諸空間の歴史』――これはつまり『諸権力の歴史』と同じことになるでしょうが――をたっぷりと書く必要があるでしょう。地政学の大きな戦術から、経済的政治的な設置をへて住居、学院建築、教室、病院施設の戦略にいたるまで。空間の問題が、歴史政治的な問題として見られるようになるまでどれほど時を要したか、驚くべきものです」（同前訳書：259）。

第一章　国家・社会・犯罪統制

1　国家と犯罪統制

（1）犯罪政策と国家理性

本書はゼロ年代日本における犯罪政策を対象とし、より個別具体的には国政的水準における犯罪政策の志向性や、さらにミクロ水準においては地域住民と地方行政を主たるアクターとする「自主防犯活動（Citizen Policing）」を取り上げる。しかし序言で述べたとおり、これは決して犯罪政策それ自体に対する内在的な評価を目的とするものではない。つまり、犯罪学や警察学的考察を目標とするものではない。筆者が目的とするのは、とりわけ小泉－安倍政権時代に行われた一連の犯罪政策を、現代日本における国家と社会、そして国民の関係を範型的に表現するものとして把握することであり、これを通してゼロ年代日本の国家・社会、そして空間がどのように構成されてきたのかを問うことにある。

しばしばいわれるように、犯罪政策は国民の「安全（Security）」を確保し、したがって国民の「生命・財産

（Property）」を守るためになされる活動であるから、ここには時の政権が描く国家および社会像が端的に反映されがちである。ゼロ年代アメリカの政治を代表すジョージ・W・ブッシュが「小さな国家」を志向しつつも、ミルトン・フリードマン以降のネオリベラルな経済政策を採用しながら、犯罪政策と軍事戦略においては一貫して「強い国家」を志向し、キリスト教右派に対する情動的な連帯の訴えと道徳的・規範的な「他者」に対する徹底した排斥運動を旨とした、いわゆる「新保守主義（Neo-Conservatisms）」的政策を実施してきたことは記憶に新しいことである。これに限らず、ミシェル・フーコーがその精緻な研究で明らかにしているとおり、犯罪政策はその時々の主権者にとって、何を守るべき「社会」とし、それはどのようにして守られなければならないのか、誰が「社会」を防衛するのかといった「統治」の技術を範型的に表すものであった。

したがって、いささか大文字の語用法を用いるのであれば、犯罪政策という力の作動領域には、当該社会における「国家理性（Raison d'Etat）」のあり方が端的に表明されているともいえる。十六世紀以後に近代国家が成立して以来、国家はその基本的原理として、そしてその存在事由として、守るべき諸々の対象、例えばその「領土（Territory）」において生活する人々の所有物――その最たるものは生命であり、次に財産であった――の安全保障を掲げてきたのであるが、その手段として警察力をどのように配備すべきか、国家は社会に対してどのように配慮すべきかといった諸々の問題は、常に国家観を構成する主要な部分であり続けてきた。

（2）フリードマンから新保守主義の時代へ

より具体的な事例をあげよう。ゼロ年代のアメリカにおける経済政策の主要な参照地点であったはずのフリードマンと、その後継者らによる「新自由主義」的な国家観においては、その当然の論理的帰結として、犯罪政策部門の縮小が企図されてきた。とりわけ直接的に他者の法益を侵害するのではない暴力犯や窃盗事犯を除いた、「被害者なき犯罪（Crimes without Victims）」に対しては、国家がこれに介入すべきではないとし、しばしば道徳や社会秩序に対する罪であるところの性的な秩序に対する犯罪や（売買春やポルノ規制）、もろもろのドラッグ事犯（特に末端の使用者に対する摘発）、あるいは単に風紀を紊乱することによる罪に対する、科料など行政罰以上の罰則適用、つまり懲役刑などの適用に断固として反対してきた（Friedman 1972）。

これらはフリードマンにとって「倫理的（ethical）」領域に属し、それゆえこれに対する罰則の要求は特定の共同体の価値を表現するものに過ぎない。したがって、特定の共同体ではなく、一般意思による共同体であるところの国家が「被害者なき犯罪」を、道徳・規範的理由で摘発することは、純粋なリバタリアンにとっては第一にその範疇を逸脱しており、第二にそれは単純に国費の浪費であるということになる。リバタリアニズムにとっての思想的父であるフリードリヒ・ハイエクにおいて、「小さな国家」はまず、管理・介入による「全体主義」を警戒するために鋳造された民主主義にとっての盾であったのであるから（Hayek 1949＝1992）、こうした論理は当然のことであろう。ハイエクの社会観は以下のようなものである。人間社会において知識は分散所有されており、したがって特定の集団や個人が社会を設計・管理することは不合理かつ抑圧的なことである。したがって政府は「自生的秩序」を確保するために、最低限の一般原則として「法」を定め、その法は特定の道徳価値に触れることはできない（Hayek 1973＝1987）。

ところが、経済部門においては新自由主義的であったブッシュ政権において実現されてきたことは、これと全く正反対の犯罪政策である。いわゆる「三振法（Three Strikes Law）」(1)は九〇年代から継続的に用いられ、軽微な薬物事犯者に対しても終身刑が適用されることは少なくなかったし、今日では非犯罪化が進みつつある大麻の少量所持も「より危険な薬物へと移行」するというゲートウェイ理論を背景に厳しい摘発が推奨された。すでにニューヨーク市での「実績」が認められていた「割れ窓理論（Broken Windows Theory）」はジェイムズ・Q・ウィルソンらによって全米に宣伝され、「コミュニティ・ポリシング」を通した細やかな「無秩序（disorder）」に対する規制が推奨され、「物乞い」やセックス・ワーカーが街路から追放された。そこではG・W・ブッシュが崇敬した「福音主義（Evangelicalism）」伝道師のビリー・グラハム（しばしば、「キリスト教原理主義」の父といわれる）による訓戒と、「新保守主義（Neo-Conservatisms）」の代表的論者であると早くからみなされてきた犯罪学のウィルソンによる、強固なコミュニタリアニズムの影響が色濃く反映されているのであり、刑務所の民営化措置を除けば、犯罪政策においてフリードマンの面影をみることは困難である。事実、フリードマンは二〇〇五年には余りに大量の末端ドラッグ・ユーザーが逮捕されている状況に対して、一部のソフトドラッグを合法化して課税することを主張したほどであった。[2][3]

一方で法人税などの引き下げを行い、社会保障支出を低減させることで国家は「社会的なもの（the social）」から撤退し、しかしもう一方で軍事費の増加や保守的道徳律による社会への介入強化を志向する。こうした「新自由主義」と「新保守主義」の一見アンビバレントな同居はゼロ年代アメリカの政治を特徴づける広く知られた側面であろう。デヴィッド・ハーヴェイはこのような「新自由主義者」と「道徳的多数派（Moral Majority）」の連合は全く不可解なことではなく、「新保守主義は、ネオリベラリズムが押し隠そうとした権威主義のヴェール」を直截に表現しただけであり、むしろ当然の結果であると論じているが（Harvey 2005＝2007：69）、なぜならここにおいて、フリードマン以前の初期的な「オルドリベラリズム（Ordoliberalismus）」の介入原則は半ば歪曲され、自由競争のための環境設計的介入だけではなく、特定の大企業に対する優遇措置や、アッパークラスにとっての有利さを隠そうともしない税制改革など、かつてチャールズ・W・ミルズが論じた「パワー・エリート」による政治の構図がここに入り込んでいるからであった。[4][5][6]

こうした「パワー・エリート」政治による社会の分断は、さらに人種主義と貧困者に対する偏見を通じて「下向きの相対的剝奪感」を促進させ、「福祉受給者」や「ドラッグ依存者」へのバッシングとして結実する。これによって「三振法」や「割れ窓理論」、あるいはコミュニティ・ポリシングが推進され、「道徳的多数派」の安全（Security）というよりは、安心感（Safety）を確保するための犯罪政策が実施されてきた。もちろん、こうした一連の出来事は、ブッシュの時代に開始されたものというよりは、レーガン時代から進められてきた政治をゼロ年代のブッシュが再演したものであったといえる。

ここにおいて「テロへの戦争」と並行して行われた内政的（あるいは内戦的）な犯罪への「ゼロ寛容」を基調とする政策は、社会に対する二分法的区別を前提とした上での、〈社会的なものからの撤退〉と〈社会という表象の過剰な使用〉という両義的側面をもっている。つまり、国家は社会の安全を保障するために、より強く、より即効性のあるといわれる犯罪政策を社会のために矢継ぎ早に実施する。しかしその一方で、国家は社会保障部門や失業者対策から撤退することにより社会を分割し、社会の一定部分を放棄しながら、しかし犯罪問題に対する強い介入を志向する。ロイック・ヴァカンはこうした社会の分割を、「社会国家」の衰退と「刑罰国家（Penal State）」の上昇として描き（Wacquant 1999＝2008）、ジョック・ヤングは「排除型社会（Exclusive Society）」の出現だと論じた（Young 1999＝2007）。ここではかつてマニュエル・カステルが「二重都市（Dual City）」と呼んだ都市の空間的な不均等性が、国家単位で観察されることが指摘されてきたのだといえる。

さて、ここで注意しておきたいのは、ヴァカンが「刑罰国家」と呼んだ状況は、決して刑罰の強化や警察力の強化のみによって特徴づけられるものだけではないということである。確かに九〇年代半ば以降の米国、あるいは欧州の多くの国において達成されてきたのは、右派左派を超えた犯罪対策への号令と、しばしば「厳罰化ポピュリズム（Penal Populism）」と呼ばれる集票のためのイージーな政策であり、この点はもちろん認識しておかなければならない（浜井 2009）。しばしば「少年犯罪の急増」「治安の悪化」といったセンセーショナルな見出しによって、ゼロ年代の日本でも犯罪対策が政治の主要な論点のひとつとされてきたのであり、しかも、これが実際の犯罪発生数とはあまり関係がなかったことは十分に指摘されるべきである。

多くの論者が指摘してきた通り、「犯罪認知件数」の増加と、これに付随する「検挙率」の低下は主として警察窓口の対応変化や統計上のレトリックによって生じた実態を伴わない変化であり、犯罪発生実数に近い「被害件数／率」は一貫して微減するか、もしくは横ばいであることを、専門家は当時から主張してきた（浜井 2003：河合 2004）。しかし、こうした状況を警察当局とポピュリズムに依拠する政治は十全に活用することで、公務員数が全般的に減少させられる中、警察官人員数（および入管職員）のみが一貫して上昇してきたことは事実である。[7]

しかし、英米や日本において顕著に観察される出来事は、犯罪者に対する事後的な摘発と刑罰の強化に加えて、「犯罪的なもの」に対する予防的な警戒の措置でもあった。刑法によって一義的に規定されうる犯罪行為それ自体ではなく、「犯罪的なもの」と恣意的にみなされた諸々のカテゴリーに対する警戒や規制の出現は、ゼロ年代の英米、日本において「環境犯罪学（Environmental Criminology）」を用いた施策の実施や、コミュニティ志向の警察活動、あるいは住民による自主・地域防犯活動（Citizen Policing）として現れ、さらに「犯罪的なもの」を実効的に規制するための新たな法制度の提出、例えば英国ならば「犯罪と無秩序法（Crime and Disorder Act 1998）」、日本ならば各種「生活安全条例」の制定をもたらしてきた。こうした状況はしばしば新たなテクノロジーの発展と関連づけられながら監視社会（Surveillance Society）に関する議論の中でも言及されている。

2　「犯罪的なもの」と安全

（1）「犯罪的なもの」というカテゴリー

犯罪と「犯罪的なもの」の区別は、とりわけ九〇年代半ば以後、ゼロ年代においてもっとも強く行われてきた区分であり、実際の施策においては、しばしば犯罪を防止するために「犯罪的なもの」を抑止するのだといった連続性の中で認識されてきたが、実際のところこれらは別々のカテゴリーに根拠をおく、全く異質な対象である。すなわち、認識上においてこれらを同一の範疇として考えることは、単純に哲学者ギルバート・ライルがいうところの「カテゴリー的誤謬」に陥っている（Ryle 1949＝1987）。

まず、犯罪は存在それ自体に付与されるカテゴリーではなく、明らかに何らかの「犯罪行為」に言及するものであり、刑法によって形式的に定められた可視的な範疇である。したがって、刑法に違反する行為を行った人々のことを「犯罪者」と呼んだからといって、それはその人々の存在それ自体に根拠をもつラベリングなのではなく、それらの人々が過去に「犯罪行為」を行ったことに対するラベリングなのであって、社会的存在に対する直示的な定義ではない。

しかし、「犯罪的なもの」は、法的システムに依拠して創出された範疇では全くない。これは当該社会における規範と道徳のコードによって曖昧に規定される流動的なカテゴリーであり、しかも行為にのみ付与されるものではなく、社会的存在それ自体にも付与されえる範疇規定である。ある人々が「犯罪的なもの」であるとみなされるにあたって、重要なのはそこに「犯罪的行為」があるか否かだけではなく、その人々や事物自身の外見や、あるいはスティグマがそこに観察されうるかどうかにかかっている。つまり、ある人々や事物が「犯罪的なもの」の範疇に入れられる根拠は、とりもなおさず、その人々や事物が「犯罪的なもの」だとみなされたからだという同語反復によって可能ならしめられる他はない。したがって、「犯罪的なもの」のカテゴライズは常に直示的定義（Ostensive definition）によってなされ、しばしばそれを「犯罪的なもの」だと観察する第三者が（法や、法に依拠する警察官によってではなく）、ある人や集団を指差すことによる行為遂行的（Performative）な発言によって、存在それ自体に付与されることとなる。

もちろん、法的なシステムも究極的には、そのゼロ地点の審級において規範や道徳的コードと関係をもたざるをえない。虚偽申告や殺人を規制するための、直接の理由は法の内部に示されているわけではなく、「純粋法学（Reine Rechtslehre）」ですら、カント的な「道徳律」を超越的な「法外」のシステムとして保持せざるをえないことは、古くから新カント派法学のハンス・ケルゼンによって自覚的に示されているとおりである（Kelsen 1934＝2003）。

しかし、近代法学によって定められた諸々の「刑法」に属するカテゴリーが、相対的に高度な普遍性と一般性を兼ね備え、特殊具体的な道徳・規範からは距離をとることで、例えば「保護法益」の明確化などを行ってきたのとは対照的に、「犯罪的なもの」を規制するために制定された便宜的な条例は、これよりもずっと特殊な道徳・規範と近い関係をもつこととなる。ましてや地域・自主防犯活動や、監視カメラの宛先などといった「現場」の判断は、ほとんど特殊道徳と一体化した判断によって「犯罪的なもの」を規定せざるをえない。

ここで、重大な疑義が発生する。すなわち、「犯罪的なもの」に対する警戒的施策は、公民的な「安全（Security）」を保証するような、「自由（Liberty）」の前提条件としての法益保障とは、実のところ関係がないのではないか、という疑義である。

人間は他者の権利を侵害しない限りにおいて自由であると述べたジョン・S・ミルの箴言にみられるとおり、人間にとって自由の範疇は他者の自由の範囲によって限界づけられる。そして万人の、公民的な自由を保証する状態、これが「安全」への保障であると仮に考えるのであれば、「安全」な空間を確保することは「自由」であるための前提条件だということになる。したがって安全と自由はトレードオフの関係ではなく、近年の「コミュニティ・ポリシング」や他の予防的措置は、「監視社会」論が提出してきたような批判には必ずしも当たらないと、しばしばいわれてきた（大屋 2007）。

実はこうした発想は、英国や日本において特に主張されてきた、「安全」で「安心」な街区を「官民」が協働して創り上げていかなければならないといった、コミュニタリアニズムに基づく政府・行政見解の基本的論調でもある。日本では「犯罪対策閣僚会議」と「都市再生プロジェクト」がそれぞれ、「安全・安心なまちづくり」を主張し、ゼロ年代日本における自主防犯活動の必要性を喚起してきたが、そこでは「安全」と「安心」は並列的なものとされ、これらを防衛するための「犯罪的なもの」に対する予防的措置は、社会にとって必須のものであるという主張が、常に大前提におかれてきた。とりわけ警察学や都市工学、都市政策系の議論で、犯罪白書や警察白書、あるいは行政会議・報告書で繰り返されてきた、「安全、安心」のために「犯罪的なもの」を整除することが望ましいといった類の議論は、枚挙に暇がない。これは後続の章でも、もう少し詳しく検討しよう。

ここで問題としておきたいのは、「自由」のために「安全」を保障するということと、「犯罪的なもの」の整除を通した「安心」な空間の創出とは、似ているようで異なるカテゴリーを前提とした別様の主張であり、しかも後者の主張は相当程度に、論理的には無理があるのではないか、ということにある。

(2)「犯罪的なもの」と自由、そして安全至上主義

刑法総論の教科書的見解では、犯罪行為の設定は、市民の法益を守るためになされるのであって（そのためにしばしば、社会的な法益が設定されることもある）、法益には生命や財産といった「自由」にとっての必要条件をな

す部分が含まれうるから、これを防衛するために国家は実行力ある刑法制度と警察力を確保し、これをもって犯罪の抑止を企図し、さらに犯罪行為を犯した人々の処遇・矯正を実施することには一定の合理性があると考えられている。

いうまでもなく「懲役刑」や「禁固刑」は、それ自体が処遇対象となる個人の法益を侵害する最たるものであるから、その適用はあくまで「他者の法益」を防衛するためになされなければならず、その刑罰内容が適正なものであるならば、これは確かに、「自由」の保障と必ずしも矛盾するわけではない。しかし先にみたように、「犯罪的なもの」に対する警戒、言い換えればリスクを予期し、これを整除しようとする所作は、決してこうした「法益」にのみ根拠をもつものではない。「犯罪」への抑止は、ウルリッヒ・ベックがいうところの「危険（dangerous）」に対してなされるものであって、「危険」は実体的であり、明示的な被害をそこに観察することができる（Beck 1986＝1998）。

ところが、「犯罪的なもの」はそれ自体では誰の法益を侵害するものではなく、「危険」とは異なるところのリスクに属するものである。「危険」が常に事後的に認識され、犯罪行為があってから初めて処罰が可能となるのに対して、リスクへの対応は常に未然のものであり、これへの対処は何らかの可能性に対する諸々の介入として現出する。そうだとすると、「犯罪的なもの」を整除し、これにより犯罪の低減を期待する振る舞いは、もはや刑法の枠内ではなく、明白に社会政策や都市政策の部門に属する事柄であろう。しかし、そうした政策的分野において、警察的な行動や規制が行われるということ、これは果たして「自由」の保障と何の関係があるというのだろうか。そこで守られ、あるいは侵食されている「自由」とは一体何か。

結論を先に述べよう。ここで守られている「自由」は公民的なものではなく、特殊な利害によって規定される私的な「自由」であり、そしてこれを守るために犠牲とされているものは、他の特殊な利害によって規定される「自由」である。つまり、ここで起こっているのは私的領域の過剰による、公民性の崩落現象である。このことをもっとも明確に指摘していたのは、エティエンヌ・バリバールであった。

バリバールは、公民的自由の必要条件とされているものを、「安全（Sûreté）」と呼び、ここに含まれるもっとも本質的な概念を、国家の圧政からの自由として規定する（Balibar 1998＝2000：36）。すなわち、「人間と市民の諸権利の宣言」によって指示される『安全（Sûreté）』への権利は、まずもって全体主義や暴君による支配から、市民が自らの手でもって自由を確保することを保証するものである。

しかし、この市民権が制度化され、国家の枠内において実現されるとき、「安全」は「安全保障（Sécurité）」へと転化せざるをえない。これが、先にみた刑法の論理であり、「市民が自分たちで設立した国家から安全を受けとるときに、安全が変容したもの」である（同前訳書：37）。そして、J・S・ミルの議論を念頭におくのであれば、この安全保障の論理までが、彼の『自由論』の範疇に収まりうるものだといえる（Mill 1859＝1971）。

ところが、バリバールが移民政策や「若年者の問題」を念頭におきながら「本質的に異常さの空間であり、またしたがって排除の空間である」（Balibar 1988＝2000：49）と語った空間は、「安全至上主義（Sécuritaire）」の場なのであり、これは「安全（Sûreté）」とは次元の異なる概念である。「安全至上主義」の場は、特定の社会集団がもつ不安に根拠をおき、それゆえに「他者」を外的な場へと放逐しようと試みる。その方法は、純粋に物理的で空間的なもの（ゲットーの構築、あるいはゲーテッド・コミュニティへの退避）である場合もあれば、制度的で法的なもの（移民制限政策、生活安全条例）である場合もあるだろう。しかしすでに明白なように、「安全至上主義」の空間は、ヘゲモニーが直接的に実現される場なのであって、公民的な「安全」および「自由」の保障とは何の関係もない。そして、ゼロ年代の英米や、日本で実現されつつあった施策は、この「安全至上主義」の論理と、かなりの程度親和的な要素があるのではなかっただろうか。そして、「自由」の前提には「安全」があり、そのための政策には個別的な問題はあっても一定の合理性があるなどといった議論は、そこでの根本的な論点を隠蔽する作用を果たさなかっただろうか。

3　ゼロ年代日本における犯罪政策の特質

したがって、本書が企図するのはバリバールが「安全至上主義」と呼び、あるいはヤングが「排除型社会」の出来事と呼んだ、リスクに対する未然の予防的措置を通じた、ゼロ年代日本の犯罪政策が含有する諸々の論理を、批判的検討の俎上にのせることにある。先述したとおり、ここで問題とするのは犯罪政策それ自体の有効性（あるいは無効性）ではなく、犯罪政策に内包される論理であって、これを通して日本における国家と社会の状況を分析することが、ここでの課題である。

まずは分析対象をもう少し限定し、企図する内容の輪郭を明確にすることからはじめよう。ここではゼロ年代日本の犯罪政策が、次の点に特徴づけられていたものと考える。（1）空間の整除と「犯罪予防」、（2）コミュニタリアニズムと中間集団の参加、（3）犯罪政策と都市政策の混淆、あるいは「犯罪的なもの」と「文化的なもの」の交錯、以上の三点である。

またこれらは、日本国内における特殊な出来事では全くなく、先に言及したような米国、あるいは英国の状況と並行的に生じた出来事であり、やや雑駁な言い方ではあるがグローバル化の水準と不可分の出来事だといえる点を付記しておかなければならない。なぜならば、ゼロ年代日本の犯罪政策はとりわけ、（A）海外労働者の流入と「不法移民」問題を念頭におきながら、（B）英米における新しい犯罪学的知見の輸入を実施してきたからであり、また、犯罪政策と都市政策の関係性については以後の章でも詳しく検討するが、ここでは国策としての「都市再生プロジェクト」「犯罪対策閣僚会議」を通した、「グローバル観光都市」の創出（世界一安全な国とのイメージ）を背景にもつ施策が、実行されてきたからである。それでは以下、ゼロ年代日本の犯罪政策の特徴について概観してみよう。

（1）空間の整除と「犯罪予防」

前節でもみたとおり、日本に限らず英米においても起こった出来事は、単なる警察力の強化に加えて、「犯罪的なもの」に対するリスク予防的な論理の上昇であった。九〇年代のニューヨーク市において「割れ窓理論（Broken Windows Theory）」が採用され、その「成功」が全世界に宣伝されてきたのは記憶に新しいことであるが、「割れ窓理論」を含む「環境犯罪学」が犯罪政策に強い影響力を発揮しはじめたのは九〇年代からゼロ年代にかけてのことであり、日本も例外ではなかった。

従来の犯罪学理論は、「犯罪者」がどのようにして生じるのか、これを減少させるためにどういった施策が有効かといった観点による、いわゆる「犯罪原因論」が主流であり、例えば社会集団と「絆（Bond）」の強弱を問題とする場合や（Hirschi 1969＝1995）、社会的目標と制度的手段の乖離といったアノミー状態を問題とする場合など、具体的には生育環境や準拠集団の状況、あるいは貧困と犯罪の関係などを対象とするものであった。

しかし、八〇年代以後の犯罪学は徐々に「なぜ犯罪者が生まれるのか」という問いから、「どういう状況で犯罪が起こるのか」といった問いを中心に、犯罪の起こりやすい場所や、犯罪を呼び込みやすい状況についての研究へと重心をずらしてきた（瀬川 1998）。いわゆる「環境犯罪学」の勃興である。もちろん、「犯罪原因論」の流れを汲む「コントロール理論」の発展や、あるいは社会構成主義的な「ラベリング理論」の新しい方向性などを無視することはできないが、「環境犯罪学」が八〇年代に広く学界で認知され、九〇年代以後の犯罪政策に影響を与えてきたことは間違いない。

次章で詳述するように、「環境犯罪学」には複数の議論が含まれ、その論理展開も一様ではない。欧米においても「割れ窓理論」は注目を集めてきたが、これ以外にも「防犯環境設計（CPTED）」論や、「守りやすい住空間（Defensible Space）」の議論など、多くの理論が場面に応じて使い分けられている。しかしながら、ゼロ年代の日本において広く行政に認知され、実際の施策に援用されたのは特に「割れ窓理論」であり、日本においてはこれが「環境犯罪学」のもっとも代表的な理論として扱われてきた。

「凶悪犯罪」の原因として街路の小さな「無秩序」をあげ、これに対する日常的な配慮を強調する「割れ窓理論」は、第一にコミュニティの紐帯を掲げ、第二に紐帯を前提とした空間の「正しい配置」を求めるものであり、しばしば「自主防犯活動」の根拠として用いられてきた（小宮 2006）。これはとりもなおさず、当該地域の空間に対する不断の配慮を求める、「安心の空間」の創出と、これを通した「凶悪犯罪」の追放を期待する施策であり、具体的には路上飲酒や「ホームレス」、セックス・ワーカーから、落書きまでが整除の対象とされてきた。小泉－安倍政権や当時の警察官僚だけでなく、後には橋下大阪市長／知事も傾倒した、この理論への省察・批判は後続の章で行うが、ここでは「犯罪的なもの」への予防的措置は、空間の整除を通して実現されようとしていたことを第一に確認しておきたい。

（2）コミュニタリアニズムと中間集団

「割れ窓理論」の主要な提唱者でもあるジェイムズ・Q・ウィルソンは、強固なコミュニタリアニズムと保守主義の信奉者であったが、日本における「割れ窓理論」の推奨と「地域防犯活動」への掛け声もまた、いわゆるコミュニタリアニズムと密接な関係をもっている。また、国政的水準から離れた実際の犯罪対策が、自治会・町内会・PTAなどの「中間集団」によって実践されてきたことから、ゼロ年代日本における犯罪政策を検討するにあたって、コミュニタリアニズムと中間集団への考察は、分析上不可欠のものだといえる。

こうした傾向は日本だけではなく、例えば英国においても観察される。米国と比して、よりマイルドな犯罪政策を採用してきた英国の状況はむしろ日本のものと近く、英国であれば労働党と保守党がともに矛盾することなく、日本においても与野党が対立することなく、その論理を十全に展開してきたのは犯罪政策の分野であった。

ゼロ年代以降、英国の保守党は「一つの国家を再興せよ（Renewing One Nation）」をスローガンに掲げ、「慈善的コミュニティ（Compassionate Community）」の構築を目標としてきたが、[8]ここでの重要なテーマはいわゆる「社会関係資本」の増加と、これを通した犯罪問題の解決であり、そこでのキーワードは「コミュニティの全体性」や「社会的一体性（Social integrity）」であった（成廣 2002）。

こうしたコミュニティ重視の政治は日本においても観察されうるが、これは単なる保守党的マニフェストの意味合いを越えて、ゼロ年代以降の日本および英国の政治が「民意」を正統性の根拠におく大衆社会的な（しばしばポピュリズムと揶揄される）支持の政治を展開してきたこととも関係をもっているものと解釈できるだろう。[9]英国保守党のマニフェストにもあるように、ここでは「社会は国家に先立つ（Society before the State）」のであって、この「社会」が公民的な一般意思を前提とするものなのか、ロイック・ヴァカンが論じたような分割と序列を内包したものであるのかは別としても、ゼロ年代の日本や英国の政治が「民意」を政治の前提とし、「犯罪不安」に対する社会の声[10]を代理＝表象したものであったことは指摘されてよい。

（3）犯罪政策と都市政策の混淆

ゼロ年代日本の犯罪政策は、政策的水準においても思想的水準においても、単なる犯罪政策として実施されてきたわけではなく、すぐれて都市政策的な場においても実施されてきた。そもそも、「犯罪対策閣僚会議」と「都市再生プロジェクト」の一部は、合同会議による施策決定を行い、共通して「安全、安心なまちづくり」を推進してきたため、はじめから犯罪政策と都市政策の場は混淆していた。

これに加えて、「割れ窓理論」の採用や、実際の施策を行う中間集団、しばしば都市部の事業主を含む彼ら／彼女らの問題関心も実際の施策に影響を与えることで、ゼロ年代日本の犯罪政策は犯罪発生率の低減を企図するのみでなく、望ましい街区を構築することとしても実行されてきた。また、後続の章で論述するとおり、「犯罪的なもの」あるいは「無秩序」の表象は、しばしば当該地域ごとの歴史性や文化といった望ましい街区編成にとっての「外部」として指示されてきたため、「犯罪的なもの」と「文化的・歴史的」でないものとの境界線は、現場においては曖昧に用いられてきたといえる。この点は、ミドルクラスからみた「不道徳」の表象として「無秩序」が規定されてきたニューヨーク市での出来事とは若干異なり（Mitchell 2001 : 67-68）、日本においては「無秩序」と都市空間における「文化的なもの」との関係性が、諸外国での出来事よりも強調される傾向にあった。

これは「都市再生プロジェクト」などの国政的水準においても、特に都市部における「安全、安心なまちづくり」が観光政策の一環としても用いられてきたことと無関係ではない。もちろん理念上は、都市政策と犯罪政策の間には大きな隔たりがあるが、しかし日本においては、「ビジット・ジャパン・キャンペーン」などが犯罪政策と並列的に実施され、「世界一安全な国」のイメージが海外観光客に向けて発信されると同時に、これを達成するために地域住民と行政が一体となって事業を推進させるべきだとの論理が打ち立てられてきたため、多くの都市において、当為としての街区像は「安全、安心」であり、さらに「歴史性、文化性」に富んだものでなければならないと考えられてきた。

以上の点が、ゼロ年代日本における犯罪政策の主要な特徴であり、ここではこれらの分野それぞれに対して検討を加えることで、現代日本の国家と社会、そして「市民」の関係性を明らかにすることとしたい。ただし、これはあくまでも犯罪政策の一部を対象とするものに過ぎず、広く刑事政策全般に含まれる司法制度改革や、刑務所政策の動向など、すべての分野をカバーできるものでは全くない。筆者が対象とするのはあくまで、空間を対象とし、犯罪への予防的措置を目的とする、例えば「地域・自主防犯活動」の奨励や、「安全、安心なまちづくり」政策といった都市社会学や犯罪社会学に属しうる分野のみであって、警察学的観点からの議論をここで十分に展開することはしない。

また、「地域・自主防犯活動」については、以下の章で詳しく取り上げるが、「自主防犯活動」を実施する団体はゼロ年代の終わりには全国において四万以上が書類上存在しており（二〇一〇年四月時点、警察庁 2010）、農村地域から首都圏まですべての地域を念頭においた分析を行うことは、かえって焦点を失することになってしまう。したがって本書では、国政的な水準においてとくに重点的対象とされてきた都市部における「モデル事業」の分析を中心とし、具体的には京都市木屋町や新宿区歌舞伎町での出来事を念頭におきながら、考察をすすめていくものとしたい。

また分析にあたって、国政面での出来事と、地方行政における論理、現場地域における住民の問題関心といった、マクロからミクロへ至る三つの水準を便宜的に分割し、それぞれ順に論じていくこととする。

4　本書の問題関心と理論的含意

以上の点を踏まえて、本章では最後に理論的なインプリケーションについて、若干の補足説明を行っておきたい。

まず、ゼロ年代以降の犯罪政策に対する議論は、主として摘発者らによる内在的な立場からの評価や実践報告、応用例が中心であり、これに対する批判的検討は比較的少ない。欧米では、例えば犯罪政策とマイノリティ、あるいは監視と権力といった分野における議論は多くあるが、日本においてはリスク管理型の犯罪政策に対する多くの批判がありえることすら、専門家を除けば一般にはあまり知られていないものと考えられる。

さて、一見すると現実的な政策論にみえる「自主防犯活動」などの犯罪政策への分析は、実際には以下のような社会学的・思想的意義を含んでいる。

第一に、法的体系を前提とした警察による犯罪者への事後的な摘発とは異なり、「無秩序」などのリスクを対象とする「環境犯罪学」をベースとした犯罪政策は、法的体系ではなく規範を前提とした「犯罪的なもの」に対する警戒と配慮を志向しており、したがって、「問題ある状況」を指定する多数者の権力（あるいは多数者の専制）に関する問題と不可分であると考えられる。

例えば、さきにみたように、ゼロ年代日本における犯罪政策の特質として「コミュニタリアニズム」を基調とした「市民と行政の協働」による空間の造成があげられるが、ここでの「市民」はあくまで単数形のものとして語られ、そのため、当該空間がどのようなものであるべきかを議論する場としての「公共圏」は予め、単数形の「市民」として数え上げられるものにのみ開かれる結果となっている可能性がある。すなわち、自治会参加者や事業主、あるいは安定的な生計を営むサラリーマンと主婦が典型的な「市民」とされ、移民、ホームレス、エスニック・マイノリティ、セックス・ワーカー、一部の「若者」や、場合によっては自民党の石破茂が「テロ的」であると指弾した「左翼社会運動家」のラディカリズムは、「都市再生」の主体というよりは客体として、すなわち、たとえ排除ではなく包摂の対象であったとしても、「都市再生」のあるべき像を措定する主体ではなく、「市民」らの視線の宛先としての静態的で、発言することのない客体として取り扱われがちであったといってよい。

これは決して比喩的に表現しているわけではなく、具体的に生じた渋谷での「宮下公園」のいわゆる「ナイキ・パーク化」問題と付随して前衛藝術家やホームレスが排除された事例（二〇〇九年から）や、反原発を掲げる社会運動家らが大阪駅構内に「不法侵入」した咎で逮捕された事例（二〇一二年）など、具体例には事欠かない。バリバールは、こうした状況を公民的な「安全」の崩落と、特殊で私的な「安全至上主義」の勃興として批判的に捉えているが、この見解に正しさがあるとすれば、日本の状況を分析することは、開かれた「公共」の空間がどのようにあるべきかといった、公共性と権力性の問題と関連づけられることとなる。

第二に、さきにも述べたとおり、日本における犯罪政策の実際的な展開は、国策としての「都市再生プロジェクト」「犯罪対策閣僚会議」と密接な関係をもちながら進展してきたという特殊な状況にあり、警察・行政と市民の「協働」は、「犯罪的なもの」への対策であると同時に、観光資源や「日本的なもの」を保護・保存しようとする文化政策としても実施されてきた。ここにおいて、「犯罪的なもの」と望ましい景観を指定しようとする力学は交差することとなり、結果として現代日本における犯罪政策は空間をめぐる政治としての様相を呈している。

ここにおいて、グローバル化の力学を念頭においた景観・観光資源としてのナショナルおよびローカルなものの表象が、どのように扱われ、それがどういった経路によって「犯罪的なもの」の整除と関係をもつに至っているのかを分析することが第二の問題として現れることとなる。もちろん、こうした文化政策における問題は社会学の分野において主に、国民 - 国家の形態と権力性の問題圏と接合されて考察されてきたため[11]、この論点は第一の公共性と権力の問題と隣接する問い立てであり、問いに向かう角度の差異であるともいえよう。

したがって、本書の議論は、ゼロ年代日本における予防的な犯罪政策を舞台とし、そこで国家および「市民」が、どのように公共の空間があるべきかを措定しているのかについての、犯罪統制と空間のポリティクスを対象とするものである。そして空間の造成が、権力性の問題と不可分であること、そして権力は決して国家から国民に上意下達されるものでもなければ、特定の主体に保有されているものでもなく、例えば「無秩序」や「犯罪的なもの」をめぐる言語的なゲームの中における境界設定の手法、それ自体の中にあるということ、こうした点を念頭におきながら、以下の議論を組み立てていきたい(12)。したがってここでの問いは、一言でいえば空間の造成をめぐって、権力はいかに反復するのか、に関する問い立てであるといってよい。ゼロ年代日本の犯罪政策を分析することで、権力が、国民－国家や「常識」といった一見古典的な装置の中で、しかし新たに反復し、鋳造し直されているのかを明らかにすること、これが筆者の課題である。

注

（1）「三振法」は七四年以降、テキサス州において採用されてきた州法であり、摘発者への罰則適用を三段階に引き上げ、「スリーストライク」目には長期懲役刑や終身刑など、極めて重大な罰則を適用する法律である。この法律は九三年にワシントン州でも採用されて以後、全米各州に広まり九〇年代からゼロ年代の米国犯罪政策を特徴づける法制度のひとつとして知られている。ただしリベラル系法学者や犯罪学者からは、通常は長期の懲役刑には値しない軽微な窃盗犯や粗暴犯、ドラッグ所持に対して必要以上の刑罰を科しがちであり、また再犯になりにくいホワイトカラー犯罪には甘く、アンダークラスの人々に対しては厳しい、不均等な政策であることが繰り返し指摘されてきた。

（2）ピーター・ステインフェルスは「新保守主義」についての初期的概観を行った『新保守主義者たち――アメリカ政治を変貌させた人々』（Steinfels 1979）において、代表的な新保守主義者の一人としてジェイムズ・Q・ウィルソンの名をあげている。

（3）二〇〇五年六月二日のフォーブズ・オンライン記事「ミルトン・フリードマンらは合法化せよとの主張」より。これはハーバードの経済学者ジェフリー・A・ミロンが主導した報告書 "The Budgetary Implications of Marijuana Prohibition" の主張に数百人の自由派経済学者が署名したとの記事で、そのうちの一人がフリードマンであった。こうしたソフトドラッグの合法化と課税論は、後のカリフォルニア州での大麻合法化をめぐる住民投票（Prop19）でも繰り返し主張され、二〇一三年にはコロラド州およびワシントン州で可決されるに至った。

（4）ここでの「社会的なもの」は「福祉国家」と読み替えてもよい。市野川容孝は日本的文脈においてはしばしば忘却されているが、その語源において「社会的なもの」に強く埋め込まれている「社会福祉」の増大という規範的含意について注意をうながしている（市野川 2006）。こうしたフランス語的な意味での「連帯」概念を背景にもつ「社会的なもの」の意味合いは、ゼロ年代日本の犯罪政策における地域と国との「連帯」「協働」とはむしろ逆向きの志向をもつものである場合が多い。前者の「連帯」が自治的な市民協働社会に自由な諸個人が参入し、そこでの社会福祉に資するものとしての国家作動領域を「社会的なもの」という語で規定しようと試みたのに対して、ゼロ年代日本での地域と国家の連帯という場合、そこで前提とされている諸個人の自由や権利は明確に国家や地域に埋め込まれており、さらに地域の自治的性質は薄められている。

（5）「道徳的多数派」という場合、これはアメリカの文脈においては明確にフォルウェル牧師によって運営されてきたキリスト教右派団体の名称（Moral Majority）と関連づけられて用いられる。

（6）戦後西ドイツで生じたもっとも初期的な「新自由主義」運動の潮流を指す。これに関してはフーコーも一九七八年から七九年にかけてのコレージュ・ド・フランス講義で詳細に論じているとおり、オルドリベラリズムの代表的人物はオイケンにはじまり、ミュラー＝アルマックやヴィルヘルム・レプケ、さらには西ドイツ首相であったエアハルトらが含まれる。フーコーは、これらオルドリベラリストは「国家なき」場であった戦後西ドイツにおいて、国家の必要性を自由経済環境の整備に求めたのであって、一般に解されているような「自由放任」主義とは異なるとしながら、その制度設計分野における介入の論理と「統治性」について講じている（Foucault 2004＝2008）。ただし、一般に経済学史の分野において、特にレプケの経済学には、第二次世界大戦の契機と彼がみなしていたブロック経済に対する批判が強く織り込まれており、これに対抗するために金本位制の復活を目標とした論点が主要なものだといわれており（藤本 2006）、こうした国際経済学的な論点は「オルドリベラリズム」の特徴として、フーコーの論点に付け加えるべきなのかもしれない。

（7）ゼロ年代において警察人員はおよそ二万四千名増員され、他の国家公務員が一律減少傾向にあるのとは対称的な状況にある。

（8）二〇〇一年に提出された保守党のミニ・マニフェスト「Renewing One Nation」より。このマニフェストを整理したものとして、The Guardian 紙の以下の記事がある。"Faith, compassion and the Conservative party", The Guardian, 2001, Feb 8.

（9）樫村愛子は、こうした状況において「民意」という用語が、ゼロ年代日本の「特権的シニフィアン」として用いられてきたと論じ（樫村 2008）、大嶽秀夫は小泉時代の政治手法をポピュリズム的扇動に依拠するものだと批判してきた（大嶽 2006）。

（10）「犯罪不安」がゼロ年代に高い水準にあったことは、多くの指標が示している。代表的なものとしては、内閣府による二〇〇四年以後の「治安に関する世論調査」があり、ここでは犯罪に遭う可能性がここ十年で増加したかと思うかどうかについて、八〇％の人々が「多くなったと思う」と回答している。他にも、犯罪が「低年齢化している」、あるいは「残酷になっている」と回答する率の高さが、本調査において示されていた。

（11）典型的には、エリック・ホブズボームらの「創られた伝統」とナショナリズムに関する議論や（Hobsbawm & Ranger 1983＝1992）、あるいはポストモダン地理学（Postmodern Geography）における多くの論者、例えばジェイムズ・S・ダンカンらの議論がある（Duncan & Duncan 2001）。また、戦後日本の議論についてであれば、昭和三〇年代に関する現代的メディア表象を「昭和ノスタルジア」として精緻に分析した日高勝之によるメディア社会論がある（日高 2014）。日高はここで、「昭和ノスタルジア」はもちろん虚構的なものであると批判的に述べながら、そこでの表象は一義的なものではないため、国家と社会の密接な接合を証明するものだけではなく、場合によっては経済界の主要な発想に対する「反逆」が美化されて語られ、しばしば小泉構造改革への批判としても用いられる点についても論証した。

（12）もちろん、このように権力を言説の枠組みに限定して捉えるということは、現実の経済的・社会的な資本の不均等な分配を無視するものでは決してないということは付け加えておかなければならない。筆者は、フーコーの卓越した分析の視座を念頭においているため、実際に彼の議論を引用することもあるが、本書はフーコーの議論の忠実な反芻や事例への適用であるわけではない。むしろ本書への直接的影響を与えたのは、ルフェーヴルの空間論であり、空間それ自体を「政治的なもの」と捉え、空間の生産における認識上の出来事（表象の空間）と、生きられた空間の出来事（空間の表象）、そしてこの二者がせめぎ合う中で現出する実際の空間（空間の実践）といった空間の生産を多層的次元において、それゆえ経済諸力と認識上の力学の双方を合一させた彼の流儀に、多くを負っている。

第二章　配慮の空間

1　はじめに

国政から地方政治の水準において広く言及され、施策の理論的背景におかれていた犯罪学的理論は、いわゆる「環境犯罪学（Environmental Criminology）」に含まれる、「割れ窓理論（Broken Windows Theory）」であった。続く章では、ゼロ年代日本における犯罪政策の内容を描写していくが、その前に、犯罪政策の前提部分である「環境犯罪学」および「割れ窓理論」を検討しておかなければならないだろう。

小さな無秩序を放置すれば、それはより大きな犯罪を呼び込む。このテーゼに基づいてルドルフ・ジュリアーニらがニューヨーク市における能動的な犯罪予防政策を実行したのは、一九九四年以後のことであった。

今日この「割れ窓理論」は、日本においても広く知られるところとなり、犯罪学や警察学といった限定的な学問分野の専門知というよりも、政治家や評論家の好んで用いる標語となってしまっている。小さな無秩序が、大きな問題を呼び込むとする「割れ窓理論」の発想は、確かに犯罪学のみならず経営学的な組織の問題や、あるいは社会道徳の問題としてさえ語り直すことが可能であり、凡庸な日常的発想といつでも結びつきうるものである。例えば、二〇一二年初頭に、広島刑務所から脱走した受刑者の問題[1]をめぐって、衆院法務委員会で行われたやりとりは次のようなものであった。

河井委員　少し前の話になりますが、大臣、ニューヨークの地下鉄の割れ窓理論という話をお聞きになったことはありますか。治安の悪化というのは、最初は小さなところから始まっていくんだ。地下鉄の車両に落書きされたりとか、あるいは窓をぱっと破られたりとか、そういうところからだんだんと治安は悪化していくんだと。まだ芽が小さいうちにしっかりとその芽は潰しておかなきゃいけない。それには、組織としてやはり、個人をどうこうではなくて、でも、最後は一人一人その役職についている人に対しての監督責任を追及する処分しか私はあり得ないと思う。

河井克弘（自民党）は、五期の当選を重ねたベテランの保守系議員であり、ここでの彼の発言は「脱獄事件」をめぐる所管部署の責任を問題とする文脈での発言である。前半における彼の「割れ窓理論」の要約は、ほとんど正しい。それにもかかわらず彼が問題としているのは、事件の起こった矯正管区などの所管部署における「監督責任」なのであり、こうした事件が繰り返されないように不祥事の責任者を厳しく処分することによって、組織の問題をただすべきだと主張しているのである。これは「割れ窓理論」の提唱者が、全く述べていない事柄である。

こうした国会議員における発言に限らず、地方自治体の議事録や新聞を少し検索すれば、「割れ窓理論」に言及する発言は無数にみることができる。犯罪や防犯に関するものはもちろん、環境美化運動から組織の問題まで、それ自体は取るに足らないような小さな「無秩序」は、より大きな「問題」と関連づけられることによって対処すべき事柄へと格上げされる。

いや、あるいは次のようにいうべきなのかもしれない。犯罪政策に関連する主張でさえ、「割れ窓理論」の説明図式だけを拝借しているのに過ぎず、「無秩序」への対処が犯罪予防に繋がるという発想を、例えば警察人員を増加させる政策を正当化するための修辞として用いている場合が、少なからずあったのではないだろうか。

本章では、こうした無数の話法に挿入されている「割れ窓理論」が、その原著者らによって本来どのように用いられてきたのかを検討することで、次の二点を主張したい。まず第一に、この理論は九〇年前後のニューヨーク市におけるジュリアーニと、デヴィッド・N・ディンキンズの文化－政治的なイデオロギー問題と不可分のものとして用いられてきたという点。そして第二に、原著者のジョージ・L・ケリングや、当時警察署長であったウィリアム・ブラットンは、当該理論が「純粋」であり、保守主義や人種問題とは無関係な、実験室的問題を取り扱うものだと主張してきたが、これは現代日本における「割れ窓理論」をめぐる話法が皮肉にも例示している通り、本来どのようにでも語りうるし用いられうる内容を、この理論は最初から内包していたのであって、こうした原著者らによる主張は一種の「政治的な正しさ」をめぐるレトリックであったという点である。

以上の考察を通して、筆者は「割れ窓理論」が語られる文化－政治的な場を批判的に考察すべきであり、誰が、何を「無秩序」であるとみなしているのかという点こそ、批判的社会学が探究すべき課題であることを示したいと思う。

2　環境犯罪学と割れ窓理論

(1) 学説史の検討

犯罪原因論と環境犯罪学

まずは犯罪学の学説史として「割れ窓理論」の位置を確認しておきたい。当該理論は、より広い領域としての「環境犯罪学（Environmental Criminology）」の分野に含まれるものである。

「環境犯罪学」は七〇年代の米国において提唱され、八〇年代以後、主として英語圏の諸国に広まった新しい犯罪学の潮流である。日本においてはこうした欧米の動向よりも丁度十年ほど遅れた状況の展開があり、八〇年代後半から九〇年代に学界で広く認知されたのち、ゼロ年代の施策に適用されることとなった。

戦後の犯罪理論は、おおまかにいえば犯罪者がどのような社会構造のもとで生じ、どういった性格、志向をもつのかを分析することで、犯罪者を生じさせにくい社会設計を企図してきた。すなわち犯罪の「原因」を分析対象とし、その原因除去を目的とする犯罪理論が構成されてきたわけだが、典型的には（1）ロバート・K・マートンの「アノミー論」やウォルター・ミラーの「下流階層」の文化論など、社会構造における文化や制度のあり方に注目する「社会構造論」と、（2）エドウィン・H・サザーランドの「分化的接触論（Differential Association）」に代表されるような（Sutherland and Cressey 1934/1992）、社会集団と個人の接触過程に注目する「社会過程論」が、犯罪の「原因」論に属するものだといってよい。

こうした五〇年代から六〇年代にかけての犯罪理論は、その後七〇年代にかけて、（A）犯罪者・犯罪行為の生成過程ではなく、その抑制メカニズムに注目する「コントロール理論」や、（B）犯罪・逸脱というカテゴリーが社会的に形成される過程に着目した、社会構成主義の流れに位置付けられる「ラベリング論」、などへと発展してきた。いずれにせよ、上記の犯罪理論は基本的に犯罪の発生あるいは抑制要因を社会のあり方に求め、そこでの規範、文化、集団、制度の構造を問題としてきたのであったが、しかし七〇年代に萌芽し、八〇年以後発達してきた「環境犯罪学」は、そうした犯罪原因論の発想とは一線を画すものであった。

「環境犯罪学」は、集団や規範、社会階層と貧困など、社会の構造的なあり方ではなく、犯罪が発生する「場」の状況に着目し、犯罪が生じやすい場に対して配慮を求める理論である。初めて八一年に「環境犯罪学」という用語を用いたブランティンガム夫妻は、従来の「犯罪者」「犯罪行為」に注目する犯罪理論や、刑法のあり方を対象とする刑事法学とは明確に区別されるところの「環境犯罪学」を、「場（Place）」と犯罪との関係を対象とする学だと規定し、「環境犯罪学」は近隣住民の視線や建築のあり方など、場を構成する諸々の要因と犯罪行為との関係性を対象にするものだと考えた（Brantingham and Brantingham 1981）。

環境犯罪学の勃興

特定の社会集団や、規範、制度に注目するのではなく、犯罪の発生しやすい／しにくい場のあり方を探求しようと試みた「環境犯罪学」は、それゆえ犯罪理論から「社会」を消去したものであると解され、「社会」モデルから「状況」モデルへの転換であると定義されてきた。竹中祐二によると、「環境犯罪学」とは「様々な環境における犯罪誘因要因ないし犯罪抑制要因となる要素を把握し、物理的要素に変化を与えるという手段を通じた環境設計によって犯罪予防を志向する研究領域」のことだと規定したが（竹中 2003）、これは正確な定義であり、「環境犯罪学」はまず「犯罪予防」を目的とし、「環境設計」という手段によって犯罪行為を未然に防止しようとする犯罪理論であるといえる。

さて、建築のあり方や犯罪行為を目視しうる第三者の視線などに言及し、社会集団や規範のあり方を主たる問題とすることのない「環境犯罪学」は、従来の犯罪理論が、ともすれば特定の社会集団を「犯罪傾向」のある集団として規定することで、人種やエスニシティに対する差別的傾向があると非難される可能性があるのに比して「無色透明」のものであり、権力性や政治性からは距離をとったものだと解釈されてきた。したがって、一部の議論において「環境犯罪学」は「価値自由」なものであり、万人にとって公正なものだといった議論が、「割れ窓理論」の提唱者からもなされてきたが（Kelling and Bratton 2006）、しかし、筆者の立場はこれと異なる。

本章では、「環境犯罪学」の多くは決して権力性や政治性から無縁のものではなく、むしろ一部の理論においては従来の犯罪理論よりも強い価値判断が理論の前提部分に内包されており、「無色透明」のものではないことを論証していく。上記の「環境犯罪学」が「価値自由」であるといった言辞は、すでにマックス・ヴェーバーの用法に照らしていえば「価値自由」概念の用い方において誤っているが、ヴェーバーの用語に直してこれを正確にいうのであれば、「環境犯罪学」は価値判断に対する再帰性に乏しい「没価値的」判断である場合が、一部の議論においてみられるというのが正しい。この点については「割れ窓理論」を検討した後に再度戻ってこなければならないが、ひとまずここでは、「環境犯罪学」の論点を整理しておくべきであろう。

ブランティンガム夫妻が「環境犯罪学」という概念を用いた八一年よりも前に、今日「環境犯罪学」と呼ばれている研究領域の祖形は観察されうる。そのもっとも初期的な考察は、都市論の分野で著名なジェイン・ジェイコブスの『アメリカ大都市の死と生』における歩道をめぐる議論であろう。都市計画批判の書である同著は、荒廃した街区とそこでのドラッグ売買、強盗犯の原因を、近隣住区の人々の無関心と、用いられなくなった歩道に求めている。そうした現象は、決してスラム街においてのみではなく、「閑静な住宅街」においても生じていることをジェイコブスは指摘し、具体的な対策として（1）歩道を有効活用すること、（2）住民の目線が自然と街路に向かうこと、（3）住民のインフォーマルな社会関係が継続されていること、などをあげている（Jacobs 1961＝2010）。

ベストセラーとなった同書の議論は、七〇年代以降の初期「環境犯罪学」に一定の影響を与え、例えばオスカー・ニューマンの「守りやすい住空間（Defensible Space）」論はジェイコブスの議論と近似する部分をもっている。七二年に発表されたニューマンの議論は、日本においても建築学の分野では広く認知されてきたが、彼の議論はジェイコブスの歩道と近隣住区論をさらに発展させたものである。ニューマンは、犯罪を抑止する物理的要因を強調し、これと住民の意識との関係性についても言及する議論を展開し、例えば住民が自らの居住環境の「領域（Territory）」を自覚することや、建造物の死角を減少させ、住民の視線が「領域」の隅々にまでいきわたることを求めるような、都市工学的アプローチを採用した（Newman 1972＝1976）。

また、ニューマンの議論と時を同じくして提案されたレイ・ジェフェリーの「防犯環境設計（Crime prevention through environmental design: CPTED）」論は、建築よりもミクロレベルに属する電灯の明るさやフェンス、区画のあり方を対象とし、それら物品の組み合わせによって「自然な」防犯効果を期待する議論である（Jeffery 1971）。ジェフェリーは当該領域における「自然なアクセス・コントロール」と「監視の強化」によって、領域内の防犯性が向上すると主張し、のちに監視カメラ（ＣＣＴＶ）設置の議論などにも援用されることとなった。

一般に、ジェイコブスの発想を引き継ぐニューマンの「守りやすい住空間」論と、ジェフェリーのＣＰＴＥＤが「環境犯罪学」の初期的議論であるとみなされているが、両者の議論に共通しているのは、何らかの物理的環境が犯罪者の心理に影響を与え、犯罪を促進／抑止させる点に注目していることであろう。こうした発想は八〇年代以後の「環境犯罪学」にも継承され、例えばニューマンのアプローチを忠実に発展させたアリス・コールマンの「計画住宅（Planned Housing）」論は、イギリス公営住宅のあり方に大きな影響を与えてきたし（Coleman 1985）、ジェフェリーの議論は、マーカス・フェルソンらによる「日常活動（Routine activity）」論や（Felson 2002＝2005）、ロナルド・V・クラークによる「状況的犯罪予防（Situational Crime Prevention）」論としてさらなる展開をみた（Clarke 1992）。これら「環境犯罪学」の学説史的検討は、すでにリチャード・ウォートリーによる詳細な解説や（Wortley 2008）、国内では小出治らの著作などにおいても検討されているため（小出 2003）、ここでは単に以下の点について確認しておこう。

まず、「環境犯罪学」は第一に、特定の個人や集団を対象とするものではなく、「潜在的な犯罪者（likely offender）」に注目し、犯行を未然に思いとどまらせる手法を検討することで、少なくとも当該地域に存在するすべての人々を対象としうるものである。第二に、「環境犯罪学」が対象とできるのは、あくまで施策を実施する区域内のみであり、規範や集団モデルによる犯罪原因論とは異なり、全体社会の犯罪を引き下げることを企図しているわけではない。したがって、ここでは「社会が犯罪者を生み出している」といった問題意識ではなく、「犯罪者が当該地域に問題を生じさせている」ことが理論内の前提とされている。そして第三に、「環境犯罪学」が念頭におく犯罪行為は、街頭や店舗内における窃盗や、器物損壊、傷害事件やドラッグ問題などであり、ここにはいわゆる「ホワイトカラー犯罪」が含まれうる余地は多くない。したがって、ここで念頭におかれているのは近隣住区（貧困地区であれ、高級住宅街であれ）における「生活の質」の向上である。

そして、そのような「生活の質」の向上を企図する代表的な「環境犯罪学」の学説は、ジョージ・L・ケリングとジェイムズ・Q・ウィルソンによって一九八二年に提唱された「割れ窓理論」であった。日本においては、白書類、政府報告書、官僚の研究会から国会答弁において言及された数の上では「割れ窓理論」が明らかにもっとも多く、日本において「環境犯罪学」といえばまず、このケリングらの議論が想起されるほどであろう。アトランティック誌に掲載された「割れ窓理論」は、その副題に「近隣住区の安心（neighborhood safety）」と掲げられたとおり、日常生活の「場」を守ることの重要さと、警察と住民の連携を強調したものであった（Kelling and Wilson

1982)。

ケリングらは、「コミュニティの視点からすれば無秩序（disorder）と犯罪は分かちがたく結びついており」、そして「建物の窓が壊され、放置されていたならば、そのほかの窓もすぐに全て壊されることとなる」と比喩的に表現し、「無秩序」の修復を主張した。ここでの「無秩序」とは、ほとんど非犯罪化（decriminalize）されている軽犯罪から、そもそも犯罪行為にあたらない無目的の「徘徊」や、地下鉄駅などでの睡眠、路上の飲酒までが含まれるとされており、これらの「無秩序」観から明らかなように、そこではホームレスやスクウォッター、セックス・ワーカーが念頭におかれ、実際の施策運用においてもニューヨーク市地下鉄構内や公園からのホームレスの強制退去政策として行われたため（Vitale 2008）、「割れ窓理論」に基づく九〇年代ニューヨーク市の施策が反貧困団体から告訴されるなど、物議を醸した理論でもあった。

しかし、ケリングらはこれに対して、「割れ窓理論」は決して人種、階層による差別を企図したものではなく、どの社会集団においても共通に認められ、万人が当然と認める「無秩序」の追放を求めるものであり、「無色透明」で中立的な理論であることを強調してきた（Kelling and Coles 1996＝2004）。まずは、「割れ窓理論」に対する社会学的な考察を加える前に、ケリングらの議論を忠実においかけることとしよう。

（2）「割れ窓理論」の問題構成

一般に「割れ窓理論」は、小さな「無秩序」を放置することで、当該地区に潜在的な犯罪者が流入し、また地区の住民が街路から遠ざかることで、深刻な「犯罪」を呼び込むこととなると主張しているものだと理解されている。すなわち、「無秩序」を独立変数とし、「犯罪」の発生数を従属変数とする社会心理学的な「環境犯罪学」であり、そこでは「無秩序」は「犯罪」を防止するためにのみ撤去・整除されるべきだというように。

しかし、この理解は「割れ窓理論」の一部に対してあてはまる認識であり、一義的に誤りとはいえないが、次の点において重要な論点を取り逃がしている。ケリングらは、「無秩序」が「犯罪」と繋がるという理由だけによって、これを問題視しているわけでは決してない。ケリングらは、「無秩序」それ自体がコミュニティにとって「望ましくない」ものであり、まずもって「無秩序」を整除すべきだという地点から出発しているのである。したがって、彼らの議論は、ある部分において「犯罪」を問題視する反面、一方では「諸都市の秩序」が乱れていること自体を問題視するような発言が入り混じっており、読者はしばしば混乱させられる。「割れ窓理論」は当該地区の犯罪発生率を低減させようとする議論なのか、それとも「無秩序」を追放するための根拠として、これが「犯罪」に繋がりうるという理由を持ち出しているのかを、文章から一義的に把握することが困難なのである。したがって本章では暫定的に、「割れ窓理論」とは「無秩序」それ自体を問題視し、これを整除しようと試みるとともに、「無秩序」が深刻な「犯罪」を呼び込む契機となることを同時に問題とする理論であると考えておくこととする。それでは「無秩序」とは何なのだろうか。以下ではケリングらの主張を曲解しないために、なるべく引用を中心に彼らの議論を概観していきたい。

> 無秩序とは、生活、とりわけ都市生活を妨げる無作法で（incivility）粗野で威嚇的な振る舞いである。（中略）無秩序といわれる場合、特に念頭に置かれるのは、攻撃的な物乞い（aggressive panhandling）、街頭での売春、酩酊や公共の場での飲酒、脅迫的な行動、嫌がらせ、道路や公共空間での立ちふさがり、公共物破壊や落書き、公共の場での放尿や排便、無許可の露店や行商、勝手に自動車の窓を拭いて代金を請求すること（squeegeeing）などの行為である。
>
> （Kelling and Coles 1996：14-15＝2004：17-18）

そして、このような「無秩序」は、都市における「生活の質」を引き下げており、しかも「秩序を乱す行為の中には、近隣地域における影響が重大な犯罪の指標よりも大きいものがある」(Ibid.：31，訳書：36) のであって、これを放置することはコミュニティの秩序を脅かし、ひいてはコミュニティそれ自体を荒廃させてしまうことになる。ここで語られていることは、「無秩序」はしばしば「凶悪犯罪」よりも、コミュニティの生活に与える影響が大きな場合があり、したがって「無秩序」に対して警察と近隣住民が立ち上がるべきだとの主張である。しかし、「無秩序」の問題はそれだけではない。

> 秩序を乱す行為は、ある臨界点に達すると、ローカル・コミュニティに直接不安を生じさせる。そして、無秩序を制約しなければ、それに続いて重大犯罪、都市の没落と衰退がもたらされる可能性があるのである。無秩序、不安、犯罪及び衰退は、今日の米国諸都市における生活と商業を深刻に脅かしているのである。
>
> (Ibid.：16，訳書：19)

つまり、「無秩序」は「重大犯罪」を呼び込み、また同時に「都市の没落」と不安を発生させる要因であるから、これに対処すべきだということが指摘されている。ここにおいて、ケリングらの主張はまずもって「犯罪」のみを起点にしたものというよりは、コミュニティの秩序を出発点とし、秩序ある都市生活に被害をもたらしうる「無秩序」の増大や、これによってもたらされる犯罪行為が問題視されていると考えるべきだろう。

そしてケリングらによる「秩序修復 (order maintenance)」への訴えを含む理論的内容は、実際のところ、これ以上でもこれ以下でもない。当初アトランティック誌に提出した論考から、彼らがいうところの「左派」勢力に反対し、「割れ窓理論」の有効性を主張するエッセイまで、ケリングらが「無秩序」を問題視する理由は上記言論の幾度とない反復によって示されている。すなわち、(1)「無秩序」は秩序あるコミュニティにとってそれ自体で脅威であり、「無秩序」の蓄積を最初に抑えることが肝心である。(2)さらに「無秩序」が堆積し、近隣住民が街路から遠ざかれば、そこに犯罪者が流入し重大な犯罪の温床となる。以上の二点が、「無秩序」を追放すべき理由である。

しかしながら、どの程度の行為や状態が「無秩序」にあたるのか、あるいは「無秩序」がどの程度蓄積すれば、コミュニティにとって重大な危機となりうるのかについての実証的な指標は、ほとんど明らかにされていない。何を「無秩序」と考えるのかについては、実のところケリングらにとっては自明のことであり、社会通念からして「誰の目にも明らか」なことだからだ。そして、彼らが示した「無秩序」の例示は、ホームレスや精神病患者、あるいは黒人や貧困者に対してバイアスのかかったものであるとの批判を想定して、ケリングらはこう主張する。

> 特定地域の住民の間には、何が無秩序で威嚇的な行動であるか、無秩序がどのくらい深刻な問題をもたらしているかについて広範な合意が存在するから、秩序維持活動は必ずしもコミュニティを分裂させるものではない。
>
> (Ibid.:26, 訳書:30)

ウェスレイ・G・スコーガンによる統計調査(Skogan 1990)を念頭におきながらなされたこの言明には、「路上生活者」にとっても、白人中産階層にとっても共通の「無秩序」が存在するのであって、「割れ窓理論」はそうした「本質的」な無秩序を対象としているのに過ぎない、という意味が含まれている。しかし、こうした「無秩序」の規定の後に行われる同書での言明は、にわかに読者を混乱させる。すなわち「無秩序」の増大はとりもなおさず、特定の社会集団がもたらしたものであり、それは「過度の個人主義」によってもたらされたものだとの指摘に出会うからだ。

公共の場における無秩序を顕著に増加させ、それらの行為を法律的に保護して警察の対処能力を低下させたのは、特に、精神病者の脱施設化と、公共の場における飲酒の非犯罪化の二つである。

(Ibid.：43, 訳書：50)

ケリングらによると、街頭での「精神病者」による奇異な振る舞いや、「路上生活者」の酩酊は、従来ならば近隣住民の通報を受けて警察が対処すべき事柄であった。しかし、八〇年代以後の「個人主義」的風潮と、「左派的市民団体」が、ホームレスと「精神病患者」の人権を掲げて、これらを脱施設化・非犯罪化することで憲法の保護下に編入させたという。このことが、街頭に「無秩序」を溢れさせた原因のひとつだというわけである。

しかし、そうだとすれば「無秩序」は特定の社会集団に依拠する概念ではないとする彼ら自身の言明を、自分の手によって崩してしまうことになるのではないだろうか。つまり、結局のところケリングらはホームレスと「精神病患者」、あるいは「不良」若年者らの振る舞いを、白人中産階層の視点から問題視しているだけではないのか。ケリングらは、こうした批判をかわすために、さらに「精神病患者」とホームレスを二分割（あるいは三分割）する。ケリングらは、ホームレスを「持たない人」「できない人」「したくない人」の三種に分類して以下のように主張した。

「持たない人（have-nots）」とは、本当に貧しく、何らかの緊急事態のために余儀なく路上生活をしており、一時的なシェルターを必要とするが、いずれは主流に戻っていく人々である。これは通常ホームレスと考えられている人々のうち比較的少数に過ぎない。「できない人（can-nots）」とは、重篤な精神病者や中毒者であり、三類型の中ではおそらく最大数を占める。「したくない人（will-nots）」とは、路上生活と犯罪を含む不正行為がライフスタイルとなっている人々である。無秩序について議論するとき、「持たない人」は通常問題とならない。「できない人」と「したくない人」による反復的かつ継続的な反社会的行動が問題なのである。

（Ibid.：68，訳書：78）

そして，「割れ窓理論」の信念は，「彼ら＝できない人・したくない人」の「自由を保護するといった誤った観念を拡大して都市を堕落させることではない」のである。しかしながら，「個人主義者」や「ホームレス支援団体」の人々は，「路上や地下鉄構内に居座って秩序を乱す行為をする権利を保護する運動を展開」しており，これは断じて誤っている，と彼らは主張する（Ibid.：68，訳書：79）。ケリングらがここで，明らかに「ホームレス支援団体」の主張を読み違え，批判対象として取り上げやすいように戯画化している点や，「精神病患者」への侮蔑的視線がうかがえることは後述することとして，ひとまずおこう。ケリングらの主張に従うのであれば，彼らが先に述べた，どの社会集団にとっても公平な「無秩序」とは文字通りの意味ではなく，大部分の近隣住民および，彼らのいう「良きホームレス＝持たない人」からみた「無秩序」だということになる。ケリングらはホームレスや患者を分割し，「仕方のない」場合と，「許容できない」場合に分け，前者ではなく後者を問題視しているのだから，決してホームレスや「精神病患者」それ自体を差別しているわけではないと主張しているのである。

3 「割れ窓理論」とコミュニタリアニズム

(1) リベラル・コミュニタリアン論争

それでは、ここで「割れ窓理論」の論理と立ち位置をより正確に判断するために、八〇年代以後の米国におけるリベラルとコミュニタリアンの差異について概観することとしよう。ここでは八〇年後半から九〇年代にかけてのニューヨーク市の政治を念頭において議論を進めるため、ここでの「リベラル」とはリベラル‐経済的左派（主にディンキンズ支持層）のこととして、コミュニタリアンとは保守‐経済的右派（主にキリスト教系白人を中心とする中産階層以上の人々で、ジュリアーニ支持層）に親和性のあるものとして、便宜的に経済的な右派‐左派問題を振り分けておくこととする。

さて、一般にリベラリストが、特定の共同体による規範や価値から距離をとり、J・S・ミル流の「他者の自由を侵害しない限りにおいて」人間は自由であるべきだとの命題を採用するのに対して、コミュニタリアンは、これに加えて守るべきルールは共同体に応じて存在し、これを蔑ろにすることはできないことを主張する。そしてケリングやブラットンはコミュニタリアンの中でも、ほとんど新保守主義に近い位置にある。無論、コミュニタリアンと一口にいっても、その振れ幅は穏健なロバート・パットナム流の「社会関係資本」の重視から、アミタイ・エチオーニのような宗教右派的道徳主義まで様々である。ここではコミュニタリアニズムの中でも、ケリングらの立場は右よりに位置していることを念頭に議論を進めたい。

そして、ここに経済的な右派‐左派の議論が加わると話は一段複雑になる。経済的左派はすべての社会成員がデモクラシーに参加するための必要条件である「最低限の生活水準＝ナショナル・ミニマム」と「機会の平等」が守られなければ、そもそも政治は成立しないと主張し、ナショナル・ミニマムを確保するための課税と再配分を強く主張するのに対して、右派は社会的公正さの確保を完全に行うことは政府の役割ではなく個人の努力やアソシエーションの役割だとして、可能な限り「小さな政府」を求める。あるいはより正確にいえば、大企業や投資家、軍事に有利な税制配分はしばしば認めるが（この点においては小さな政府ではない）、社会的なものへの大きな配分は認めないものである。

九〇年前後の二度にわたるジュリアーニとディンキンズの選挙は、リベラル‐左派とコミュニタリアン‐右派の間でたたかわれたが、もちろんリベラルと左派、コミュニタリアンと右派の結び付きは必然的なものではない（例えばミルトン・フリードマンはリベラル‐右派である）。

さて、一般にこうしたリベラル‐左派とコミュニタリアン‐右派の係争は、八〇年代以後の米国政治を典型的に表す構図となっており、その背後には諸々の専門家による思想的対立があることはよく知られている。具体的には、ジョン・ロールズの「正義論」をどのように評価するか（すなわち、福祉国家論を支持するか否か）、あるいはマイケル・サンデルのコミュニタリアニズムを是とするのか（その右旋回した先には、エチオーニのより強固な新保守主義がある）といった問題が、こうした政治的係争の背景にあるものと考えてよい。

それでは、まず「ニューヨーク市初めての黒人市長」と枕詞をつけられる、ディンキンズの犯罪政策を概観しておこう。ディンキンズとジュリアーニが初めての対決を迎えた選挙は八九年のことであり、当該選挙の詳細については政治学者の西山隆行が簡明に整理しているとおり、もともと民主党の地盤が強いニューヨーク市において、アフロ・アメリカンとラテン・アメリカンなどエスニック・マイノリティの票を手堅くまとめ、リベラル派白人票を取り込んだディンキンズが僅差で勝利した（西山 2010）。

市長に就任したディンキンズは、ニューヨークを「ゴージャスなモザイク」にするとの有名な標語を掲げ、犯罪政策においてはそれまで特にエスニック・マイノリティから嫌悪されてきた警察組織の改革に乗り出すこととなる。最近出版された彼の自伝にもあるとおり、「犯罪問題は私が市長に就任した時期に、ニューヨークでもっとも重要な課題であった」のであり、彼は「安全な街路、安全の街――警察と少年の協働」を標語としてこの問題に取り組もうと試みた（Dinkins 2013：205）。

確かに、八九年のニューヨークはクラック・コカインの流行や銃の蔓延によって、多数の犯罪問題に直面していた。[2] したがってディンキンズは警察組織を改革すると同時に、凶悪犯罪への対処にあたるため警察人員の増加を求めなければならなかった。

エスニック・マイノリティと警察の関係を修復し、同時に犯罪への対処を強化するためにディンキンズが採用したのは、いわゆるコミュニティ・ポリシング（community oriented policing）の手法である。現在の日本では、この言葉は地域社会での住民自身による防犯パトロールなどを指す語として用いられがちであるが、当時のニューヨークでは警察の側がコミュニティと協力することで地域住民の信頼関係を強化することが狙いとされた。例えば地域巡回の強化や住民との対話を重視する姿勢、そしてカラードの警察官を優先的にエスニック・マイノリティ住民の住む地区に編入させるなど、「モザイク」を意識した施策が行われた。もっとも、N・スミスが彼の「ジェントリフィケーション」論で指摘しているとおり、一方でディンキンズは九一年にトンプキンズ公園の二〇〇名以上に上る居住者らを強制的に退去させる施策を実施するなど、その政策は「モザイク」の保護のみではなかったのだが（Smith 1996＝2014）。

さらにディンキンズにとっては不運なことに、彼の在任中に「クラウンハイツ暴動」が勃発する。ユダヤ系住民と黒人が混在するクラウンハイツ地区において、黒人少年が交通事故に巻き込まれ死亡。その後の救急搬送や警察の対応をめぐって、黒人住民が警察やユダヤ系住民を非難し、その渦中でユダヤ系の学生が刺殺されてしまう。[3] エスニック・マイノリティ間で生じたこの軋轢は、ディンキンズにとっては大きな痛手となり、トンプソンズ公園問題以後のホームレス支援者など左派系団体とのぎくしゃくした関係とも相まって、九三年の再選挙に悪影響を与えたものと思われる。

(2) ジュリアーニのニューヨーク

これに対して、ジュリアーニは犯罪問題への対処は、より強力な取り締まりと街区の秩序維持が不可欠だと主張。「人種の調停者」を自認し、包摂型政策を採用してきたディンキンズに抗して、強い経済と犯罪への決然とした対応を掲げて九三年に行われた二度目の選挙を制した。その後の歴史を知るものにとっては、その後八年間のジュリアーニ市政と、さらにジュリアーニの後継者として十一年も君臨した共和党の「メディア王」マイケル・ブルームバーグ時代の始まりである。余談ではあるが、ブルームバーグは政治的には経済右派ではあっても新保守主義の信奉者ではなく、「リベラル気質」の強いニューヨーク市民を納得させるため、警察の腐敗や暴力には批判的であったが、一方で「カラードを狙った」と揶揄される強制的な職務質問(Stop and Frisk)によって「犯罪を未然に抑止」することにも熱心であった。しかし総計二十年近くに及ぶ共和党の市政を、二〇一三年の選挙で民主党が、しかもニカラグアでの急進左派サンディニスタ解放戦線(ＦＳＬＮ)をかつて支援していたビル・デブラシオが破ったことは、いわゆる「占拠(Occupy Wall Street)」運動を経験したニューヨークのリベラル左派にとっては大きなニュースとなった。

さて、前段の議論を振り返ってみよう。ケリングにせよ「割れ窓理論」を高く評価するエチオーニにせよ、対処すべき「問題」は「過度の個人主義」と共同体の価値を全く顧みない「無秩序」の跋扈である。もちろん、コミュニタリアニズムは全体主義とは異なり、共同体の善と個人の自由のバランスを求め、行き過ぎた規制と「過度の個人主義」の両方を戒めようとする。そしてエチオーニやケリングらは、現実に発生している諸々の社会問題を、調和あるコミュニティの構築と、これによる個人の自立によって乗り越えようと試みるのであり、必要以上の「権利」要求がコミュニティの秩序を妨害することがあってはならないと主張した（Etzioni 1997＝2001）。そして個人の権利と福祉を要求するリベラル左派は、「ホームレス」が「地下鉄で寝る権利」を主張することで（もちろん、そういったことを主張するリベラル左派など、ほぼ存在しない。路上生活者に対するナショナル・ミニマムの確保がなされないまま、地下鉄ですら封鎖されることの不当性を訴えてきたディンキンズの支持者らは、決して「地下鉄で寝る権利」ではなく、路上生活者や貧困層に対する最低限の施策すらなされていないことだけを問題としてきた）、逆に貧困問題を助長していると、ケリングらは非難してきた。

このことをもってコミュニタリアンが貧困問題を無視しているということにはならないが、リベラル左派と右派的コミュニタリアニズムの間には、コミュニティ、道徳、貧困、福祉といった諸領域における〈優先順位の差異〉が存在しているものと解すべきであろう。上で指摘したように、エチオーニやケリング、あるいはジュリアーニは、「過度の個人主義」による問題が発生している状況をまず問題としている。したがって、コミュニティの秩序と道徳性の再建、そして「無秩序」への対処がなされるべきであり、その上で、貧困問題への対処が再建されたコミュニティとアソシエーションによってなされることを期待するという立場にある。

これに対してジュリアーニを批判したリベラル左派系のグループは、まずすべての市民の生活が保障されるべきであり、これを行わないまま「無秩序」を整除することは、結果的に「特定の価値」が優先され、社会的弱者にとって不公正な施策が実行されてしまうとして反発した。だからディンキンズは、路上の「ゴミ拾い（Scavenger）」をやむなく黙認し、路上生活者を生み出している社会を第一に問題視したのであったが（Duneier 2002：202）、これがケリングらの批判対象となったことは先にみたとおりである。

このようにケリングらの「割れ窓理論」は、第一に八〇年代以後の米国政治、とりわけニューヨーク市など大都市圏における犯罪とコミュニティに関する具体的な政治の文脈と切り離してはありえない。第二に、その政治的係争はリベラル‐コミュニタリアンの理念をめぐるものであり、ケリングやブラットンら「割れ窓理論」の主たる提唱者らはコミュニタリアニズムの支持者であって、「割れ窓理論」は実証的犯罪学の理論というよりは、そうした政治的理念のマニフェストでもあった。これら二つの観点を欠かして「割れ窓理論」の内容を評価することはできない。ところが日本においては、こうした政治的文脈は等閑視されたまま「割れ窓理論」の概要だけが輸入されてきた傾向があり、右派左派を超えた無自覚的なコミュニタリアニズムへのコミットメントが観察されうることは指摘しておかなければならない。

4 「割れ窓理論」への批判

日本での無自覚さとは対照的に、欧米の議論では「割れ窓理論」の政治性や権力性、あるいはその実証的有効性をめぐる議論は盛んになされており、文字通り枚挙に暇がない。簡便に議論の傾向を分けるとすれば、(1)「割れ窓理論」の実証的効果に対して疑義を投げかける議論と、(2)「割れ窓理論」に対する思想的・政治的批判(ポストモダン地理学や権力論などの観点から)の二種類に方向性が分かれるが、ジョック・ヤングなども含まれるイギリスの「レフト・リアリズム」犯罪学などは、これら両者にまたがる議論を展開している。

さて、一番目の実証性に関する議論の代表格は、バーナード・E・ハーコートの『秩序の幻影(*Illusion of Order*)』において展開されており(Harcourt 2001)、ハーコートの議論は他の論者とも共通する点があるため、簡単に解説しておきたい。ハーコートによると、①そもそもニューヨーク市の犯罪発生率は「割れ窓理論」が施行される以前の九〇年代初頭、すなわちディンキンズの市政から全般的に低下傾向にあった。②また、「割れ窓理論」を採用していない、サンディエゴやフィラデルフィアなど多数の都市でNYと同様かそれ以上の殺人件数低下がみられる。③そして、米国経済の回復と失業率の低下が同時期に発生していることや、④少子化による若年人口の低下、あるいはドラッグの使用パターンが変化したことなどによる外部的要因、⑤最後に、新保守主義的政策による警察人員の単純な増加、これらの要因が複合的に犯罪発生率を引き下げたと結論づけている。

すなわち、ハーコートは「無秩序」の低減と「犯罪発生率」の間には有意の相関関係がみられないか、あるいは疑似相関であり因果関係は認められないとの疑義を提出し、これよりも可視的な「失業率」や「若年者人口比率」「警察人員の増加」といった因子のほうが、強い独立変数として「犯罪発生率」に影響を与えたのではないかという推察を行っている。

こうした統計学的疑義は、日本における実験的観察からも仮説が提出されており（尾山・津富 2008）、今日では「割れ窓理論」の効果に対して素朴な信念を抱くことは、全く無意味だとも一義的に結論づけられないが、一定の留保がつけられるべきだと考えられている。

次に「無秩序」への配慮や規制に対する思想的・政治的批判について概観してみよう。「割れ窓理論」が結局のところ、上・中産階層の「不安」を代弁するものであり、十九世紀流の「危険な階級」思想と親和性があるといったような、理論とヘゲモニーの結び付きや、そこでの権力関係を指摘する議論は「割れ窓理論」が提唱された当初から存在し、九〇年代のニューヨーク市政に対する評価とも相まって多くの批判が提出されてきた。

キャサリン・ベケットとスティーブ・ハーバートはかなり直截に、仮にケリングらが路上生活者それ自体や、貧困であるという「状態（status）」に対してではなく、あくまで「地下鉄での睡眠」などの「行為」を問題視しているのだと主張していたとしても、それは欺瞞であり、「割れ窓理論」で想定されている「無秩序」の設定は明白に社会的弱者にとって不利なだけでなく、「状態」それ自体を問題視する契機を含んでいるものだと指摘してきた（Beckett and Herbert 2008）。ベケットらにとって、犯罪行為ですらない「無秩序」を「犯罪的なもの」とみなし、しかもそのカテゴライズが社会的弱者に対して不利な設計となっているのであれば、これはかつての貧困者や精神病者に対する法的規制の再興であり、容認できるものではなかった。

また、デラリオ・リンゼイは「割れ窓理論」が志向する「安心」の空間は、当該社会で多数を占める集団の「規範的イデオロギーが法的なものへ転化した」（Lindsey 2005：240）ものであり、ジュリアーニの展開してきた中産階層向けの「生活の質」の政治と密接な関係にあるとして、その法的カテゴリーの曖昧さと権力性を批判しているし、ドン・ミッチェルもまた、リンゼイと同じく「安心」な空間の創出は、「無秩序」と名指しされた人々を公共の場から排除することによって可能ならしめられているとし、そこには不均等な「街区への権利（right to city）」の配分があると指摘した（Mitchell 2001：70-71）。

これら思想的観点からの批判は、「割れ窓理論」が既存の社会構造における権力格差を反復するものであることを指摘するものであり、「生活の質」や「公共の空間」、あるいは「無秩序」は決して宙に浮いた状態で定められるものではなく、常に現実の社会関係の中でのみ定められると主張するものであったといえる。そして「割れ窓理論」の信奉者は、そうした理論と社会の関係を意図的に隠蔽しているか、あるいは無反省的にマジョリタリアニズムを支えているのであって、そうした所作は構造的な暴力を再生産するものであると、彼ら／彼女らは批判したのであった。

こうした批判を踏まえた上で、「割れ窓理論」の諸問題点について議論を整理してみよう。

第一に、ベケットやリンゼイが指摘したような、「無秩序」の選定とヘゲモニーの結び付きへの批判は社会学的見地からすれば正しい。何が「無秩序」とみなされ、そこで守られるべき「生活の質」とは誰にとってのものなのかを自覚することなしに、これが「無色透明」の理論であるとするのは危険であり、カール・マンハイムを引き合いに出すまでもなく、私たちの議論は常に存在に拘束されざるをえないのである。

第二に、「割れ窓理論」がニューヨーク市で行われたような施策として用いられるのであれば、これは公園や地下鉄構内といった「公共」の空間を縮減し、アンリ・ルフェーヴルが「都市への権利」と呼んだデモクラシーへの通路を閉ざしてしまうことになりうる。「無秩序」や「生活の質」をめぐる議論が、すでに限定された社会成員にとってのみ開かれているような施策の形態において、「公共」の空間は私化され、緩やかだが巨大な規模の「ゲーテッド・コミュニティ」へと街区を転化させてしまう可能性を否定できない。

第三に、ここでの権力性はもちろん、まずもって発言権をもたない「他者」に対して作用するが、しかし境界線の「内側」に対しても異なる次元の力として作用する。「無秩序」を観察するマジョリティは、常に街区が「正常」な状態に保たれているかに留意し、自らの行動を律する必要があり、かつて「精神病者」や「性的な逸脱者」に向けられた「規律＝訓練」型の権力は、今日「無秩序」を観察する第三者に対して作用し、これにより「安心」の空間は反復される。

5　結　語

本章では「割れ窓理論」を中心として、これへの批判的検討を行ったが、これはただちに「環境犯罪学」のすべての理論が政治性や権力性と強い関係をもつものだとの結論を導出するものではない。それを行うためには、ここでケリングらに対して行ったのと同様に、それぞれの「環境犯罪学」の学説に対して、それらがどのような文脈の下で扱われ、また理論の前提にどういった論理が挿入されているのかを、個別的に判断していく必要があるだろう。

しかし、例えばニューマンの「守りやすい住空間（Defensible Space）」論が、九〇年代以後の「ゲーテッド・コミュニティ」建設や、英米における公営住宅計画に応用されてきたように（Bagaeen & Uduku 2010：100）、それがジュリアーニ市政の「割れ窓理論」ほど露骨に社会的不平等を背景にしたものではなく、より穏健な「第三の道」や、パターナリスティックな貧困層への包摂施策の下で活用されてきたにせよ、「環境犯罪学」の多くは他の犯罪学理論と同様に、それを実施する具体的な政治的・文化的・地理学的な文脈を離れてはありえないものと考えられる。

したがって、重要なことは「環境犯罪学」が犯罪原因論とは異なり「無色透明」であるか否かといった議論ではなく、それがどのような文脈の中に埋め込まれているのかを検討することにある。つまり、そこに政治や権力性が存在するか否かということよりも、どのような政治性や権力性が、理論と結び付いているのかを考察することが、今後行われるべき課題の一つであろう。

政治哲学者のナンシー・フレイザーは、グローバル化時代の「正義論」において重要な論点は、国民国家の枠組みを自明の前提として、それが「何を」配分しているのかではなく、そもそものフレームが「誰によって」「どのように」形成されているのかという点にあると主張した。

> グローバル化する世界で社会正義について考察するための適正なフレームを、どのように決定すべきなのか。いかなる基準や決定手続きに訴えるべきなのか。そして決めるべき人は誰なのか。
>
> （Fraser 2009：36＝2013：52）

この議論は、承認と配分をめぐる最近の政治哲学的議論を念頭においたものであるが、彼女の議論は「環境犯罪学」の評価にとっても重要な論点を喚起しているものと思われる。

最後にゼロ年代日本の状況と「割れ窓理論」の関係について若干の考察を付け加えておこう。日本では小泉および第一次安倍政権時代に、行政、政府高官レベルにおいて「割れ窓理論」が広く認知され、実際の施策にも応用されてきたが、訳者でもあり理論の積極的な紹介者でもあった小宮信夫の解釈が加わったこともあり、日本では米国における文脈とは若干異なった理解がなされてきた。まず第一に、九〇年前後のニューヨーク市においてみられたような、都市区画のゲットー化とジェントリフィケーションのせめぎ合いは、日本では顕著に観察されず、当時米国でいわれたような中産階層にとっての「生活の質」をめぐる政治的係争と「割れ窓理論」の結び付きは、日本では相対的に小さなものであった。

また、「割れ窓理論」は住民による「自主防犯活動（Citizen Policing）」と親和性のある理論であるが、日本ではその側面が強く現れ、ゼロ年代以後編成された各種「自主防犯団体」の理論的支柱として、理論が用いられてきた。これは小宮信夫による「防犯マップ」作製の推奨とも一定の関係があるものと考えられる（小宮 2006）。「自主防犯活動」を奨励する国および地方行政の政策的スタンスと相まって、「割れ窓理論」の宣伝と「自主防犯活動」の組織化は並列的に実施され、日本の犯罪政策にもっとも強い影響力を発揮した「環境犯罪学」の理論となった。しかし、これは「無秩序」の規定が、日本において「自主防犯活動」の主たる活動母体である町内会・自治会やＰＴＡといった既成の中間集団によってなされるということをも意味し、ジュリアーニとディンキンズの対立といったような党派政治的文脈ではなく、国政と中間集団といった、より没イデオロギー的な日常性と伝統的支配の構造の中において、「割れ窓理論」の役割を考察しなければならない(4)。

いずれにせよ、私たちは次のように問うべきである。いったい誰が、どのような手法で「守るべき街区」と「放逐されるべき無秩序」を選定しているのか。警察政策と文化政策、街区におけるマジョリタリアニズムは、それぞれどのようにお互いのへゲモニーを主張しているのか。この点にこそ批判的な社会学にとっての分析課題が在しているのである。

注

（1）この事件は二〇一二年一月十一日から十三日にかけて「中国人受刑者」が脱走し、逃走中に飲食などのため空き巣を繰り返したものである。当時は連日ニュースショーで大きな注目を集め、広島刑務所の管理体制も指弾された。

（2）FBIによるUniform Crime Reporting（2012）によると、人口一〇万人あたりの殺人事件の発生件数は、全国比率よりもニューヨーク市のほうが原則的に高く、NYでのピークは九一年にある。七〇年代からおおむね二〇ポイント代前半で推移してきた殺人件数は、八五年から九〇年にかけて二五ポイントを超えてから低減し、ゼロ年代以後は一〇ポイントを割り込むに至った。こうしたジュリアーニ時代のニューヨークにおける犯罪状況と「秩序維持ポリシング」の展開については今野健一と高橋早苗が明快に整理している（今野・高橋 2008）。

（3）この事件の概要は、アメリカ史を専門とする村田勝幸によって詳述されている（村田 2012）。村田によると当該事件は、ハシド派ユダヤ系住民の間では「ポグロム（虐殺）」であると扇動的に語られ、黒人コミュニティでは白人至上主義者の「リンチ」と重ねられることで不幸な感情の政治係争を一時もたらした。ディンキンズは無論、ユダヤ系住民から「黒人に甘い」と非難され、難しい市制運営に直面している。

（4）町内会などの中間集団が、行政や警察と連動して行った「自主防犯パトロール」の批判的検討は（山本 2011）でも行った。これは本書の後半に大幅修正された原稿として反映されている。

第三章　国政的水準における犯罪政策

1　はじめに

本章では、ゼロ年代日本の犯罪政策における国政的水準での出来事について描写していくこととする。第一章で述べたとおり、本書の分析は国政的水準、地方政治の水準、施策現場の水準と三つの段階に分けて行われ、以下の章では順を追ってマクロな次元からミクロな次元へと視角を推移させていきたい。

さて、第一章でみたとおりゼロ年代日本の犯罪政策がもつ特徴は、（1）予防的措置、（2）コミュニタリアニズムと中間集団、（3）犯罪政策と都市政策の混淆であったが、これらの諸特徴は国政的水準においても明確に観察される。ゼロ年代日本の犯罪政策は、国政的水準においてはまず「犯罪対策閣僚会議」によって強く規定され、これが施政の方向性から予算配分までを決定してきたが、これは法務省や警察庁などの関係省庁の論理によって犯罪政策が主導されてきたのではなく、これら省庁に対する内閣の優越が、いわゆる「小泉構造改革」によって主導されてきたことと無関係ではない。すなわち内閣官房による「政治主導」の論理(1)でもって、主たる国政の方向性が規定され、これに基づいて予算を一元的に配分するための装置として「犯罪対策閣僚会議」が設立されてきたものと考えてよいだろう。

したがって、ゼロ年代の犯罪政策を分析するにあたって、まずあたらなければならないのは、二〇〇三年に小泉政権下で設置された「犯罪対策閣僚会議」の論理であると思われる。また、これに付随して「犯罪対策閣僚会議」と合同で施策を運営してきた「都市再生プロジェクト」も、内閣府によって設置された省庁横断的機関であり、これら二者が、国政的水準における犯罪政策を規定する主たる機関であったと判断して差し支えない。「都市再生プロジェクト」については、第四章以下で検討することとして、まずは「犯罪対策閣僚会議」の沿革について本章で検討していこう。

2 「犯罪対策閣僚会議」の基本的視点

(1) 犯罪に強い社会の実現

「犯罪対策閣僚会議」は二〇〇三年、小泉内閣によって設置された内閣府主導の省庁横断的組織である。この会議は「内閣総理大臣が主宰し」「構成員は、全閣僚とする」と定められているように[2]、時の政権の肝煎りによって設置された主要政策のひとつであり、当時大きな問題として連日報道されていた「治安の悪化」「少年犯罪の増加」といった社会問題に対応しようとしたものとして理解できる。また、この会議は内閣府を主要なメンバーとし、全省庁を含みこむものでありながらも、年間七千億円強(二〇〇六〜〇八年度)にも上る予算編成の仔細にも表れているように、とりわけ警察庁、海上保安庁といった警察機関と、刑務所および裁判員制度を睨んだ法的政策を担当する法務省が中核的な組織となって推進されてきた。以下では会議による各種報告書や議事録を中心として「犯罪対策閣僚会議」の政策的機能を明らかにした上で、本会議と「地域防犯活動」との関係性および思想的意味について検討することとしたい。

さて、本会議は二〇〇九年までに大きく二つのアクション・プランを提示しており、さらに細かく個別の行動計画を複数規定してきた。これらの計画に基づいて各省庁への予算配分が決定され、さらに地方自治体の方針にも影響を与えてきた。大まかにいって個別の行動計画としての「人身取引対策計画」や「犯罪から子供を守るための対策」は、大枠としてのアクション・プランをより個別に文面化したものであり、ここでは相互に関係しあう二つのアクション・プランである「犯罪に強い社会の実現のための行動計画」（二〇〇三年、〇八年改訂版もあり）および「安全・安心なまちづくり全国展開プラン」（二〇〇五年）を中心に検討していく。

さて、「犯罪認知件数の増加」「治安の悪化」報道が盛んになされる中で、本会議が初めて明らかにした「犯罪に強い社会の実現のための行動計画」は開口一番、次のように「危機」への対応を訴える。

今、治安は危険水域にある。

戦後長い間、年間百四十万件前後で推移していた刑法犯の認知件数は、最近増加の一途をたどり、平成十四年の刑法犯認知件数は約二八五万件と七年連続で戦後最多を記録し、刑法犯検挙率は過去最低の水準となった。本年は、やや増勢に歯止めがかかっているものの、依然として深刻な状況にある。

（犯罪対策閣僚会議 2003：1）

既知のとおり、学術的な事実判断として「認知件数」の増加は犯罪相談窓口の設置など警察対応の変化を主たる要因としたものであって、より実数に近しい「被害件数」は大きな変化がなく、「認知件数」の増加と「検挙率」

の低下はいわば見せかけものにすぎないことから、これをもって「治安が危険水域にある」と断定することはできない。こうした統計的エビデンスに基づいた議論と、「治安」悪化に対する反論はすでに河合幹雄や浜井浩一らによって詳細な論述が提出されており（河合 2004：浜井・芹沢 2006）、ここでは犯罪件数に関する議論を再論することはしないが、〇三年の時点では政策的次元において「治安」の悪化が大前提とされていたことを確認しておきたい。

後年、上述のような反論や認知件数それ自体が低下したこともあって、本報告書にみられるような素朴な「治安」悪化の語りは国会などにおいても少なくなるが、現在では代わって「体感治安」の悪化を根拠として犯罪対策の強化を求める声があがっている。すなわち、犯罪認知件数の増加から「治安が悪化している」ことを根拠とする言説は、統計的な位相や言論の状況変化によって否定されたのち「治安が悪化していると考えている国民が増えている」ことへと横滑りし、これを前提として導出される結論は同形の「犯罪対策」の強化であることは、今日まで大きく変化していない（〇九年以後の民主党政権においても、この図式自体は否定されていない）。

（2）国民と社会の防衛

さて、それではこうした「危機的状況」への対応策として、具体的には何が指示されてきたのか。その方向性は大まかに三点示されており、これらは現在まで継続性をもって「地域防犯活動」の必要性を喚起するものであるため、詳細に検討することとしたい。第一に語られる対応策は、「地域防犯活動」に直接言及するものであった。

1つは、「国民が自らの安全を確保するための活動の支援」である。

良好な治安は、警察のパトロールや犯罪の取締りのみによって保たれるものではない。国民一人一人が地域において安全な生活の確保のための自発的な取組を推進することが求められている。すでに、住民の力で犯罪の増加に歯止めをかけようとする取組も広がりつつあるが、さらに、「安全確保のために何かしたい」という住民の思いを具体的な行動に昇華させていくことが重要である。（犯罪対策閣僚会議 2003：2）

ここで注意しておきたいのは、七〇年代以降の米国で提唱されたコミュニティ・ポリシングの思想と、ここで語られる「国民一人一人」の「自発的な取組」の奨励は近似の関係にあるようにみえて、逆のベクトルを向いたものであるということである。

逆を向いているのは警察と国民の立場関係であり、当初米国で唱えられたコミュニティ・ポリシングは警察が国民ないしは市民に歩み寄り、協力を求めるべきだというテーゼを主眼としたものであったのに対し（Jerome 1991；Wilson 2006）、ここで述べられているのは国民一人一人が警察活動に携わることの望ましさである。もちろん、こうした初期的なアメリカ型コミュニティ・ポリシングの理念を超えて、実際に市民が警察活動に参与する事例も近年ではいくつかみられるが（Herbert 2006）、日本における事例は、そうしたポスト・コミュニティ・ポリシングの理念を拡大したものであるといえる。日本においては交番制度の普及によってすでに米国的コミュニティ・ポリシングの理念は達成されているといわれてきたが、そうであるならばここで示されているのはコミュニティ・ポリシング以上の何ものかであり、さらに今後明らかにしていくように、ここでの「住民の力」が対象とするものは「犯罪」それ自体の摘発ではなく、犯罪に繋がりうる「無秩序」への警戒であることを考えるのであれば、こうした傾向が「危険な階級」に対して作動する「セキュリティの装置」だとして批判するリベラル左派系研究者の批判に晒されてきたのも全く理由のないことではなかった[3]（清水 2007）。次の点をみよう。

2つは、「犯罪の生じにくい社会環境の整備」である。

かつて、我が国では、季節の祭礼や町内会の集まりなどの共同活動も活発で、現在よりも地域住民の間の意思疎通は濃密であった。そして、近隣で見知らぬ人物を見かければ声を掛け、大人が子供たちにして良いことと悪いことの区別を教えるということが自然に行われ、犯罪や少年非行を抑止する社会環境として機能していた。都市化や核家族化により希薄化した地域の連帯や家族の絆を取り戻し、こうした抑止力を再生することが必要である。

（犯罪対策閣僚会議 2003：2）

ここでは第一の点から変わって、古典的な地域共同体の「連帯」を核とする「絆理論（social bond theory）」の変奏が行われている。ただしここでの「絆理論」はあくまで変奏なのであって、譜面通りのものではない。トラヴィス・ハーシが提唱した「絆理論」は、犯罪学の分野ではよく知られているように、所属社会集団に対する「愛着（attachment）」「参与（commitment）」「巻き込み（involvement）」「信念（belief）」の度合いが高ければ高いほど、非行などの逸脱行動は低減すると主張したものであったが（Hirschi 1969＝1995）、ハーシの議論で念頭におかれている社会集団の規範概念は相対的なものであり、報告書で述べられているものほど単一の尺度に規定されたものではなかった。しかし報告書での「連帯」は明らかに、かつて日本の地域共同体がもっていたであろうとされる過去の美点を指示しており、ハーシの考える「絆」よりも狭い範囲に限定されたものであって、「絆」とも、語の正確な意味における「保守主義」とも異なる、懐古主義的な様相を呈しているといえる。

（3）保守道徳の発現

カール・マンハイムは「保守主義（konservativ）」を規定するにあたって、これを素朴な伝統主義と明確に区別している。伝統主義とは「旧来のものを墨守し、更新に携わるのを嫌うような人間的な心的素質」によるものであり、これは地域や時代を問わず人間社会において一般的に観察されうる事柄であるがゆえに、無反省的な場合が多い（Mannheim 1927＝1969：80-81）。これに対して「保守主義」は伝統主義とは異なる一種の「反対運動」なのであり、初めて明示的に「保守主義」という概念を用いたフランソワ・シャトーブリアンが「教会的王政復古」運動を奉じ、エドマンド・バークが歴史に準拠する自らの「保守主義」的理念を立ち上げた際、両者がともに反駁対象としたものはフランス革命以後の急進的な自由主義あるいは「文明」の信奉者だったのである。したがって、伝統主義は自らが準拠すべき歴史的理念に無自覚であり、新奇な事柄に対する拒否反応にとどまっているのに対して、『保守主義』は歴史を起点とした反省的な復古運動である。

さてそれでは、ここでの古き良き地域社会を支持する語りは「保守主義」たりえるといえるのだろうか。犯罪対策閣僚会議のみならず、後段で検討する「都市再生プロジェクト」などでも、このような懐古的言明は数多くみられるが、例えば「犯罪対策閣僚会議」の開催にあわせて提出された自民党による「治安強化に関する緊急提言」の冒頭にも「これまでわが国は、主要先進国の中で最も治安の良い国であることを誇りとしてきた」にもかかわらず、「地域社会の少年育成機能の低下、学校教育の問題、『大人』社会における規範意識の低下」が治安悪化の一要因になっているとして問題視されている（自民党 2003）。

「地域社会」の弱化を指摘し、これと犯罪問題を結び付ける語りは、政府報告書および国会答弁に限定しても枚挙に暇がない。「犯罪に強い社会の実現のための行動計画」は二〇〇八年に改訂版も出されるが、そこでの現状認識と処方箋も類似のものである。しかし、そこでの「連帯」がどのようなものであるべきか、何をもって「地域社会」の弱化とするのかについての体系的な見解はあまりみられず、例えば学校と警察の情報共有や、地域住民による防犯パトロールの必要性、近隣住民との「顔」のみえる付き合いを喚起すべきだといったような、「中間集団」の強化に関する断片的な言辞が観察されうるだけである。(4)

また、そこには対抗すべき思想的な潮流が念頭におかれているわけでもなく、目下の社会における無秩序が曖昧な憂慮の対象とされているにすぎない。せいぜいのところ、「過度の個人主義や個人の権利思想」が問題視され、これに対してより大きな地域や国といった概念が曖昧に対置されるだけである。このような止揚なき地域社会への懐古的視線は、体系づけられた「保守主義」の思想とも、あるいは十九世紀フランス的な「連帯」主義とも当然異なる、その前段階的なゼラチン状の標語にとどまっているようにみえる。そのような意味において、ゼロ年代日本における犯罪統制政策が志向する地域社会の活性化運動は、「保守主義」というよりは、相対的に伝統主義と権威主義に傾いている。(5)

しかしながら、ここでの不定形な懐古的言明が、無反省的な伝統主義であると断ずることもまたできない。後段でみるように、「都市再生プロジェクト」と「犯罪対策閣僚会議」との連接点においては、「無秩序」が追放された望ましい地域社会と、当該地域における「文化」や「歴史」の復古運動は、ほとんど並列的に語られているのであって、こうした出来事は二〇〇四年以降の「犯罪対策閣僚会議」でも「繁華街」の景観整備運動として観察することができる。そして地域の景観と、地域社会の連帯、さらには「犯罪的なもの」への整除活動は、明示的な歴史概念への言及と一体となってゼロ年代日本における犯罪政策を特徴づけており、こうした部分においてはむしろ「保守主義」的なものに近しい傾向をもっているといえる。

また、小泉および第一次安倍政権は歴史認識や、安倍については特に憲法論の部分においては明らかに新保守主義的な志向性を保持している。そしてこうした内政的な犯罪政策は、全体として新保守主義的な傾向をもつ政治家らの主導によって進められてきた点には留意しなければならない。ここでの犯罪や都市をめぐる言説の懐古的視線は、より大きな視座から捉えるのであれば新保守主義の思想に埋め込まれたものである。

（4）懐古主義と割れ窓理論

したがって、先述の報告書において典型的にみられるような古き良き地域社会へのまなざしを、ここでは暫定的に懐古主義と名付けておく。懐古主義は「保守主義」と異なり、対立し止揚すべき思想内容をもたないがゆえに保守主義の前段階的な性質をもつが、しかし単なる守旧的反応である伝統主義とも異なり、どのような歴史性に依拠すべきであり、どのような文化が望ましいのかについては意図的に言及するものである。また、曖昧にではあるが、「過度の個人主義」などを対立項として諌める権威主義的な説諭も含んでいる。そしてゼロ年代日本の犯罪政策は、このような懐古主義と密接な関係をもつことが今後の叙述において例証されるが、ひとまず「犯罪対策閣僚会議」の整理へと戻ることとしたい。先にあげた「犯罪の生じにくい社会環境の整備」には以下のような文言が続く。

　また、道路、公園、建物の設計や外国人受入れの在り方等も、犯罪抑止の面で重要な視点となろう。このように、犯罪の生じにくい社会環境を整備していくため、国としてあらゆる観点からの取組を進める必要がある。
　共同体における秩序崩壊の図式を説明するものとして、米国では、「割れ窓理論」が提唱された。割れた窓を放置していれば、次いで別の窓が破られ、あるいは他の違反行為を誘発し、ついには建物全体、地域全体が荒廃する。このように、小さな違反行為を放置しておくと、次第に無秩序感が醸成され、それが大きな治安の悪化につながる、というものである。

（犯罪対策閣僚会議 2003：2）

一行目には方向性の異なる二つの課題が示されており、これらも地域の連帯と同様に「犯罪の生じにくい社会環境」に属するものとして分類されている。第一に、「道路、公園、建物の設計」といった空間の配置にかかわる問題。ここでは理論的な名称が特定されているわけではないが、O・ニューマンの「守りやすい住空間（Defensible

Space)」に代表される一部の環境犯罪学が念頭におかれているものと考えられる（Newman 1972＝1976）。そして第二に、「外国人受け入れの在り方」など、空間の配置に関する問題とは明らかに異なる、人口移動政策が問題とされている。

さらに「共同体における秩序崩壊の図式」を説明するものとしてジョージ・ケリングらの「割れ窓理論」が紹介されているが、こちらも理論的方向性こそ異なっているものの「守りやすい住空間」と同様、環境犯罪学の一種であり、ゼロ年代とりわけ小泉政権以後の日本において環境犯罪学が学界だけではなく政策的にも影響力を発揮しつつあることがうかがえる。前章で指摘したように、環境犯罪学の中でもとりわけ「割れ窓理論」は、ニューヨーク市ジュリアーニの市政紹介とも結び付けられながら、各種白書類や政府報告書、国会答弁から地方議会、さらには町内会や自主防犯団体といった中間集団の場においても繰り返し反復紹介され、今日もっとも人口に膾炙した犯罪学の学説であり、近年の犯罪政策のみならず地域防犯活動のあり方に大きな影響力を発揮してきた。したがって「割れ窓理論」をはじめとする環境犯罪学の分析を欠くことはできないが、これは次章において詳細な検討がなされるため、ここではマクロな政策的次元においても「割れ窓理論」が名指しで肯定的に紹介されていることを確認するにとどめておきたい。さて、最後に「行動計画」が示す視点は、次のようなものである。

3つは、「水際対策を始めとした各種犯罪対策」である。以上の2点に加え、各行政機関において、犯罪の予防、取締り等各種犯罪対策を効果的に推進していくことが重要であることは言うまでもない。
この際、死活的に重要なことは、法執行機関相互の円滑な連携と情報の有効活用である。跳梁跋扈する犯罪者や犯罪組織に対し、法執行機関は複数の組織に分かれている。これらの機関は、情報交換や合同取締り等により着実に連携を進めつつあるが、国際化・高度化する犯罪に的確に対応していくためには、従前以上に「省庁の壁」を越えた一層の連携と情報の有効活用が求められており、そのための枠組みの検討も視野に入れる必要がある。

また、水際対策という観点からは、国境を越えて活動する犯罪者や犯罪組織との闘いに関し、外国機関との密接な連携が特に重要となる。

（犯罪対策閣僚会議 2003：2）

ここでは先述の人口移動政策を含む、「国境を越えて活動する犯罪者」や「水際対策」がクローズアップされており、したがって地域防犯活動との関連性はほとんどない。むしろこの二つ目の視点において社会は存在しないのであって、ここにあるのは省庁や警察といった国家機関が取り組むべき課題のみである。そして、こうした国家機関のあり方を問題とする姿勢は九〇年代までの日本の犯罪政策をおおむね踏襲したものであり、この年代において「テロとの戦い」が念頭におかれていることを除けば、前者二つの視点における社会と国家の密接さこそが、むしろ特異な観点であったということができる。

ただし、国家機関のあり方を問題にするという継続的な形式は、その内容において九〇年代とは明確に異なる点があり、それは「行動計画」のより個別的な論点で示されている「不法入国・不法滞在」への対策強化や「外国人登録制度の運用の厳格化」「在留資格取り消し制度の新設」といった、犯罪政策というよりは移民、人口移動政策に関する分野に重点がおかれているということにある。従来の「水際対策」としての犯罪政策は、海上保安庁や税関を中心とした密輸入の監視や、外国籍窃盗団などの事後的な摘発が中心であった。しかし、「犯罪対策閣僚会議」などを通してゼロ年代の日本で実行されてきたことは、こうしたことに加えて、外国人一般に対する出入国および身元管理の強化なのであって、これは「査証ＷＡＮ」の整備や指紋登録制度、外国人就労への管理徹底などとして実現されてきた(6)。すなわち、この三つ目の視点は、表面上は「テロとの戦い」「密輸入対策」と関連づけられてきた入管や指紋登録の強化とは別に、事実上はゼロ年代以降の外国人受け入れ増加などに代表される移民政策と並列的な関係をもつ、括弧つきの「犯罪政策」であると考えられなければならない。

五年後の二〇〇八年、「犯罪対策閣僚会議」が新たに策定した「犯罪に強い社会の実現のための行動計画2008」では、その「基本理念」として一九世紀ドイツのいわゆる「刑事社会学派」に属するフランツ・フォン・リストの言を引用しながら、「社会政策こそが最良の刑事政策である」ことが掲げられている。しかしそもそもリストが救貧法などの社会的弱者に対する福祉政策を強調し、これと「矯正」施策を「社会政策」の基本的課題として考えていたのに対して[7]、「犯罪対策閣僚会議」における「社会政策」は犯罪の事後的な摘発強化ではなく、無秩序や犯罪の因子を事前に除去、矯正することだと捉えられているのであり、したがってその対策は「刑務所の増設」や「再犯者教育」、あるいは上述したようなボーダーコントロールと「地域社会の強化」に割り当てられている[8]。また、いうまでもないことであるが、この時期における社会保障政策は退潮しており、むしろいわゆる新自由主義が未だ肯定的な意味づけをもって各種政策に影響力を発揮していたことを想起しなければならない。

もちろん、これら個別の犯罪対策はそれぞれのベクトルを保持しており、対外的なのか内政的なのか、中間集団の紐帯を強調するのか警察など国家機関の強化を求めるのかにおいて、それぞれ異なってはいる。しかし、リストの考えたような「社会政策」は、ここにおいていずれも矯正と事前規制の論理に横滑りすることで、「安全」な人口と「危険」でありえる人口とを区分する人口集団に対する境界策定の論理へと変異している。皮肉なことに、リストは彼の述べた古典的な「社会政策」の退潮を指し示すために引用され、新たに策定された理念はジョック・ヤングのいう「排除型」のそれに近しいものであった（Young 1999＝2007）。

3　「犯罪対策閣僚会議」の具体的方針

（1）閣僚会議の諸視点

ここまでみてきた基本的な視角に基づいて、「犯罪対策閣僚会議」は各省庁に対する個別的政策を指示してきた。個別的政策の内容は多岐にわたっており、地域防犯活動の奨励から「サイバー犯罪対策」まで、担当する省庁も複数の総合的な犯罪政策が以後実施されることとなるが、こうした取り組みは「政府として初めて犯罪について総合的な対策を打ち出した」ものであったといわれる（鈴木 2004：8）。

当時の内閣参事官であった鈴木基久が、従来の政府施策は個別の「犯罪類型に対象を絞った対策」を講じてきたが、「総合的な犯罪対策を担うべき場所はなかった」と指摘したように（同前書：3）、これ以前の犯罪政策は個別的かつ事後的な「銃器対策」や「薬物乱用対策」などに関する警察庁や海上保安庁を中心とした摘発施策が中心であった。ここにおいて犯罪問題は経済問題などと同様に、政府が総体的に取り組むべき重大な「社会問題」として位置付けられたことになる。この背景にはもちろん、桶川ストーカー事件（一九九九年）以後の警察窓口での対応変化などを原因とする犯罪認知件数の急増と、池田小学校事件（二〇〇一年）など「凶悪犯罪」に対する報道と世論の高まりがあると推察される。

さて、それでは「犯罪対策閣僚会議」の個別的施策を概観することで、ゼロ年代日本における犯罪政策の論理と地域防犯活動との関係について考察することとしたい。「犯罪に強い社会の実現のための行動計画」は続けて、以下のような指針を打ち出した。

1、平穏な暮らしを脅かす身近な犯罪の抑止
1—1、地域連帯の再生と安全で安心なまちづくりの実現
1—2、犯罪防止に有効な製品、制度等の普及促進
1—3、犯罪被害者の保護
2、社会全体で取り組む少年犯罪の抑止
2—1、少年犯罪への厳正、的確な対応
2—2、少年の非行につながる健やかな育成への取組
2—3、少年を非行から守るための関係機関の連携強化
3、国境を越える脅威への対応
3—1、水際における監視、取締りの推進
3—2、不法入国・不法滞在対策等の推進
3—3、来日外国人犯罪捜査の強化
3—4、外国関係機関との連携強化
4、組織犯罪等からの経済、社会の防護
4—1、組織犯罪対策、暴力団対策の推進
4—2、薬物乱用、銃器犯罪のない社会の実現
4—3、組織的に敢行される各種事犯の対策の推進
4—4、サイバー犯罪対策の推進
5、治安回復のための基盤整備

これらの個別方針に基づき、警察庁、海上保安庁、法務省など従来から犯罪政策に強いかかわりをもってきた省庁だけでなく、文科省や総務省、さらには防衛省や環境省など犯罪対策を主たる目的とするのではない機関までが「省庁横断的」な施策にかかわりをもつことになるが、これはいわゆる「小泉構造改革」の内閣府主導による予算編成という意図が反映されてのことであり、実質的な犯罪対策としての必要性が認められたというわけではない場合もあることには注意する必要がある。

例えば、ソマリア沖での「海賊対策」、あるいはいわゆる情報衛星の設備費など、軍事費名目との境界線上にあるものが参入されている場合なども多く[9]、「裁判員制度」の準備費用などもここに含まれているため、個別施策の結果や予算の推移などからゼロ年代における犯罪政策の全体像を読み込むことは困難である。その上で、犯罪政策にかかわるものというよりは、予算編成の都合から便宜的に組み込まれていると思われる施策を除外し、また「犯罪対策閣僚会議」以前より行われてきた施策、例えば銃器対策や「総会屋」対策は以前より対策審議会が設置されていたのであるが、これらを除いた上で、近年の犯罪政策を特徴づける新たな部分を抽出すると以下のようになる。

まず第一に「1、平穏な暮らしを脅かす身近な犯罪の抑止」にかかわる事業は、先にみた基本的視角のうち、地域社会の連帯を重視し、地域防犯活動や小中学校での防犯活動を強化しようと試みるものであり、九〇年代までこれほどの規模のものを観察することはできない。そしてこの分野は二年後の「安全・安心なまちづくりプロジェクト」としてさらに拡大されることとなる。

第二に、「2、社会全体で取り組む少年犯罪の抑止」は新たな施策というよりは、従来の保護観察施策や情操教育の拡大であり、必ずしもゼロ年代の犯罪政策を特徴づける点とはいえないかもしれない。しかし、薬物事犯者への処遇として「認知行動療法（Cognitive Therapy）」が採用され（森田 2007）、民間投資によるＰＦＩ刑務所が設営されだすのはこの時期以降のことであり[10]、矯正プログラムに民間資本や精神科医がより積極的にかかわる転換点を構成しているものとも考えられる。

第三に、「3、国境を越える脅威への対応」にも密輸入の監視など従来から実施されてきた施策が含まれているが、この年代以降外国人登録制度の厳格化や指紋認証、不法滞在者への積極的な取締りが行われることとなった。ここは先述したような移民政策と不即不離の関係をもちながら今日まで強化されてきた分野だといえる。

「4」以下の「組織犯罪」「銃器犯罪」対策は従来から設置されてきた審議会が「犯罪対策閣僚会議」に組み込まれたものであって、新しい点はほとんど見当たらない。また、「治安回復のための基盤整備」事業は犯罪対策を名目とした警察装備に関する事業であり、DNA鑑定設備や自動車ナンバー自動読み取り機の購入費などに割り当てられている。

(2) 犯罪を注視する社会

これらの点を整理しよう。二〇〇三年以降の「犯罪対策閣僚会議」は何を志向していたのだろうか。まず従来の犯罪政策は警察庁を中心として、「総会屋」対策や薬物乱用対策など個別の事案に対する事後的な摘発政策と刑法犯に対する収監・矯正施策を実施してきた。ここにおいて国家は文字通り「夜警」的に作動していたのであり、犯罪政策は社会全体に適用すべきものというよりは、個別の犯罪者や特定の集団から社会を防護するためのものであった。したがって九〇年代までの犯罪政策がもつ目的は、まず国民の法益を保護することにあり、そのために法益の侵害者に対する一義的な罰則の適用を国家は求めてきた。

しかしゼロ年代以降、こうした情勢は微妙に変化する。まず国会答弁や報告書類でも繰り返し語られるように、犯罪政策の目的は法益の保護のみならず、国民の不安感すなわち「体感治安」の悪化を和らげることで政権の支持率に繋げようとする契機を持ち始めた。同時期に罪刑の厳罰化や「修復的司法」による応報的施策が実施されてきたことと、こうした不安感を対象とする犯罪政策が編成されてきたことは決して無関係なことではなく、ゼロ年代の日本においても犯罪政策が「厳罰化ポピュリズム（penal populism）」の傾向を持ち始めてきたことを指し示している（浜井・エリス 2009）。そして、移民政策の進展と「ビジット・ジャパン・キャンペーン[11]」に代表される観光政策は人口移動の流動性を高め、これと並列的にボーダーコントロールの厳格化、すなわち「善良な外国人」と「不法滞在者」をより厳密に区分する施策も実施されてきた。

こうした情勢の変化を受けて『犯罪対策閣僚会議』が設置され、これまでみてきたような施策が構築されることとなるが、ここにおいて国家は従来通りの事後的な犯罪政策を転換し、国家と社会の関係性を再編成しようと試みてきたといえる。第一に、「危険水域」にある犯罪問題に取り組むためには国家政府のみの力では不十分であり、危機を乗り越えるために国家と社会が一丸となって取り組む必要があると宣言された。ここで国家は社会化し、社会は国家における統治機構の側面へと回収されていく。そして第二に、社会の直接的な力が及ばない領域、例えばボーダーコントロールなどの問題に関しては、社会のために国家の機能を拡充することが確認された。ただしここでの社会とはもちろんフランス語的な意味での市民社会ではなく、町内会など既存の中間集団を土台とした近隣住区のことであり、「郷土愛」を背景にもつような素朴な地域主義に基づく「社会」であった。「犯罪対策閣僚会議」を引き継ぐことになる安倍晋三は、こうした意味での「社会」を範例的に表す論述を自著で行っている。

そこにはわたしたちの慣れ親しんだ自然があり、祖先があり、家族がいて、地域のコミュニティがある。その国を守るということは、自分の存在の基盤である家族を守ること、自分の存在の記録である地域の歴史を守ることにつながるのである。

（安倍 2006：96）

このように安倍はパトリオティズムを土台としたナショナリズムの自明性、必要性を訴えたが、ここで語られたような「自分の存在の基盤」を安倍は「個」ではなく、「個」を可能ならしめるいわば公的なものとして次のように描写している。

そもそも、人間はひとりで生きているわけではないし、ひとりでは生きられない。その人の両親、生まれた土地、その人が育まれた地域のコミュニティ、そしてそれらをとりまいている文化や伝統や歴史から、個人を独立させて、切り離すことなどできないのだ。人は、「個」として存在しているようにみえるが、その実体は、さまざまなものとつながっていて、けっして「個」ではない。国もまた、同じだ。（安倍 2006：96）

安倍の語る「個」を可能ならしめる諸々の構造体が、ここにおいて国家との境界を曖昧にしているのと同様、ゼロ年代日本における犯罪政策もまた、国家をほとんど見分けがつかなくなる地点まで「社会」の側に引き寄せ、両者の緊密な連携の必要性を訴えていた。ここにおいて国家と社会の緊張関係は、国家と社会の弛緩的関係に転換されているのであり、したがってまずゼロ年代日本における犯罪政策の基調は、表面的にそれが厳罰化や警察人員の増加を志向していたとしても、決して古典的な「全体主義」のものではない。もっとも、同時代の「ムスリム」など「テロリスト予備軍」とみなされた人口に対しては、国家と警察は全体主義の視線を隠そうともしなかったため、そこに「全体主義」の相貌が観察されないというわけではないが。

さて、かつての「全体主義」は国家に社会を従属させようと試みたが、現代日本においては国家が社会に従属しなければならない、あるいは少なくとも形式上はそうみえなければならないのである。今日現前しているのは、ミシェル・フーコーの言葉を借りれば「治安国家」としてのそれであり、ここにおいて国家は積極的に社会と宥和関係にあろうと努めようとする。

治安を保障する国家というのは、特異な、例外的な出来事によって日常生活という布地に穴があくようなすべての場合に介入せざるを得ない国家のことです。（中略）しかも、そうした介入がもっている例外的な、超─合法的な性格は決して専制の印のようにも権力の乱用の印のようにもみえてはならず、逆に、心遣いの印のように見えなくてはならないわけですね。「われわれが君たちを庇護しようといかに用意ができているかをご覧なさい。何か異常なことが起きたらすぐに、法律とか判例といった古めかしい習慣のことなどもちろん考慮することなく、われわれは必要な手段をすべて使って介入します」というわけです。

（Foucault 1994＝2000b：536-7）

こうしたフーコーの指摘は、日本であれば地下鉄サリン事件に対する超法規的な措置と警察権限の制約なき拡大を想起させるが（芦田 2008）、ゼロ年代における犯罪の「危機」への対処にも、これと近しい出来事を観察することができる。例えば旧来の施策はただちに拡充され、閣僚会議の編成と各地方自治体における緊急的な「生活安全条例」の制定は新たな警戒対象の明確化と「介入」の強化を意味していたし、そしてこれら「介入」の正当性は「社会」の「不安感」によって担保されていた。しかし、ここで重要なのはこうした犯罪政策の強化は古き全体主義による「社会」に対する警戒や強制の装置などではなく、「社会」と国家の密接な連携であったということである。私たちはこれを新しい全体主義的な体制の現れとみるべきだろうか、それとも刑罰ポピュリズムの側面と見るべきなのだろうか。おそらくはその両方なのであろうが。

だがいうまでもなく「社会」は一枚岩ではない。「犯罪対策閣僚会議」においても「善良な外国人」と「不法滞在者」が区分され、また「非行少年」と少年一般が区別されていたように、ここでの「社会」に属する人々は日本に居住するすべての集団では全くない。したがって、ここで実施されているのは「社会政策」というよりは、むしろ犯罪や危険な人口に対する内戦なのであって、内戦の味方である限りにおいて、ある人口集団は「社会」のメンバーであると承認されるのである。犯罪危機というゼロ年代の「例外的」状況を規定することによって、閣僚会議はさらに「安全・安心なまちづくり」を「国民運動」として推進していく旨を決定し、モデル都市の策定や内閣総理大臣による表彰を実施していく。こうした都市政策と犯罪政策の合一的推進については次章で詳しく検討するが、ここでは犯罪政策が単純な政策的領域の範疇を超えて、政治的領域を含みこんでいるという点に留意しておきたい。

4 社会の境界線

政策は常に何らかの目的に対して、合理的に有効な手段が何であるかを確定しようとする。この限りにおいて政策は常に手段策定の領域に属するが、ここまでみてきたような犯罪政策は、すでに刑法の領域に規定された一義的な対象だけでなく、「犯罪的なもの」に対する予防的措置を講じようと試みていた。そして予防的措置に含まれうるのは地域社会の連帯強化や若年者への情操教育や安倍流の「個人」への非難、そして「犯罪の起こりにくい」都市空間の形成なのである。ここでは政策的に対象とされうるすべての分野が、犯罪対策の可能な活動範囲に含まれることになる。

そうだとすれば、ここで問題とされているのは合理的な手段の是々非々というよりは、何を「犯罪的なもの」だと規定し、何を「善良」な人々、すなわち「社会」の成員だと規定するのかといった人口集団に対する境界策定の問題である。これこそが近年の犯罪政策を基礎づけるゼロ地点の問題関心であった。そして、政策的なものとは異なる「政治的なもの（the political）」の領域はジャック・ランシエールやシャンタル・ムフの規定に従うのであれば、誰が「社会」の構成員として「数え上げられるべき」であるのかを決定するメンバーシップのあり方をめぐる場のことである。

序言でもみたように、ランシエールは社会を構成する「共同体」のあり方が、その原初的な部分において分割されている可能性に注意を促し、例えば古典ギリシアの公共性＝アゴラ的な場においても、すでに「市民」と「奴隷」の分割が生じており、これによりギリシア的民主主義が成立可能となっていると指摘した（Rancière 1995＝2005）。こうした公共性の原初的な分割は、したがってランシエールにとっては「民主主義」の擬制であるわけだが、そうした場において、一体どの人物が対話・討議対象としての主体であり、どういったモノがそもそも対話対象の外部に位置する、いわば無意味な「音」を発する客体であるのかが境界づけられることによって、そこでの公共性は決定的に「不和」を内包するものとなる。

問題は、対話のなかに自分を計算にいれる主体が「存在している」のか「存在していない」のか、この主体が話をしているのか音を立てているのかである。問題は、この主体が対立の可視的な対象として指示している対象を見る余地があるのかどうかである。（Rancière 1995＝2005：92-93）

ランシエールにとっての「政治」とは、こうした公共性の偽装に対して異論を唱え、不和の場を出現させる振る舞いに他ならない。このような政治の規定は、カール・シュミットの有名な「友／敵」の境界決定を政治における主権の発動だとする定義の批判的読解に基づいているが、ムフもランシエールと同じ地点から、そのような敵対性の政治が、とりわけ多数者の観点から道徳的になされる場合は反民主主義的＝公共性の擬制にしかなりえないと指摘した（Mouffe 2005＝2008）。

なぜならば道徳的な「正しさ」によって他者を非難する場合、これはスタンリー・コーエンが「モラル・パニック」論で示したように、他者を「定義から認識する」ようなステレオタイプ的把握と接続することで、民主主義の本質的要件をなす対等な対話相手としての他者を消去することに繋がりうるからである（Cohen 1972）。すなわち、刑法違反者や不法滞在者などの「危険な人々」は包摂的な矯正施策にせよ、排除型の水際、摘発の政策にせよ常に発言することのない客体として「社会」から予め除外されることとなってしまう。そしてそのことによって「社会」の成立が確保されるのであれば、そこでの民主主義や公共性は常に限定的なものとして作動せざるをえない。本章では政治と公共性に関する議論にはこれ以上踏み込まず、後段の章に譲ることとするが、ムフやランシエールらの政治哲学的な観点からする批判が、現代日本における犯罪政策にあてはまる可能性については留意しながら、以後の議論をすすめていきたい。

注

（1）小泉・安倍政権時代の「政治主導」の論理について、当事者である衆議院議員・法務大臣であった保岡興治がまとめたものとして『政治主導の時代』（保岡 2008）がある。ここでは官僚による硬直化したシステムが批判され、官邸に「強い権限」を集めることがいわゆる「構造改革」の主要な論理のひとつであったことが語られている。

（2）二〇〇三年九月二日の「閣議口頭了解」をもとに定められた「犯罪対策閣僚会議の開催について」に、それぞれ規定されている。ここでの第十項に「会議の庶務は、内閣府の助け及び警察庁、法務省等関係行政機関の協力を得て、内閣官房において処理する」と定められていることからもわかるように、「都市再生プロジェクト」とは異なり、「犯罪対策閣僚会議」は省庁横断的な組織ではあるものの、主として警察庁および法務省が中心的な機関となって推進されてきたことが窺える。

(3) 九〇年代の欧米を念頭においた批判的議論としては、酒井隆史 (2001) が代表的なものとしてあげられる。

(4) 例えば二〇〇四年十一月二日の「内閣委員会」における小野清子議員 (自民党) と国家公安委員会委員長の村田吉隆 (自民党) によるやりとりは以下のようなものであった。

小野議員　安心で、安全で安心して暮らせる地域社会を取り戻すためには、警察官の増員など警察活動を充実させることは当然でございますけれども、地域住民の皆さんとの連帯、そして地域社会と警察との連帯、こういうものが強めていかなければならず、特に学校教育の中におきましては、学校教育の中の様々な事件もございましたし、警察とはかかわりを持ちたくないなどということが言っていられない、警察からもどんどん情報を提供し、学校もそれを受けながら、地域社会、学校が一体となってやっていかなきゃならないという状況にまで、まあ、いいと言っていいのか、そういうところまで来ているという、それが現状ではないかと思います。そういう意味では、地域の持つ抑止力、犯罪に対する、それを高めて犯罪に強い社会を再生することが必要不可欠であると、そのように考えております。(以下略)

村田議員　(前略) 事実、その町内会の組織あるいは自治組織などでそうした自ら防犯をすると、こういうような活動をやっているところもある。それから、住民が自分の地域は自分で守るんだという意識が大変高まってきているように、こういうふうに考えておりますが、なお、そうした動きを警察としても支援していくように、住民のそうした防犯意識というのが高まるように、そして自らの地域を自分で守るように警察を督励してまいりたいというふうに考えております。

(5) いわゆる「連帯」主義 (solidarisme) は、一八四〇年以降のフランスにおいてピエール　ルルーの『人類について』によって提唱された後、オーギュスト・コントの「人類」構想やピエール・プルードンによる変奏を経て、エミール・デュルケムらの社会学に継承された。田中拓道はこうした一連の「連帯」主義の持つ統治象を社会主義と自由主義の折衷的なものだとしながら、「『リスク』への集合的補償という『社会権』は、個々人が『人間性』の『進歩』に貢献するという『義務』の観念と結びついている」点において、その特殊性を見出している (田中 2006：222)。いずれにせよ、こうした「連帯」主義は共和制や社会主義、自由主義との関係性の中で醸成された「個人」と「社会」そして「国家」の関係性を指示する一種の世界観なのであって、ゼロ年代日本における犯罪統制政策の中で語られている通俗的な標語としての「連帯」とは明確に区別されなければならない。

（6）「査証WAN」は二〇〇二年末に運用が開始され、現在では「犯罪対策閣僚会議」関連の予算として認められている。これは査証認証のためのオンライン管理システムであり、国内の在外公館と外務省をネットワーク化するものであった。また国内向けには「ICパスポート」のシステム構築が同時期以降に施行されている。これらの人口移動政策はとりわけ「長期滞在を認められた日系青少年による犯罪」や「労働者等の外国人受入れ方策を検討する際には、現在、我が国においては、大半の外国人が適法かつ平穏に滞在する一方で、依然として極めて多数の不法滞在者が存在し、これが温床となって来日外国人犯罪が多発する」ことを問題視して形成されたものであった（犯罪対策閣僚会議 2003）。これらの論点にはさらなる検討が必要であるが本論の対象ではないため、これ以上の言及は行わない。

（7）リストは犯罪発生の「社会的」要因と、遺伝的要素を含む「人格的」要因の両方を認め、これらの関係性こそが重要であると考えた。したがって彼は生来的に不可避の「犯罪者」が存在するとの立場を否定し、「犯罪性向」のあるいわば「危険」な人口集団が実際の「犯罪者」にならないために、「社会政策」の必要性を訴えたのであった。リストは一八九二年、ブダペストにおける講演で、「我々が労働者の住宅を改良し、納税負担の適正な配分を導入し、時間に応じて仕事の日数を評価し、さらに、労働者階級の育成に尽力し、個々人の市民意識を向上させ、それらによって犯罪の減少のために関与していこうとする」場合に、これらの政策は「社会政策」に含まれるのだと述べている（Liszt 1905＝1983）。

（8）ただし、リストの述べるような意味での「社会政策」の一切が観察されえないというわけではない。例えば外国人労働者に対する職業斡旋はリストの述べる意味での「社会政策」に属するとも考えられる。しかし貧困、失業などに対する古くからのパターナリスティックな支援と包摂の施策は小泉‐安倍政権下において退潮しており、ＰＦＩ刑務所の設置や「犯罪的なもの」に対する予防的措置、「厳格な在留資格の管理」などが「社会政策」だとして語られていることから、ここでの意味は明らかにリストのものと異なっていると判断できる。以上のような新自由主義的政策と、それがもたらす刑務所を「福祉の最後の砦」とするような社会状況を整理したものとして、挽地康彦（2009）の論考があげられる。

（9）二〇一〇年に公表された報告書類『犯罪に強い社会の実現のための行動計画２００８』関連予算の推移」より。

（10）ＰＦＩ（Private Finance Initiative）手法による刑務所の導入は、「美祢社会復帰促進センター」と「島根あさひ社会復帰促進センター」が初期段階に実現され、二〇〇七年以後実際の施設運用がはじまっている。これらのＰＦＩ刑務所は、主として薬物事犯者や比較的罪刑の軽い初犯者が収容される施設であり、「セコム」など民間の警備会社が委託受注して運営の補助を行う日本における初の「半官半民」刑務所である。ＰＦＩ刑務所の沿革については藤本（2008）に詳細が記されている。

（11）「ビジット・ジャパン・キャンペーン」は二〇〇三年より国土交通省が主体となって推進してきた政策である。本政策では外国人観光客数を年間一千万人に増加させることが目標とされ、各種観光宣伝事業や観光資源の整備事業が実施されてきた。

第四章　国政的から地方政治の舞台へ——都市空間と犯罪統制

1　空間と政治

ゼロ年代日本の犯罪政策は従来から犯罪政策に含まれていた刑事政策、そして警察学の範疇を超えて、都市政策の領域にも範囲を拡大してきた。これは前章でみてきたような「犯罪対策閣僚会議」における地域的連帯の強調や、犯罪を起こしにくい社会環境の整備といった施策ともパラレルな関係にある動向であるが、端的にいってゼロ年代日本の犯罪政策は「犯罪的なもの」に対する配慮と警戒を都市空間のあり方にまで振り分け、例えば景観形成や「無秩序」の監視を通して「安心で安全」な街区を形成することをも課題のひとつとしてきたと考えられる。

前章では国政的水準における犯罪政策の論理を概観したが、本章では国政から地方政治の水準において、犯罪政策がどのようにして都市空間にまで関心の範囲を拡大させてきたのかについて考察することとしたい。これによってゼロ年代日本における犯罪政策が内包する論理をより立体的に観察するとともに、そこでの論理がどういった空間の造成を目標としていたのかについて明らかにしていく。

はじめに論点を先取りしておくならば、まず空間の造成に関しては社会学史あるいは思想史的にみて、文化・伝統やコミュニティの紐帯をどのように評価するのかによって大きく評価が二分されてきた歴史がある。さらにこの分割に加えて右派‐左派の位相や、保守主義的観点の度合いの違いによっても、どのような空間を望ましいものとするのかについては百家争鳴の論争がなされてきたのであり、例えばリベラル左派的なシチュアシオニスト（Situationiste）らや、マイク・デイヴィスの都市観と、アミタイ・エチオーニなど保守的かつコミュニタリアン的論者の間には調停しがたいほどの価値評価の溝が横たわっている。ごく大雑把にいって、リベラル左派系の論者は都市計画や空間の統制によって抑圧されるマイノリティの存在や、既存のヘゲモニーが都市空間の編成に及ぼす影響力の問題に注意を払ってきた。例えば、M・デイヴィスはルフェーヴルに直接依拠するのではないにせよ、ほとんど「都市への権利」論といってよい思想的立場から、消費とジェントリフィケーション、富裕層による都市造成が席巻するロサンゼルスをディストピアとして描いている（Davis 1990）。より最近の議論では、前章でも触れたジュリアーニからブルームバーグ時代のニューヨークについて、デヴィッド・ハーヴェイは次のように言及している。[1]

「都市への権利」は、ますますもって、私的ないしは準私的な利益集団の手に落ちている。例えばニューヨーク市の市長は億万長者のマイケル・ブルームバーグであるが、彼は開発業者やウォールストリート、多国籍的な資本主義階級分子に有利なようにニューヨークをつくり直している。その一方でブルームバーグは、ニューヨークを高付加価値産業にとって最適の立地として、そして観光客にとって魅力的な目的地として売り込み続けており、こうしてマンハッタンを事実上、富裕層のための〈大ゲーティッド・コミュニティ〉へと変えている（彼の開発主義的スローガンは、皮肉なことだが、「ジェイン・ジェイコブスの心でもってロバート・モーゼスのように建設する」であった）。（Harvey 2012：23＝2013 56）

こうしたハーヴェイの指摘に従えば、そもそも自治的なコミュニティやアソシエーションの前提たる市民による「都市への権利」が、富裕層のための空間取引によって阻害されており、そこにあるのは擬制的に「ジェイコブスの心」を標榜する私有化であるということになる。

これに対して保守的かつコミュニタリアン系の論者は、リベラリストは個人を「原子的なもの」として想定しがちであり、したがって既存の文化や伝統を軽視することで安定的な空間を無秩序なものへと変貌させようとしていると非難してきた（野田 2010）。こうしたリベラリストとコミュニタリアンの論争、あるいはしばしば生じてきたリベラル左派内部での論争は、それ自体多くの理論的含意をもっており、もちろん両者ともに精査すべき対象であるといえる。

しかしながら以下で例証するように、ゼロ年代日本における犯罪政策は一貫して保守 - コミュニタリアン的であり続けてきたのであり、その限りにおいてゼロ年代日本の犯罪政策は新自由主義と新保守主義が交差する典型的な場のひとつであった。そしてリベラル左派系の反論は政策的にみれば限定的な影響力を発揮してきたにすぎず、これまで社会学的・思想的議論として蓄積されてきた「コミュニティの権力構造」に関する論争（Dahl 1961 = 1988など）や、「空間の生産」に関する批判的考察の大部分は参照されることのないまま、そこで指摘されてきた問題点の多くを含むかたちで犯罪政策および都市政策が推進されてきたのだといえる。

以下ではゼロ年代日本の犯罪政策と都市政策に共通する論理を描写していくが、この対象を取り扱うことには以下のような含意がある。「環境犯罪学」を主要な参照点としながら、近隣住区の人々と国家がともに望ましい街路形成のために公共の空間を再編成しようと試みる際、そこで試みられていることはもちろん無色透明な物理学的実験ではありえない。この点について地理学的分野での「空間論的転回」を念頭におきながら、吉見俊哉は以下のように指摘している。

社会的な空間性が組織されていくプロセスは、決して予定調和的なものではない。このプロセスは、それ自体のうちに無数の矛盾と葛藤、抵抗と折衝、つまりは空間の政治を含んでいる。プロセスとしての空間性には、多数の権力関係が充満しているのである。

（吉見 2003：149）

本章ではこうした空間への認識を共有するが、ここで述べられていることには若干の注釈が必要であろう。まず吉見の述べる「空間の政治」とはH・ルフェーヴルによるほぼ同名の書物『空間と政治』を念頭においたものである（Lefebvre 1972＝1975）。ルフェーヴルは空間を政治や経済などとの構造的関係のうちに、しかしそれ自体で独立した対象として捉えようと試みた(2)。

ルフェーヴル以前、空間は自律性をもたず観察されるだけの客体として考えられがちであった。建築手法や都市計画、「田園都市」論から「近隣住区」論まで、空間は政治や経済が対象とする静態的な事物にほかならず、地域住民の自治や、あるいは現象学的な意味での空間の「現れ」の多元性が指摘されることはあっても、空間がそれ自体独立した領野として日常生活の作法を逆に規定し、生産方式にまで影響を与えていることを体系立てて論ずるものはほとんど皆無であったといってよい。しかし、ルフェーヴルによると空間はそれ自体で政治なのであり、一九六〇年代以降、空間のあり方をめぐるポリティクスは人種やイデオロギーのあり方をめぐるポリティクスと同様に、自律的かつ政治や経済との関係論的な領野をもつ係争の舞台だと彼は指摘し続けてきた。

空間はイデオロギーや政治とかかわりのない科学的な対象ではない。それはつねに政治的であり、戦略的であった。この空間が中性的で、内容に対して無関心であり、つまり〈純粋〉に形式的で合理的な抽象作用によって抽出されたかのような様子をしているのは、空間がすでに占領され整備され、すでにかつての戦略――

いつもその痕跡をみつけられるとはかぎらない――の対象となっていたからに他ならない。

（Lefebvre 1972＝1975：62）

そして空間には複数の、かつ一方向的ではない力の負荷がかけられており、例えば空間は資本の力学によって均質化されると同時に、断片化および序列化されていると彼は指摘する。近代世界において空間は常に貨幣取引の対象として一元的な対象物となり、また国家や大資本による管理の対象として編成されてきた。したがって近代以降の空間は均質性の方向へと収斂していくかのようにみえるが、しかし均質化は同時に断片化と序列化を内包せざるをえない。資本による道具的な空間の使用においてですら、そこには例えばアーネスト・バージェスによる「同心円状発展」の分類に倣っていうならば「遷移地帯（Zone of Transition）」における都市ゲットーから、「郊外地域（Countryside areas）」の高級住宅街までが存在し（Burgess, Park and McKenzie 1967＝1972）、それぞれに応じた地価や「都市のイメージ」の序列化が生ずる。

さらに一九六八年の「反乱」が示したように、空間が均質化すればするほど、これに対して「都市への権利」を求め空間に新たな意味づけを与えようとする試みは力強く継続されることにもなる（Lefebvre 1968＝1969）。「権力と抵抗」が一体のものであると語ったのはフーコーだったが、しかしフーコーが主として分析対象を言説の領域に限定し、そこから権力や主体の生産を問題とする手法を採用したのに対して、ルフェーヴルはそれほど方法論的には禁欲的ではなかった。ルフェーヴルはこうした空間の均質化と断片化、序列化を「日常生活」の分野から、マルクス主義経済学、さらにフーコーが対象としてきたような語られた観念の領域のそれぞれにまで及ぶ視座のうちに捉えようと試み、以後の都市社会学・地理学に多大な影響を与えてきたのである。

ここでは、吉見やルフェーヴルが用いたような意味での空間は、複数の文脈に埋め込まれており、政策や資本、思想的観点によって構造的に規定されると同時に、そこで実際に行動する人々、例えば政策立案者から決して一枚岩ではない近隣住区の住民たちによって読み替えられ、それぞれがもつ「都市のイメージ」がときに衝突しあったり、あるいは権力関係を再生産したりするような不均等さをもつものだということを強く確認しておきたい。空間が無色透明なもの、あるいは資本の論理にのみ従属するものだとするような観点からの脱却が「空間論的転回」の主要な意味であったのであり、こうした観点を以下の分析では共有することとする。

したがって、国政的な水準から中間集団による具体的な地域防犯活動にいたるまで、犯罪統制を空間と再編成によって達成しようと試みる現代の犯罪政策は、実際のところ純技術的な意味での空間の配置のみを問題としているわけではないと考えなければならない。そこには、先述したようなリベラル－コミュニタリアンの差異といったイデオロギー闘争や、ナショナルなものと景観政策との結び付き、社会的資本の多寡といった多元的な領域に関係する政治的な出来事が、犯罪のない空間を創造・演出しようとする試みの中で生じているのである。ここにおいて犯罪政策は空間への統制を、犯罪学的領域から文化的領域までを横断する手法によって試みようとしていた。

以上の点を念頭におきながら、本章では次の点を問題とすることとしたい。第一に、状況分析としてゼロ年代日本の犯罪政策は、どの部分において都市政策（あるいは文化政策）と混淆し、空間を配慮の対象としてきたのかを明らかにしなければならない。そして第二に、そうした都市空間や文化的表象をも対象とする犯罪政策は、どのような政治性を内包しているのかについて検討することとする。それでは、第一の点からはじめていこう。

2　犯罪政策と都市政策の混淆

前章でみた「犯罪対策閣僚会議」は、その基本的な視角をしめした「犯罪に強い社会の実現のための行動計画」

に続けて、「安全・安心なまちづくり全国展開プラン」（以下、「全国展開プラン」と略す）を明らかにした（犯罪対策閣僚会議 2005）。その後の民主党への政権交代にいたるまで、「犯罪対策閣僚会議」の根本的な姿勢はこの二つのアクション・プランによって規定されており、さらにこれらのプランを「フォローアップ」することが会議の主たる任務となっている。

さて、「犯罪に強い社会の実現のための行動計画」は、特に移民などの出入国者に対するボーダーコントロールなどの分野においては「強い国家」を志向し、内政的な分野においては国家と社会の合一を目標としてきたが、「全国展開プラン」は後者の「地域社会の連携」に焦点をあて、地域防犯活動を「国民運動」にまで高めることを掲げたものであった。まず「全国展開プラン」は次のように現状の問題点を指摘する。

> 近年、住居に犯罪者が侵入したり、街頭で犯罪の被害に遭ったりする事案が急増しているほか、罪のない子どもを狙った凶悪犯罪が多発している。また、人々が行き交う繁華街・歓楽街では、性を売り物とする店舗が乱立するなど、風俗環境の退廃や街並みの無秩序化が進む一方、暴力団や外国人犯罪組織が暗躍し、資金の獲得や謀議、情報交換などの拠点となっている。
> （犯罪対策閣僚会議 2005：序文）

ここで「風俗環境の退廃や街並みの無秩序化」が問題とされているように、すでに「犯罪政策」は初めから「都市政策」の分野に足を踏み入れている。こうした景観の問題に対して既存の警察機構が直接介入しえないことは明白であり、ここにおいて地域住民が犯罪政策の範囲に編入される必要性が強調されることとなった。具体的には「意欲的な活動」を奨励するための「モデル事業」の選定や首相による優秀事業の表彰制度の創設、地域住民や大学生を「地域防犯パトロール」に編入するための情報発信と支援活動、「犯罪インフラの根絶」のために「空きビル」を「適正な店舗」に利用させること、街区の落書きや駐輪、客引きといった無秩序を整除するための「街ぐるみの環境浄化」運動の推進などが提示されている。

こうした施策は犯罪学の分野で当時から推奨されていた「割れ窓理論」の発想を明らかに念頭においたものであり、犯罪に対する直接的な摘発方針が述べられているというよりは、「犯罪的なもの」に対して国家と社会がともに配慮し、「環境浄化」を推進していく必要性に言及したものであった。したがって、ここで警戒対象とされている事物や行為は、そもそも刑法の領域に属するものではない民法的および行政法的領域に属するものであるか、刑法の範疇内のものであったとしても軽犯罪に分類される軽微な「無秩序」であったといえる。しかし「凶悪犯罪」の増加を喧伝し、これへの対応策として「犯罪対策閣僚会議」が設置された経緯を想起するのであれば、ここで述べられている施策の多くは一見場違いなもののようにも映ずる。「凶悪犯罪」を念頭において、そのために街区の小さな「無秩序」に配慮し、地域住民の取り組みを推奨すること。この目的と手法の擦れ違いを架橋するものとして警察官僚や国会議員によって盛んに言及された「割れ窓理論」の論理は第二章で指摘したとおりである。ここでは「全国展開プラン」が犯罪低減のために「犯罪的なもの」という新たなリスクの境界線を設定し、これに対する「官民」合一の施策を奨励していることを確認しておきたい。

さて、ここでの「犯罪的なもの」に対する施策は「全国展開プラン」の中でも言及されているように半ば都市政策の分野に踏み込まざるを得ない。同年同月に公開された「都市再生プロジェクト（第九次決定）」は「全国展開プラン」と手を携えながら「防犯対策等とまちづくりの連携協議による都市の安全・安心の再構築」を目標とする旨に言及するものであった。実のところ、国から地方、警察機構にいたるまでの出席者が都市政策と犯罪政策の両方にかかわる合同会議で一同に会するのは、これが戦後初のことである(3)。

迷惑・違法行為を放置して一般来街者を遠ざけることは、これら行為の更なる横行を許し、犯罪の温床を生むなど悪循環・暗黒化の危険をはらむ一方、街の魅力づくりが適正な用途のテナント入居の促進や波及等の好循環をもたらすなど、健全な賑わいや人の流れを増すことが、繁華街再生の構造的対策に資する。

（都市再生本部 2005）

都市再生プロジェクトは構造改革事業の一環として二〇〇一年より設置された内閣官房主導の機関であり、主として国土交通省による施策を方向づけてきた。もとより都市再生プロジェクトは、その「全体像」が曖昧な総合計画であると指摘されてきたものの（ＵＦＪ総合研究所 2002）、その目標の第一点目には都市区画の再整備と民間投資を呼び込むことで主要都市の「国際競争力」を高めることが掲げられており、その限りにおいてこのプロジェクトは明確に都市を対象とした経済政策であった。

いわゆる小泉構造改革の主たる柱のひとつとして設置された「都市再生プロジェクト」は以後、ゴミ問題から交通インフラの整備、ＰＦＩ事業の推進など網羅的に都市政策全般を推進していくのであるが、本事業の特徴は以下の点にあるものと思われる。（１）国有地の利用を旧財閥系企業と提携することで促進させるＰＦＩ手法の導入。（２）有力大学を事業に参画させ企業との連携を強める、いわゆる「産官学」の連携。（３）外国人観光客誘致のために「グローバル観光戦略」を踏まえた繁華街などのテーマパーク化事業。そして、「安全・安心の再構築」事業は（３）の繁華街の観光地化戦略とかかわっており、「世界一安全な国」のアピールと、「無秩序」の整除を通した「魅力ある」街区の編成がここでの目的とされてきた。

こうした政策的水準において、「犯罪的なもの」としての落書きや駐輪、無届のストリート・パフォーマンスやデモ活動などの整除は、二つの意味をもつものとして措定されている。第一に「割れ窓理論」が示すような「犯罪」を呼び込むリスクファクターとして「無秩序」に配慮する必要がある。そして第二に、「無秩序」は観光地としての魅力を損なう反功利的な事物・行為だとして指摘され、これまでみてきたような「官民」一体の対策が実施されることとなった。無秩序を「犯罪的なもの」と関連づけて捉える施策についてはこれまで検討してきたとおりであるため、ここでは無秩序を反功利的なものとしてみる観光戦略、あるいは文化的なものに関する政策について検討していく。

3　地方政治における犯罪統制

「犯罪対策閣僚会議」と「都市再生プロジェクト」がともに警戒対象とした街区の無秩序は、これまでみてきたように「犯罪的なもの」であると同時に、繁華街などにおいては「一般の来街者」を遠ざけるものでもあった。このような無秩序の選定はもちろん刑法のような一義的な法的コードにしたがっているわけではなく、各会議出席者の規範的な価値判断や、当該地区関係者の主観的決定に委ねられてきたといってよい。そして「犯罪的なもの」と「文化的でないもの」のカテゴリーはしばしば重ねあわされ、明確に峻別されることのないまま実際の施策が運用されてきた。こうしたカテゴリーの混淆はとりわけ個別具体的な地域での施策に現れており、両者のカテゴリーは区別されることなく、単に「望ましくないもの」として整除対象とされがちであった。

こうした現場における「犯罪的なもの」と「文化的でないもの」の混同が生じた原因のひとつには、地方政策を規定づける国政水準での決定がほとんどなされないまま、何を「犯罪的なもの」とみなすかの決定を地方自治の現場に委ねるという内容不決定の方針にあったと考えられる。

大きな方向性を国政的水準において決定し、その実行責任を地方にアウトソーシングする構造は小泉から第一次安倍政権での政治的特徴であるようにみえる。例えば「都市再生プロジェクト」と「犯罪対策閣僚会議」の合同会議では、「地域特有の資源や文化を活かし、それぞれの特性に応じた街の新たな魅力づくりと情報発信、都市再生事業等による新たな賑わいと人の流れの巻き起こし、まちづくりのビジョンと調和したテナントや商業・文化施設の整備等の誘導」が行われるべきだとされ、「全国の多様な主体によるトータルな安全・安心まちづくり」の推進に掛け声がかけられているが[4]、こうした方針は無論、その具体的な内容において何も言っていないに等しい。

先述したように「都市再生プロジェクト」と並列的な関係をもつ「ビジット・ジャパン・キャンペーン」の「グローバル観光戦略」でも同様の傾向があり、「日本の真の魅力」を喚起すべきだとはいわれても、何が「真の魅力」であるのかについてはその内容を空白にしたままであった（国土交通省 2002）。つまり、国政的水準においては大枠として「無秩序」を「犯罪的なもの」および「文化的でないもの」と規定した上で、その具体的な内容決定は「モデル地域」などの現場に委ねるという方針がとられてきたものと判断して大きな間違いはないであろう。

結果として各地域における中間集団の「名望家」[5]や、市区行政の幹部職員ら少数者による決定が、町内会や防犯のための集会などで大多数から儀礼的に承認されることで恣意的に無秩序が選定されるディレッタンティズムに陥っている場合も多い。以下でみるように、「安全・安心なまちづくり全国展開プラン」および「都市再生プロジェクト」の「モデル事業」として選定された地域では、ほぼ例外なく中間集団の「名望家」層が中心的な役割を演じており、彼ら／彼女らの発言は地域の日常的規範に根差したものであると同時に、彼ら／彼女らの発言が当該地域の無秩序を指定することで常識は反復されている。地方行政幹部や警察幹部がそうした場に出席している場合、そこでの「決定」は「民意」としての正統性をもつがゆえに未決定の「行政処分」対象を事後的に策定し、その内容を埋める作用を果たす場合も少なくない。

具体的な「モデル事業」として後続する他都市の範型となるべく選定された都市地域は全国一一か所。「都市再生プロジェクト」と「犯罪対策閣僚会議」の合同会議と同時に招集された「繁華街再生十一地区実務者担当会議」には、札幌すすきの、新宿歌舞伎町、六本木、渋谷、池袋、横浜関内・関外、千葉栄周辺、京都木屋町周辺、大阪ミナミ、広島流川、福岡中洲といった諸地域にかかわる地方行政幹部から警察官僚、日本政策銀行の担当者そして内閣官房都市再生本部の関係者らが顔をつらねた。(6)「犯罪的なもの」と「文化的でないもの」の選定は各地域の歴史的文脈、地域担当者の顔ぶれなどによってその位相を微妙に変化させているものと考えられるが、本章ではこれらすべての地域を網羅的に検討することはできない。ここでは首都圏を代表する街区としての歌舞伎町における取り組みと、地方観光都市を代表する京都木屋町の施策を取り上げてみよう。

(1) 歌舞伎町の施策

歌舞伎町の現状認識

二〇〇五年一月、新宿歌舞伎町の「再復興」を掲げ、「歌舞伎町ルネッサンス推進協議会」が新宿区長の号令によって編成された。無論これは「都市再生プロジェクト」および「犯罪対策閣僚会議」の方針と予算を念頭においたものであって、本協議会の議事録にも小泉首相の施政方針演説が収録されるとともに、国政の関係者も多く顔をつらねている。(7)歌舞伎町の「再復興」政策はこれ以前からの「都市再生プロジェクト」「犯罪対策閣僚会議」においてすでに織り込み済みのものであり、国政的な問題関心を受けて活発な活動が続けられ、小泉および安倍首相の視察を迎えるなどしてきた。

本施策は新宿区長を代表とし、警察幹部から街区の有力事業者、イベントコーディネーターや都市計画を専門とする研究者までが参加するものであり、区長をはじめとする行政幹部が強いイニシアティブを発揮して構成されたものである。ここでの主要な目的を要約すると（1）歌舞伎町のイメージ改善、（2）不法滞在の外国人を追放すること、（3）暴力団に対する警察および行政の介入強化、（4）看板やゴミ、落書きなど街区の景観を損なうとされた物品に対する「クリーン」計画の四点に的が絞られたものであった。また、ここにおいても「割れ窓理論」とジュリアーニ市長への賛辞が述べられている。

さて、こうした「歌舞伎町ルネッサンス推進協議会」の施策がまず前提とするのは、歌舞伎町の「退廃」であり、七〇年代までの「意欲ある」歌舞伎町の文化的伝統が「アジアの暴力団や外国人暴力団、不法就労者」によって占拠され、「無秩序な犯罪の巣窟」になっている、あるいはますますなるであろうということである（歌舞伎町ルネッサンス推進協議会 2005）。戦後有数の建築家である安藤忠雄による上述の発言は、大枠としては他の参加者にも共有されており、例えば歌舞伎町商店街振興組合の理事長も現在の街区はかつての「金の玉手箱」が「ブリキの玉手箱」に変化したものであると嘆息している[8]。

もちろん、こうしたノスタルジアが事実に照らして妥当なものだとはいえないことを指摘するのは容易い。例えば一九六三年の衆院法務委員会において参考人として招致された振興組合代表、藤本作次郎は当時の新宿が「非常に暗い町であるとか、あるいは暴力等も非常にはびこっているのだという」イメージで捉えられており、事実いわゆる「ぐれん隊、ちんぴら、暴力団」などが街路において「粗暴の言動」を行っていることを指摘している[9]。藤本作次郎は「歌舞伎町ルネッサンス」において昔日の偉人としてしばしば言及される初代振興組合代表、鈴木喜兵衛の対立的後継者であり、鈴木が東京産業文化博覧会開催に失敗したのち、事実上今日の歌舞伎町を築きあげてきた人物であった。

道義的な繁華街への郷愁

今日、鈴木喜兵衛は歌舞伎町の祖形を作り上げた人物として、当該地区における家守事業「喜兵衛ルネッサンス」に名を遺しているが、鈴木が活躍し歌舞伎座構想を打ち立てた復興黎明期の戦後直後から一九五〇年代、そしてその後藤本が娯楽産業だけでなく風俗、飲食店事業を幅広く展開する六〇年代までが、今日「復興」の参照点とされている過日の「金の玉手箱」時代である。こうした黎明期から六〇年代にかけての歌舞伎町は「大衆文化の発信地」として「健全な娯楽街、芸能の街」だったと語られ、新宿コマ劇場やミラノ座の建設期は歌舞伎町の「黄金時代」であったと懐古された。

戦後、焼け跡から当時の町会長鈴木喜兵衛氏を中心にした地元の方々が歌舞伎劇場の誘致、映画館や演芸場、ダンスホール等を内容とするモダンで健全な娯楽街、当時の言葉でいいますと大変ふるめかしいんですが、「道義的な繁華街」をここに創ろうということで、立ち上がって出来たまちでございます。映画や演劇といった大衆文化・大衆娯楽がこの街の遺伝子ＤＮＡであると思います。(10)

鈴木喜兵衛の語る「道義的な繁華街」は「歌舞伎町ルネッサンス」による懐古主義の主要な参照地点であり、頻繁に施策報告書や議事録において登場するため、少し注解を加えておく必要があるだろう。鈴木喜兵衛は淀橋区角筈一丁目北町会の町会長（現在は新宿駅西側の西新宿一丁目）であり、戦前は食料品メーカーを経営するなどした工場主であった。戦後直後、疎開先から戻ってすぐさま当地の「復興」を志し、都知事や区長らとともに劇場建設を主軸とした都市計画を進め、五〇年に「産業文化博覧会」を開催した。結果的にこの博覧会は経営として失敗したものの、その跡地は百貨店建設などに用いられ、鈴木はその後発展を遂げる歌舞伎町の祖形を作り上げた人物だと語られている。

彼は国事を尊んだ人物であり、「日本国民」のあり方を憂える「大きな物語」の信奉者であった。とはいえ、鈴木はあくまでも商売人であり、「大義」を重視し「誠実」であるべきだといった心情倫理を除けば、その思想内容において体系立った一貫性がみられるわけではない。戦前から戦中にかけては「一億一心戦争完遂」を志し、「報国至誠の下に産業を従事せしめる」として糧食調達を行うための「軍需奉仕会」を設立するなどの帝国主義的な「大義」に奔走した彼は、戦後になると軍部の戦略を批判しながらも「新日本の再建」を掲げ、次のように述べる。

> 亜米利加にも戦争成金がうようよして居る筈だ　優越した感情で征服した国を見たがるのは人情だろう　彼等は必ず見に来る！　負けた日本の姿を！
> 之で稼ぐ事も一つの方法だ　彼等が東京の焼野原に立った時　新宿に整然とした復興の街のある事をみせてやる　計画復興だ　観光国策の一環として　道義的繁華街の創造をする。（鈴木 1955：23）

誤解のないように述べておくが、鈴木はナショナリストではあったが、決して生粋のファシストや民族右翼であったわけではない。彼はあくまで当世における日常的な「常識」に基づき、共同体の「大義」を重んじた人物であって、その「大義」の内容は時としてファシズムに属するものであり、時として戦後民主主義に与するものであったのに過ぎない。一貫しているのはその時々の共同体による価値と秩序を重視し、個人の倫理をこれに優先させるのではなく、個人は共同体のために尽くすべきだとする価値判断であるから、「戦争完遂」から「新日本の再建」への転身は前提とすべき共同体の価値内容が変化したことに付随するものである。

彼は新しく公布された憲法になぞらえながら、「産業文化博覧会」を「健全にしてゆたかな文化的国民生活」に資するために開催すると宣言した（鈴木 1955：163）。そして「道義的繁華街」の理念とは、そうした共同体にとっての「善」を実現すべく構成員が相互扶助すべきだというエートスのことである。

而して皆さんと協力して道義的繁華街の建設を致し度いと念願をしている次第であります（中略）物を売るにもお客様の気持になって商売をする　私は之を道義的商売と思い此の道義商売に基づく繁華街を皆様と共に建設致し度いのであります。

土地の賃貸借においても地主は高く貸せばよい　借地人は安ければよいではなしに　愛情の繋に依って土地の賃貸借を致し度い　地主さんには既にお願いしてありますが建設が終る迄地代は安くして戴く　そうして建設が出来たら吾々から進んで地代を上げて戴く　地主も借地人もお互いの立場を理解し合って親子兄弟の様な関係で賃貸借が致し度いのであります。

（鈴木 1955：63）

こうしたエートスのあり方は、同時代の政治学者神島二郎のいう「擬制村」と「欲望自然主義」[11]の結合したものであり（神島 1961）、神島ならば戦中ナショナリズムを下支えした典型的心性であると容赦なく批判したであろう。鈴木がいう「道義的」倫理の向かう宛先は、共同体や臨機的状況のあり方に応じて付け替え可能なものであり、「我」よりも「吾々」のことを考えよといった権力者が説諭しがちな処世訓の枠を越えでるものではなく、特殊で密度の濃い社会思想ではない。だからこそ、ここでの「道義的繁華街」という標語は、半世紀後の「歌舞伎町ルネッサンス」においても適合的に用いられ、鈴木の理念は「風俗店」や「外国人」の手による店舗を問題視する現代の言説とも容易に接合しえたのである。

道義性はいかなる意味で失われたか

しかし「歌舞伎町ルネッサンス」が称賛する鈴木喜兵衛の信念および、その後六〇年代までの街区が、実態として「道義的な繁華街」であったのかどうかは一義的には確定できない。もちろん、東京産業文化博覧会の跡地に立て続けに建設された劇場、ダンスホールが「大衆文化」的な街区のシンボルとして当時から宣伝されてきたことは一定事実だといえる。しかしその一方で歌舞伎町の都市空間には複数の側面があったのであり、ここで語られている表向きの建築群と並列的に、進駐軍に向けた売春施設や街路での「客引き」行為は常に歌舞伎町の路地における公然の秘密として機能してきた。(12) 今日、歌舞伎町の「悪徳」を問題とし、「不良外国人」や「風俗店」あるいは「ホームレス」への対策を実施することで当該地区の「復興」を行うと主張するためには、「復興」のゼロ地点である戦後から六〇年代にかけての街区をまず遡って整除する必要があったのである。こうした語りは現在の行動を正当化するための、過去に向けられた記憶の再構築であったといえる。

そうだとすれば、現在行われている取り組みは過去から問題視され続けてきた「売買春」や「粗暴犯」に対する施策の反復であり、その反復は過去の一部を消去し、一部を強調することによって可能ならしめられているといえるのだろうか。しかし事態はより複雑である。確かに今日問題とされているような性風俗などの問題は、戦後一貫して歌舞伎町で問題とされてきたことではあった。しかし、六〇年代までのそれがどちらかといえば公衆衛生と「道徳」の問題として認められ、「ヒロポン」の使用や女性の「退廃」が問題とされてきたのに対して、今日ではこれに加えて過去の歴史性を整除することによる、失われた街区の物語までが「悪徳」によって侵犯されているのである。「道義的な繁華街」の理念は、例えば「ハイジア周辺の路上でタイ人、コロンビア等の街娼が立つという状況(13)」や「多数の悪質ホームレスなどや、ホームレスと言えない人たちが溜まり場を作りまして、そこで朝から酒盛りをしている状態(14)」、あるいは「違法な客引き」行為によって侵害され、すでに失われてしまっている。こうした状況認識のもとに、性風俗店や客引き、駐輪やゴミ問題に対する各種施策が実施されると同時に、「外国人観光客も含めておもてなしの街」とするべく、清掃事業やイベント事業などが展開されることとなった。

もちろん、ここでの「おもてなし」が一体どういった出来事を指すのか、個別具体的に何を「犯罪的なもの」

「文化的でないもの」とするのかについては、その力点の置き方は発言者によって微妙な違いがある。また排除に力点をおくのか、社会関係資本の構築をより強調するのかといった「まちづくり」の基本的な方針に関しても若干の相違は「歌舞伎町ルネッサンス」事業内部でも観察されうる。例えば「良いホストクラブ」とそうではない事業主を区別し、「ホストクラブにもいろいろあって、きちっとまちづくりにかかわっていこうというホストクラブも実はあります」と述べる経済・経営学研究者の廣江彰委員(15)に対し、元警察官僚であり、かつて「浅間山荘」事件の指揮官でもあった佐々淳行委員は「ホストクラブ」は「少女を堕落」させているとの持論を展開した後、「ホストクラブを一つの文化として、育てようと健全なホストクラブがあるのかないのか知りませんけれども、それは、私の仕事ではないです。どうぞ廣江先生やってください」と述べ、これに対する規制の必要性を強調する(16)。ここではどこまでの範囲を街区の無秩序として設定するのかについての意見の相違がみられるが、しかし大多数の発言者に共通している点は廣江委員による次の発言に集約されているようにみえる。

それにもまして、ここ歌舞伎町で働いている人々の顔が見えなくなってきているという問題が大きい。それは、外国人だけではなく、日本人同士でも見えなくなっている。やはり顔の見える関係にしたい(17)。

鈴木喜兵衛の時代と比して現在の街区が失ってしまったもの、それは街区内における対面的な関係性であり、日常的感覚に基づく紐帯が都市の流動性によって喪失したことこそ、是正されるべき問題の核心点なのであった。鈴木の言葉を借りるのであれば「お互いの立場を理解し合って親子兄弟の様な関係」を構築することがここでの課題である。

したがって既存の中間集団と関係をもたない新たな移民層や新興事業の一部が、「歌舞伎町ルネッサンス」によって整除すべき「文化的でないもの」、時として「犯罪的なもの」として指示され、施策の対象とされてきたことは「歌舞伎町ルネッサンス」の文脈上、自然な帰結であったといってよい。先述したように、「良い」集団と「悪質」な集団をどの線分で区別すべきか、どの程度包摂的であるべきかといった論点には当然の相違がそこにはある。しかし排除によってであれ、あるいは包摂によってであれ、達成されるべき「顔の見える関係」を構築し、これによって失われた街区の連帯と「道義性」を規範的目標として定めようとする方針には、大部分の参加者が同意していたといえるだろう(18)。

顔の見える関係の範囲規定

排除に力点をおくことによって既存の社会関係のみを温存しようと試みるのか、それとも包摂の範囲を広げることで既存の関係性を幾許かでも拡大させようと試みるのか。いずれにせよ達成されるべきは、失われた「顔の見える関係」なのであり、そしてこれを取り戻すためには、常に誰の「顔」を内集団に引き入れ、どの「顔」が外集団に所属するのかを区分する境界線を反復、あるいは新たに引き直さなければならない。そしてそのような範疇の決定には、包摂され、あるいは排除される当事者らが直接参与することはなかった。

この場合、すべての参加者に共通する境界線は、当該対象者または行為が法的枠組みの外側に位置する存在であること——それが刑法であるか条例であるかは重要な問題ではない——にあり、これに加えて「不法」ではないにせよ街区の関係性に組み入れられず、さらに「反道徳性」ゆえに「問題ある状況」だとみなされた事物や集団、例えば「ホームレス」や「ホストクラブ」「不良外国人」がしばしば対処すべき「顔」の外側として指示されてきた。

ピーター・ストリブラスとアロン・ホワイトは十九世紀近代都市の黎明期において、中産階層の想像的連帯は都市下層民ら「他者の身体」によって担保され、そこではスラム街における疫病と都市の「汚物」との間に「換喩的

／隠喩的」関係が生じることで「汚穢のスペクタクル」が上演されてきたと指摘した（Stallybrass and White 1986＝1995：176–178）。そこでは中産階層以上に共通するフォークウェイズを形成するものとして、そうした都市の「汚穢」から距離をとりつつ、しかし「汚穢」への好奇心を持ち続ける態度が家庭や地域集団において広範に認められる。

確かに現代の歌舞伎町で行われてきたことは、そうした十九世紀流のあからさまな差別的態度とは異なったものであり、より紳士的である。少なくともその境界線は道義的にではなく「不法・違反」であることによって客観的に引かれているものとされ、「ホームレス」や、これとの換喩的関係にある「ゴミ散乱」への「対策」が必要だとはいわれても「ホームレス」を暴力的に排除すべきだとは誰も明示的には口に出さない。しかしその語りの語用法や内容が異なっていたとしても、外集団と内集団を分割するその語り方の形式には共通のものが認められる。例えば新宿警察署長の原哲也は次のように指摘した。

一部新聞報道でありますけれども、「外れ者の住み家を奪う」のかとか、「怪しい魅力が失われる」とか、そういうことを書かれていますが、これはまさしくそのとおりであります。これは、私たちが今までやってきた努力の成果といえるわけです。これからの歌舞伎町には、「外れ者の住み家」であるとか、怪しい魅力なんか全く必要ありません。(19)

こうした「顔」の見えない他者を一貫して客体として描き、「落書き」や「ゴミ」といった街路における諸々の「問題ある」事物と同様の平面上において対処を求めること、そしてそのような他者の存在によって誰が内集団に属する人々であるのかを同定すること。こうした街路の内側にある他者への距離化と視線は、ストリブラスらが指摘した「汚穢」に対する十九世紀的語りの形式と、それほど隔たってはいない。そうした他者に対して「同化（assimilation）」を求めるのか、それとも排除に踏み切るのかといった方針は論者によって異なってはいても、結果として用いられた「客引き」や「不良外国人」に対する規制の強化、例えば新宿に入管の新たな出張所を設け、生活安全条例による「良好な地域社会の形成」[20]を目標とすることは、こうした他者の「顔」を設定することによって可能ならしめられている。

ここにおいて歌舞伎町の街路に対する空間の整除はまず、「顔の見える関係」構築のために、どのような事物や人々が「顔の見える関係」の外部であるのかを定めることによって進められる必要があった。ここで参照された歴史性は、鈴木喜兵衛らが活躍した戦後から六〇年代の連帯感と活気ある繁華街の黎明期から初期にかけての物語であり、そこから失われた関係性を「再興」し「道義的な繁華街」の意志を継承することこそが、「歌舞伎町ルネッサンス」の目的であった。したがって、ここでの「文化的でないもの」あるいは歌舞伎町の正当な歴史の埒外にあるものとして指示されたものは、例えばコミュニティの外部にあらざるをえない「不良外国人」と「暴力団」、「ホストクラブ」やあるいは「ホームレス」といった他者であり、こうした人々は同化するか、さもなければ退去すべきモノとして常に公的な対話の舞台の外側に位置していた。ここで注意すべきなのは、こうして指示された社会集団は刑法や条例に違反する行為を行っている場合にのみ問題とされていたわけではなく、彼ら／彼女らが街路に存在することそれ自体が「犯罪的なもの」「文化的でないもの」として扱われてきたという点にある。

こうしてある特定の社会・人口集団それ自体が「安全、安心」な街区にとっての「リスク」として標定することは、とりもなおさず当該集団を客体化することによって空間の一部に埋め込むことを意味している。そしてそのような空間はルフェーヴルやエドワード・レルフが指摘するような「生きられた」空間ではもちろんない（Relph 1976＝1999）。ミシェル・フーコーは、ここで指摘してきたような客体の棲む場所を人口統計表や分布図といった絶対平面上の空間の内側に見出し、近代の初期的な政治統制手法はそうした平面を対象とすることで「統治性（gouvernmentalité）」を発現させてきたと論じたが（Foucault 2004＝2007：132）、「歌舞伎町ルネッサンス」においても無秩序だとされた集団は、その直接的な語りによってではなく常に空間的指標の一つとして言及され続けてきた[21]。つまり、町内会集団による「生きられた空間」の観点から、関係性の外部におかれた人々は、ここにおいて入管や警察機関によって「処理」された数の平面に引き入れられ、会議の場においてはその統計的指標のみが淡々と「成果」として報告されている。

次に歌舞伎町とはまた異なった歴史性を参照点とし、異なった手法で無秩序の整除を試みた京都市繁華街の事例を続いて検討することとしたい。

（2）京都市木屋町の施策

京都の現状認識と中間集団

歌舞伎町と同様、「都市再生プロジェクト」および「犯罪対策閣僚会議」における「安全・安心なまちづくり」事業のモデル地区として早くから選定された京都市の繁華街、木屋町地区は地方観光都市における取り組みの代表的な事例として位置付けられている。木屋町地区における施策はまずこれまで論じてきたような国政的水準での問題関心を受けて展開されたものであるという点において、歌舞伎町の取り組みと共通するものがあるが、しかしその具体的な施策の内容や、参照されるべき歴史性、施策を実行する組織構造のあり方などにおいて、歌舞伎町の取り組みとは異なっている点も多い。

まず「歌舞伎町ルネッサンス」は、新宿区長が石原都知事や時の政権のバックアップを受けながら、区長の主導権を発揮することで著名な有識者層から警察幹部、そして地区事業主のごくわずかな層を選定し、実行力ある協議会を編成することによって推進されたものであった。そうすることで協議会は施策の理念を構築すると同時に、個別具体的な取り組みの内容にまで相当なイニシアティブを発揮することができたのであり、その主導権のもとに青年ボランティアチームや個別の事業主の参加協力を取り付けることが可能となった。したがって、既存の人的資源のうちの一部分を取り上げ集権的に再編することによって、新たに独立した実行力ある機関を用いた点に「歌舞伎町ルネッサンス」の組織構造的な特徴があるといえる。

これに対して京都市木屋町の施策はより伝統的な地方自治体の官僚制と自治会など中間集団の構造に依存したものであり、協議会にあたる独立した機関は形成されても、その機関自体が施策の実行力を確保しているのではなく、実際の取り組みは町内会あるいは自治連合会に委ねられ、これを市や区、あるいは独立行政法人などが後援する体制がとられてきた。したがって京都市の場合、国政的な関心は府あるいは市行政に引き継がれ、これを区（この場合は中京区）がさらに下請し、それから中間集団の協力を取り付けるといった上意下達式の特徴をもって施策が推進されてきたといってよい。ただし、京都府・市行政の関係は、他の地方自治体とは若干異なり、府内人口の半分を市内が占め、また古くからの歴史的経緯としても強い行政権を京都市が保有してきたことから、府と市行政の間には微妙な緊張関係とセクショナリズムがある。京都府職員はしばしば雑談において「京都市も京都府です」といった冗談を口にするが、他の都道府県のように県庁が市行政に対してもっている権力を、京都府の場合が同様に保有しているとは言い難い部分がある。

さて、「歌舞伎町ルネッサンス」推進協議会が行ってきたような施策の理念や参照すべき歴史性への言及は、主として府行政が新たに編成した各機関、例えば「京都府犯罪のない安心・安全なまちづくり計画策定委員会」や「京都創生推進フォーラム」によって行われてきたが、これらの機関はボランティアチームを編成したり、中間集団に直接働きかけたりするような実行力は保持しておらず、したがってこうした上層委員会による理念は常に中間集団内部において再解釈されることとなった。

また、歌舞伎町の施策が警察と区行政のみならず、入国管理局など国家行政とも密接な連携を取りながら総合的な取り組みを実施してきたのに対して、京都市木屋町の場合には国家行政の直接的な関与は観察されえず、京都市においては異例のこととして宣伝された独立警察組織「祇園・木屋町特別警察隊」の編成を別とすれば（山本2007）、国政的力学の直接作用は歌舞伎町の場合と比較してそれほど明示的なものとはいえないだろう。

以上の意味において、歌舞伎町の施策と比較して京都市木屋町の施策は、上下に一元的ではあるが一極集中はされない指揮伝達構造をもっている点において、伝統的支配の形態を利用した官僚制の特徴をもっているといえる。こうした特徴は、例えば著名な有識者や政治家の「鶴の一声」によるカリスマ的決断、あるいはポピュリズム型の決定から比較的距離をとることが可能であると同時に、より閉鎖的な組織構造と伝統的支配の形態に親和性があると推測することができる。

さて、地方行政や国政的水準における問題関心と論理が、実際の取り組みを行う中間集団においてどのように再解釈され、「問題ある状況」の再定義がなされてきたのか、そこでどういったフレーミングの係争があるのかについては後続の章でフィールドのデータとあわせながら検討することとするため、まずは地方行政によって設立され、街区において守るべき対象を設定した各種審議会の論理を順に検討することとしたい。

京都的な景観の消去と創生

京都府が明示的に「犯罪対策」を打ち出し、いわゆる「生活安全条例」を制定したのは二〇〇四年のことであるが、これに先立って府機関として「京都府犯罪のない安心・安全なまちづくり推進本部（以下、推進本部と略す）」が設置された。本機関は「犯罪対策閣僚会議」などの設置を受けて二〇〇五年より大きくその機能を拡充させており、有識者らの参加する各種外部審議会を設置し、また警察当局との連携を強化するなど地方行政の中では先駆的な施策を実施することで先述したように「安全・安心なまちづくり」モデル事業として国政に認定されてきた。二〇〇一年に設置された「推進本部」の決議は、「犯罪対策閣僚会議」の基本的な視角を先取りしたような類似性を持っており、地域社会の連帯や道徳心の向上といった文言に加えて、「京都」を「日本人の心のふるさと」とする保守主義的傾向をもつものである。

事の善悪の基準となる社会規範や「いたわり」、「やさしさ」、「命の尊さ」などの倫理観は、家族、地域、ふるさとなど、共同社会の中で育まれてきたという原点に立ち、社会を構成する人と地域が全力を尽くすことを基本に、これら地域の取り組みの醸成を図り、行政などがこの活動を守り、支えながら、「心豊かな地域社会」を形成していくことが重要である。

「心の世紀」とも言われる時代にあって、地域や町衆の力による「人づくり、まちづくり」など、人の心の絆を大切にしてきた京都の歴史に学びながら、「日本人の心のふるさと」といわれる京都ならではの取り組みを展開し、「安心・安全な地域社会」を築いていくことも重要である。(22)

一見、犯罪対策というよりは道徳的教説と「まちづくり」のために採択されたかのようにみえるこの文言は、まぎれもなく「凶悪犯罪」などを危惧し、これを防止するために採択された犯罪対策のための決議文の中にある（上記註釈に全文収録）。京都府のこうした決議は繁華街を対象とする「祇園・木屋町特別警察隊」の設置や「『割れ窓理論』実践運動」といったボランティア団体の運用を可能としてきたが、しかしこれに対して同時期から京都市が開始したプロジェクトの大部分は景観問題と「まちづくり」を対象としたものであり、市行政において犯罪政策は景観政策の一部を構成するものとして受容されてしまうことになる。これは観光都市として自らの利害得失を確保しようとする京都市の志向と、国政的問題関心を比較的素直に受け取った京都府の施策の擦れ違いともいえる出来事であり、以後京都市がほぼ一貫して景観・観光政策を主軸的分野とし、犯罪対策を派生的分野としていくのに対して、京都府の施策は国政的水準におけるそれと同様に犯罪政策から出発しつつ地域政策、都市政策までを含む総合政策的な傾向をもつこととなる。一連の施策が開始された二〇〇四年に、京都市を訪れた観光客は年間四五〇〇万人余りに達しており、観光消費額は五三四八億円、その経済波及効果は一兆一〇三億円と試算されており（京都市 2005）、二〇〇五年以後「ビジット・ジャパン・キャンペーン」による国策的な京都観光の推進によってそれ以後は外国人観光客もおよそ倍増するのであるから、京都市にとって観光事業の重視は全く自明のことであった。

犯罪政策を総合政策として実施していこうとする京都府と、「安全対策」担当を市行政における「地域づくり推進課」の中に含め、「地域振興」担当や「まちづくりアドバイザー」とともに活動させるなど、景観・観光政策を優先したい京都市行政の関心のずれは、「モデル事業」である木屋町の事例においても観察される。警察力の強化として新たに編成された京都府警による「祇園・木屋町特別警察隊」は、市行政のイニシアティブを受けた地域住民との接合点において犯罪対策それ自体というよりは、看板問題やゴミ問題といった景観対策的活動に編入される場合があり、例えば「違法看板」の撤去や風俗業者への規制・警告活動に同行するといった景観政策を主軸とした犯罪政策が現場においては行われる傾向が強い。このように、京都市木屋町の場合、景観政策と犯罪政策の混淆は歌舞伎町の事例に比してもさらに強く、歌舞伎町が「文化的でないもの」の消極的な整除を志向していたのに対して、木屋町の場合はこれにとどまらず、「文化的なもの」を積極的に創造していこうとする動きさえみられる。

例えば、京都市は二〇〇七年より「新景観政策」をとりまとめ、国政的水準における「美しい国づくり大綱」を受けた二〇〇六年の「景観法」よりも、さらに厳格な規制を科す「新景観条例」を制定したが、これにより既存の建築物や看板の一部が違法なものの領域に編入され、とりわけ電飾看板などを用いた新興事業主の多くと「風俗店」の大部分が店舗外装の見直しを迫られることとなった。[23] こうした京都の街路における「文化的でないもの」は条例上の違反行為であるものとされ、刑法的領域ではないにせよこれに隣接する犯罪政策の対象物としても取り扱われる場合があった。また、京都市および京都府は二〇〇五年ごろより好んで「割れ窓理論」を取り上げ、各種施策の理論的支柱としてこれを用いてきた経緯があることから、こうした条例上の違反物は刑法上の「犯罪」とも間接的に関連するものと受け取られ、これらへの積極的な対策がとられてきたといえる。したがって、ここでは京都府・市における景観・観光政策を犯罪政策に隣接する親和的領域だと位置付け、景観・観光政策にも言及しなければならないだろう。

国土交通省が当時内閣副官房長官であった安倍晋三の影響下で作成した「美しい国づくり政策大綱」を発表したのは二〇〇三年のことであったが、これを念頭におきながら、京都市は並行的に有識者を中心とした外部協議会である「京都創生懇談会」を設置、二〇〇五年には「国家戦略としての京都創生」を求める旨が市議会において可決され、同時にさらなる外部協議会として「京都創生推進フォーラム」が設立された（門内 2007）。そのほか「時を超え光り輝く京都の景観づくり審議会」や「日本の京都」研究会の設置など、市のイニシアティブを受けて設置された有識者協議会は多数に上るが、これら協議会はそのメンバーシップにおいて重なり合う部分も多く、提案書などの内容にも大筋において異なる点はみられないことから、ひとまとまりの都市政策パッケージであると考えて差し支えない。

悠久の歴史と国家戦略

これらの協議会群において共通しているのは、まず高度成長期以後一貫して京都市の街区は「消費文化・消費社会」の傾向に浸食され、悠久古来よりの伝統文化や景観が崩壊しつつあるとの危機感にある。これにより、京都市は観光都市としての魅力を喪失し、経済面では集客力や税収の低下が、精神面としてはナショナル・アイデンティティの中核としての「古都」像が崩壊することが危惧されており、これを立て直すために行政と地域住民が一丸となって取り組む必要があることを強調するものであった。こうした議論の形成は、もちろん「消費社会」を非難しながら京都という特別な場所を差異化によって消費可能な観光の対象として構成しようと試みる点において内部的に論理矛盾したものではあるが、その矛盾はいわば軽薄で「マクドナルド化」されたような消費と、伝統性に根拠をおく消費を二分法によって切り離すことで可能ならしめられていた(24)。

古来、日本人は美しい自然を愛し、そこから育まれた豊かな感性を備えた慎み深い、心の綺麗な民族でした。しかし明治維新後、近代国家の建設と国力の充実を目指して、とりわけ戦後においては、経済復興の旗印のもとに、東京を中心に効率を最優先にした国づくりや国策が進められ、日本人が誇るべき美徳は薄れてしまいました。また、いわゆる「戦後民主主義」の名のもとに、個人の権利が声高く主張され、個人の利便性や利益を求めた建物、街並みが日本中で造られました。その結果、我々の先人たちが築いてきた美しい街並みや都市景観が破壊され、日本のあらゆる都市が醜くなってしまいました。私たちの京都も例外ではありません。（中略）美しい自然と歴史が溶け合って育まれた京都を創生することは、言い換えれば日本人の誇れるものは何か、日本の良い所は何かということをしっかりと見つめ直し、そして確かな自信を持って出直すことではないかと思います(25)。

（商工会議所会長）

千二百年を超える悠久の歴史と文化が息づき、山紫水明の自然と美しい都市景観を誇る歴史都市・京都は日本国民共有の財産であり、世界の宝であります。京都市ではこれまでから市民の皆様と一緒になり、京都の魅力を守るために努力を重ねて参りました。しかし、近年、世界規模で進むグローバル化等の影響により、このままでは京都の美しい景観や伝統文化が失われてしまい、先人が培ってきた歴史・文化が消滅してしまうという転換期とも言うべき、誠に厳しい状況に直面致しております。(26)

（京都市市長）

「戦後民主主義」における「個人の権利」の主張が集団の和と伝統を乱すという保守主義的発言は、例えば安倍晋三の『美しい国へ』にも見られるものであり、これは本地域に特別な言説というよりは定型化された保守派の枕詞として受け取るべきだろう。こうした発言に続いて、観光都市としての集客性、魅力の低下や「日本人」の精神的支柱としての「京都」が失墜しつつあるとの言がなされているが、こうした京都とナショナルなものを直接的に結び付け、これにより京都の景観や精神を守ることがすなわち日本のアイデンティティを守ることに繋がるとの言辞は、ほぼすべての外部審議会に共通するものであった。例えば、「国家戦略」としての「京都創生」を唱える「京都創生懇談会」の提言書にも、上記発言とほぼ変わらない趣旨の論述がなされている（京都創生懇談会 2003）。こうした有識者による外部協議会の決議書あるいは提案書は、京都市の景観行政や新景観条例にほとんど字義通り反映されており、例えば京都が「山紫水明」の地であり、「悠久の歴史」をもっていること、これが「グローバリズムの波」によって浸食され、「消費社会」化していること、これを守ることはすなわち「日本人」のアイデンティティを防護することに他ならない云々、主張の細部にいたるまで外部協議会と市議会による施策方針は共通しており、外部協議会の言動は、京都市施政に対する直接的な権威付けを行っていたとみることができる。無論、京都市は自身の施策方針に適合的な協議会を設置したであろうことは想像に難くなく、ここでは協議会が市の施策を先導したというよりは、これらは相互補完的な関係にあったとするのがより適切な認識であろう。

ところで、京都市におけるこうした懐古主義的景観運動は、ゼロ年代になってはじまったものでは決してない。京都市における景観運動のはじまりは一九六四年、「京都タワー」の建設に反対する地域住民を主体とした「京都を愛する会」にさかのぼり、以後高度成長期においてしばしば行政の進める開発に反対する運動として京都市の景観運動は半世紀の歴史を有するものであった（西村 1997）。しかし、こうした高度成長期における初期の景観運動が一種の住民運動であったのに対し、ゼロ年代における上記のような景観運動は住民運動というよりは、行政によってその方向を予め定められた官僚機構の一部であったといわざるをえない。むしろ住民運動として形成されたのは、「新景観条例」によってマンションの建て替えが困難になることを懸念するような住民と一部業者らによる草の根の反対運動（京都の景観法を考える会）であり、これは厳密な条例執行への反対を表明していた。[27]しかし、一連の景観に関する協議会群と現在の京都市施策は、そうした係争の存在を公的な舞台から消去することで「山紫水明」の伝統的景観を守ることを主張できたのであり、そうした点からすればここでは何が京都の「真正な」景観であるのかをめぐる政治が展開されてきたと考えるべきであろう。

さて、以上のような認識のもとで守られるべき空間として定められたのは「悠久」の歴史をもつ京都市街地の伝統性であり、したがってこれを景観上侵害するものは新奇な建築物や看板、駐車・駐輪であるとされてきた。これと同時に木屋町を含む地域を対象とした厳密な自転車規制が開始され、京都市における「自転車総合計画」や京都府による「鴨川条例」（二〇〇八年）などの制定によって中心市街地の主要道路における全面的な駐輪規制および自転車乗り入れそれ自体を規制する動きがとられたほか、「路上喫煙等の禁止に関する条例」（二〇〇七年）など、建築物から落書き、駐輪や喫煙まで街路のすみずみに至る罰則を伴った規制が明文化されてきた。そして京都市木屋町などにおける「『割れ窓理論』実践運動」の主要な対象とされてきたのもこうした軽微な無秩序だったのであり、二〇〇八年から事業主、学生ボランティアなどを集めた清掃運動が実施されている。

京都における犯罪と文化

このように京都市における「犯罪的なもの」はまず景観を主軸とした「文化的なもの」に反するものとして規定されがちであり、さらに表出的なシンボルとしての市街地景観が、各種景観協議会が述べたような文化的アイデンティティと接合されることによってその信念はより強固なものとされてきた。ただし、京都市における景観問題と犯罪問題の親和的関係を、単に観念の水準においてのみ考察することは実のところ妥当ではないと思われる。こうした表出的シンボルの公的なあり方をめぐる政治や、条例違反など「犯罪的なもの」を規定する新たな境界設定は純粋に観念の領域においてのみ行われてきたのではなく、既存の名望家政治や社会関係のネットワーク上に構築されたものなのであって、決して各種協議会が言明してきたような伝統主義的言説のみによって可能ならしめられたものとはいえない。こうした点は施策の推進主体によっても明言されており、例えばこれら一連の景観政策や犯罪対策を希求する主体は主に古くからの伝統的事業主、あるいは旧来から町内会などに所属する人々であって、新たに参入してきたマンション住民や新規事業主はむしろこれに反発する場合すらあった。そして旧来からの中間集団は、政党政治にとって集票マシーンとしての機能を保持していることは協議会の参加者が公言するほどの周知の事実であり[28]、伝統性を基軸としたアイデンティティ・ポリティクスは、そうした中間集団にとって共有することのできる「常識」として、内集団の連帯を確保するために用いられた鍵概念のひとつであったといってよい。

しばしば言われるように、アントニオ・グラムシは「常識」と「良識」を区別し、「常識」は無反省的な日常性に基盤をもつ、それゆえ再帰性を伴いにくい認識、例えばウィリアム・サムナーが論じた「フォークウェイズ（folkways）」と近しいものとして規定した。これに対して、「良識」はより再帰性を伴った批判的観察によって「哲学的」認識の前段階を構成し、支配的な言語体系や社会関係にしばしば疑義を呈する性質をもつと論じられている（Gramsci 1949＝1966＝1994）。こうした区分からすると、高度成長期において「開発主義」に対する批判的「良識」

として開始された京都市の景観運動は[29]、ゼロ年代以降「グローバル化」への抵抗を掲げると同時に、既存の行政および中間集団の支配的構造と同一化し、むしろニューカマーを排除する性質を持つ「常識」的政策へと変質したと考えなければならない。そしてこうした景観政策の潮流と並列的に構成された犯罪政策は、以上のような「常識」的感覚を基盤とすることで、既存の「伝統的支配」の形態と重なり合いながら、反伝統的シンボルとしての「犯罪的なもの」を措定し、これへの対処を実践してきた。こうしたマジョリタリアニズムに依拠する施策のあり方は歌舞伎町における出来事と近しいが、歌舞伎町の事例が主として石原都知事や新宿区長、著名な有識者らによる強いイニシアティブのもとで構成されてきたのに対して、京都市木屋町における「モデル事業」は、それよりも既存の社会的資源に依存した縦割り型の性質をもつがゆえに、非ポピュリズム的ではあるが、より閉鎖的な形態をもつものとして運用されてきたのである。

4　「安全・安心なまちづくり」の論理

(1)　街区の表象

これまで見てきたように、国政的水準における「犯罪的なもの」「文化的でないもの」の内容的空白は、地方行政団体及びこれらが設置した外部協議会において当該地域の特性に応じて恣意的に埋められてきた。歌舞伎町においても京都市木屋町においても、国政が示した大枠の問題関心は忠実に引き継がれているものの、その個別具体的な内容において、どういった無秩序を整除し、どのような空間を生産すべきかについての力点はそれぞれ微細な違いをみせていたといえる。歌舞伎町において参照された記憶は戦後から八〇年代にかけての街区黎明期であり、そこでの「顔の見える」関係を取り戻すこと、そのために「不良外国人」や「ホームレス」を対象としながら内的な境界線の強化が実施されてきたのに対して、京都市木屋町の場合、参照されるべき歴史はそれほど個別具体的なものではなく「悠久」の伝統であった。そして京都市における施策は「外国人」や「ホストクラブ」を主たる対象としたものではなく、景観を主軸とした無秩序の構成と、ここで選定された諸々の軽微な無秩序が整除対象とされてきたのであり、そうした意味において守られるべきなのは歌舞伎町における「日本人の関係性」というよりは「古都・日本的な風景」であった。

このような「安全・安心なまちづくり」政策と景観政策の結び付きは、歌舞伎町や木屋町以外の「モデル事業」においても広く観察される。例えば大阪ミナミの宗右衛門町では「約四百年の歴史」をもつ街区の「石畳の通り」の復活を掲げ「新たな賑わいに溢れた、日本、そして世界各地から選ばれる現代日本の〝粋町〟」の構築を目標とする施策が行われ、木屋町と同じく風俗店に対する規制や看板対策、「夜間パトロール」が実施されてきた[30]。また警察的施策とは別に、これと並行して進められた景観政策の中には「電柱の地下埋め込み」事業や建造物のファサード統一など、より大がかりな都市のインフラ整備事業も含みこまれている。全国の主要な繁華街で行われてきた「安全・安心まちづくり」事業はここにおいて消費社会的な街区のテーマパーク化事業の一部に含みこまれており、以下の力学の影響下にあるといってよいだろう。

ジェントリフィケーション

本来、ジェントリフィケーション（Gentrification）とは安価な市街地の一部、しばしば「遷移地域（Zone in Transition）」におけるスラム化した街区が先進的なファッション・ショップやこれと一体化したカフェなどを得ることで、当該地域に若いアッパー・ミドル階級の住民が移住し、街区のイメージや地価が著しく変位することを指す。もっとも典型的にはニューヨークのソーホー（SoHo）、日本であれば大阪の南船場や西堀江、あるいは東京の下北沢もジェントリフィケーションされた地区であると考えられるが、こうした自然発生的な商業施設の集積化は、ゼロ年代以降しばしば行政によって人工的に創出されるべき事業として「都市再生プロジェクト」にも組み込まれてきた。一般にジェントリフィケーションは著しい地価の上昇を伴うため、その創出は都市開発事業における行政と民間資本の結び付きを容易とし、また当該地域における中産階層の協力を比較的得やすいことから、いわゆる「構造改革」特区では「まちづくり」手法の一種として積極的に活用されてきた。

しかしその一方で、ニール・スミスがニューヨークの事例研究において指摘しているように、ジェントリフィケーションは既存の住民のうち不動産を所有しない借家人にとっては家賃の上昇による不利益を意味し、これにより資産をもたない事業主や住民は他地域に転居を余儀なくされるほか、貧困者、とりわけ路上生活者とセックス・ワーカーへの追放運動が中産階級の要請によって行われることで、街区の警察力・警備事業の不均等な発現をもたらしうる。スミスはこうした地域のあり方を「報復都市（Revanchist city）」として描写し、ゆるやかな「ゲーテッド・コミュニティ（Gated Community）」の出現を批判的に考察したが（Smith 1996）、こうした地域における「ゲート」はフィジカルなものではなく、その地域で消費するための金銭をもつかどうかといった可処分所得の多寡によって開かれ、あるいは閉じられることとなる。彼が適切に指摘した通り、洗練された観光地や消費の中心地において、貧困者の居場所は最初から用意されていない。

ただし京都市の場合には、ニューヨークにおけるような大規模なディベロッパーが介入し、投機的に街区の居住価格が吊り上げられたような、不動産価格の大幅な変動はこの間みられない（ただし、二〇一〇年代に入ってからは木屋町のすぐ北側に位置する御池通から御所周辺において大手不動産業者およびリッツカールトンなどのホテル産業が介入し、二〇一四年には限定的な「土地バブル」の様相を呈しつつある）。むしろ京都市においては「文化的なもの」の景観を保護するために、退去すべき「無秩序」と指示されたものはしばしばホームレスであり、投機的なジェントリフィケーションではなく、都市空間の商品価値を維持するためのジェントリフィケーションが実施されてきた。例えば、二〇一〇年に可決された「廃棄物の減量及び適正処理等に関する条例」は、ほとんど取るに足らない名称をもちながら、その主たる狙いは街区での「空き缶回収」を禁止するものであった。これによって都市雑業に従事するホームレスは生活手段を部分的に喪失し、この年を境に中心市街地においてはあまりその姿はみられなくなった。

シミュラークルを通した街区イメージの限界的差異化

それでは都市観光の施策に関する計画的なジェントリフィケーションが志向するものは何か。とりわけ繁華街や観光地などにおける施策において明らかに観察されるのは、街区のイメージを「歴史性」や「洗練されたもの（雅、粋などのキャッチフレーズとともに）」によって向上させ、国内・国外の双方に向けた観光資源として用いるべきだ、といった方針である。「都市再生プロジェクト」はそもそも「ビジット・ジャパン・キャンペーン」を引き継ぐ施策であり、その限りにおいてシミュレーション、あるいはシミュラークルを用いた街区イメージの差異化は当然国際的な都市間競争の影響を受けたものであって、国民国家の内側にのみ理由をもつものではない。この点について、グローバルな出来事とローカルな出来事は関係論的に理解されなくてはならない。

社会学的分野における、いわゆるグローバル化論が当初から一貫して主張していることは、グローバル化が「収斂」「画一化」の機能をもつだけではなく、その収斂化作用は常にローカルな文脈における対抗言説をもたらし、もっとも敵対的な場合にはナショナリズムや排他的ローカリズムとして、より緩やかな場合でも「場所性（locality）」の強調による差異化言説の創出をもたらすことで、収斂化と差異化が同時に生ずるということであった。だから「グローバル化の社会学」を創始したといわれるR・ロバートソンは、グローバル化の影響下における観光事業はしばしば故郷としてのローカリティを強調するものとして現出すると論じ（Robertson 1992＝1997）、J・トムリンソンも、「文化帝国主義（Cultural Imperialisms）」が帰結するものは場所の画一化だけではなく、差異化でもあることを説得的に論じている（Tomlinson 1999＝2000）。

しかし、こうしたグローバル化における収斂性と差異化の緊張を、ここで考察している消費社会的状況における場所の創出として考える際に注意しておきたいのは、ロバートソンが考察するような「土着化」としての「グローカル化（glocalization）」と、消費社会的な場所の差異化は、似て非なる現象であろうということだ。いわゆる「グローカル化」は、「グローバル」に流通する論理やアイコンの地域に応じた「読み替え」を意味している。これはパトリック・メンディスが「民主主義」や「資本主義」のイメージや論理はインドにおいて、米国と同様のものとして受け取られているのではないことに注意を促したように（Mendis 2005）、ここでは文化の体系的な意味作用が、別の地勢の中で再編成されていることが示唆されている。

ところが、消費社会的状況の中で「観光客誘致」のために行われる観光資源の創出としての「差異化」は、そうした「土着化」としての側面ではなく、むしろ消費社会論のジャン・ボードリヤールが指摘してきたような「限界的な差異化」としての意味合いが強く（Baudrillard 1970＝1979）、少なくとも国政的水準の中で多数の観光客を誘致するといった経済の論理それ自体は、何も「グローカル化」されてはいない。メンディスが指摘するように文化的な言説の水準において「資本主義」のイメージは様々であったとしても、国際的な市場経済のフローと地理的不均等性は冷徹に存在している。むしろ「都市再生プロジェクト」における地域の「歴史性」や「特色」の創出は、消費社会と功利的な経済の論理を全面的に肯定することによって可能ならしめられているのであって、これは画一化を主とする「グローバル化」現象の力学を受けたものだと考えなければならないだろう。

日本におけるこうした消費社会的な場所の差異化は、国内向けには七〇年代以降の「ディスカバー・ジャパン」

キャンペーンによる「ふるさと」の情景創出として生じ（石井 2007）、国外を意識したものとしては先述の「ビジット・ジャパン・キャンペーン」があるが、これらの再帰的な風景の構築は、いわば内向きのベクトルによる「オリエンタリズム（Orientalism）」としての機能してきた。[31]また、このような内向きのオリエンタリズムは、本書で取り扱う事例の場合にもそうであったように、懐古的で現代にとって耳触りのよい記憶を取捨選択していることも忘れてはならない。文化社会学者の荻野昌弘は、日本とフランスにおける記憶保存のあり方を比較し、日本の場合には特に戦争遺産の場合において「追憶の秩序を維持しようとする力」が優勢となり、そうすることで「物語や技能は遺産の忠実な伝統ではなく、あたかもかつてそうであったかのように語り、ふるまうことで現在に蘇生する。不可視なものを可視化することが文化遺産を伝えることである。これを〈現在化の論理〉と呼ぶ」と指摘した（荻野 2002）。ここで荻野が論じているような〈現在化の論理〉は本章が議論する懐古主義の問題にとって留意すべき論点である。

さて、よく知られているように、エドワード・サイードが論じた「オリエンタリズム」は、本来西欧と東洋（アルジェリアやトルコ）の間における視線の不均等性に言及するものであり、理性ある「西欧」が、いかに「他者」としての「東洋」像を保持することによって自身の優越性を証明してきたかを詳細な文献研究から明らかにしたものである。しかし現代の日本で起こっている出来事には、これとやや異なる二つの側面が存在している。一つ目は、外的な視線の不均等性に由来するものというよりは、外的な視線がどうあるのかを先取りすることによって生じた、内側あるいは自己に向けられた「オリエンタリズム」であり、明確な力の非対称性に由来する「東洋」の「内なる植民地化」とは異なる機制を保持している。社会演技論でしばしば指摘されるような、「他者からの役割期待の先取り」が、ここでは観光イメージ創出の場において内向的に生じているのだ。そうすることによって多くの観光都市は、浮気がちな『トラベル＋レジャー』誌の読者にさりげなく自らの魅力をアピールしなければならない。

二つ目には、これはむしろ「文化ナショナリズム」というべき側面も強くもっており、吉野耕作はこれを「日本人論」におけるシミュラークル的自画像に見つけている（吉野 1997）。保守派による「悠久の歴史」への自画自賛は、一つ目の内的なオリエンタリズムと全く親和的に機能しうるだろう。本章の出来事では都市景観に埋め込まれた「歴史性」や「魂」が場所の差異性を証明し、またローカルなアイデンティティを補完するシンボルとして作用しているようにみえる。

こうした自己言及的な「オリエンタリズム」は、海外観光客を誘致するという経済的功利性を念頭においたものではあるが、しかしその内に向けられた視線のノスタルジアと保守性は、国内の中間集団にとって最大公約数的なシンボルでもあり、これを経由した政治的分野での「支持の政治」が展開されてきたと考えることもできる。すなわち、マジョリティの大部分が合意しうる街区の「歴史性」を官民共同の施策によって創出し、また誰もが賛同する「安全・安心なまちづくり」というフレーズによって、与党と行政、そしてマジョリティの一体性は反復され、再強化されてきた。

この局面において、ステレオタイプと懐古主義に彩られた都市のイメージが「全国的」水準で氾濫するというシニフィアンの過剰は、マジョリティの共同性を表象的な水準において保証するものとして捉えなければならない。ここでの過剰は、現実の都市における分断と異質なものの浸食に抗して、「日本人」が必要とする連帯の結節点として同化的に作用してきた。そして同化的でない外国籍住民の増加や、アッパークラスとアンダークラスの乖離といった、都市を構成する市民間の分離が明らかとなったゼロ年代の政治的状況において、懐古主義、そしてナショナルなものへの憧憬は、「官民協働」で行われた認識上の抵抗であった。

かつてボードリヤールは、アメリカ自体が高度産業化社会となったことで画一化されたテーマパークと化したことを忘却するために、誰もがステレオタイプの「お伽噺」だと認識できる、あの遊園地が求められてきたのだと論じた。「ディズニーランドは、それ以外の場こそすべて実在だと思わせるために空想として設置された。にもかかわらず、ロサンゼルス全体と、それをとり囲むアメリカは、もはや実在ではなく、ハイパーリアルとシミュレーションの段階にある」（Baudrillad 1974＝1984：18）。しかし、ゼロ年代日本で行われた「安全、安心」で、かつ懐古主義的な「まちづくり」の演出は、決して「実在」としての地域がシニフィアンの彼方へと離散してしまったことを隠蔽するものではない。ここで語られなかったものは、国境線内部での絶えざる分離と分断であり、ボードリヤールの時代から後にクリスティーヌ・ボイヤーが論じたとおり、「ステレオタイプなイメージへの依存は、〈生きられる都市〉の複雑さや微妙なニュアンスを消去する」ために作用している（Boyer 1996＝2009：154）。だからゼロ年代日本における都市イメージの氾濫と「体感治安」改善の希求は、「無秩序」に抗する直接的施策というよりは「無秩序」から安全な距離をとり、「生きられる都市」の分離・分断から視線をそらすための避難的措置として実施されてきたのだとも思われる。

懐古主義、そして国民国家と地域

「日本人」が合意しうる「安全・安心なまちづくり」と「都市再生プロジェクト」の交差点において、しばしば街区の「歴史性」はナショナルなものと結び付けられ、「日本的」街区を取り戻すための運動として展開されてきた。歌舞伎町の場合であれば鈴木喜兵衛が志した「顔の見える」「道義的な繁華街」の理念として、京都市木屋町の場合であればより直截に「悠久の歴史」と「日本人の共有財産」として、ローカリズムはナショナリズムを下支えし、その必要条件として「安全、安心」な街区の復興が求められている。

ベネディクト・アンダーソンを引き合いにだすまでもなく、こうした記憶と物語を媒体とした共同体の創出は、国民‐国家のハイフンを接合させるものとして作用してきたが、ここで注意しておきたいのは、懐古主義と筋の通った物語のあり方は、過去の対立・係争を忘却することで成立することが可能なものであったということである。エルネスト・ルナンは名高い国民‐国家についての講演で国民とは「共同生活を続行しようとする合意であり、欲望」であり、また国民の存在は「日々の人民投票」であると隠喩的に表現したが（Renan 1882＝1997：62）、ここで重要なのは、ルナンにとって国民‐国家の創出はその起点における内戦と分断の「忘却」にあったのであり、ナショナルなものの起点における国家内部の対立は「忘却、歴史的誤謬」によって、なかったかのように振る舞わなければならないという点にある。歴史学に依拠するのであれば、そもそも国民‐国家としての日本の始点は本居宣長の生きた江戸末期から明治初期にあるといわねばならないが、しかしそのことを忘却せずして「悠久の歴史」をもつ京都の伝統が、どうして「日本人」の「魂」と接合できるというのか。また、近代国家の枠組みにおいて、常に傍流に置かれてきた京都のコリアン・タウンや部落の歴史、あるいは戦前の「京都学連事件」を忘却しなければ、どうしてこれを「日本人の魂の故郷」として称揚できるのか。

物語を創出する際の根底的な対立の消去は、今日の街区においても生じている。そこでは「無秩序」として客体化された人々は、「住民」とは厳然と区別される共同体にとっての余所者であり、そうした人々の物語は決して国政的、地方政治的水準における街区の編成に組み入れられることはなかった。そうした余所者に対する未然の警戒が本当に「善きこと」であるのか否かは、ここでは問わない。そうした判断は純然と立場に依拠するものであり、マジョリティの観点からはおそらく望ましいことであり、「無秩序」とされた者の視点からは望ましいといえるはずもない。ここでは街路というパブリックなものに対する決定が、その決定の前提部分においてすでに「住民」を区分し、主体／客体の分節を含みこんだものとして成されてきたことを確認しておきたい。こうした「住民」の区別は、国民‐国家が常に保持する自国民と外国人、あるいは一級市民と準市民の境界設定と近しい機制をもって、国境線の内部に新たな境界を引き直している。

（2）「犯罪的なもの」の境界線

新保守主義と排除型社会

最後に本節では、冒頭に述べた問題設定の二点目、政治性についての考察を行うこととしよう。ここまでみてきたように、国政的水準においても地方政治の水準においても、ゼロ年代日本における犯罪政策が保守主義－コミュニタリアニズム的傾向を保持していることは明らかなように思われる。歌舞伎町の場合であれば言葉の厳密な意味における保守主義というよりは懐古主義的傾向が強く、京都市の場合であればナショナリズムの香りはより濃いものだといえるが、これらはいずれにせよ、ゼロ年代日本の犯罪政策が保守本流を標榜する自民党によって牽引されてきたことを念頭におくのであれば当然のことだともいえる。

現代日本の犯罪政策は前章で確認したとおり、（1）地域の連帯を強調し、（2）道徳性に訴えかける傾向が強く、（3）社会と国家の一体的な取り組みを求めるものであり、その施策の対象は外的には国境線の管理強化を、内的には空間の整除を志向していた。こうした傾向は大雑把にいえばいわゆる「新保守主義（Neo-Conservatism）」だということになろうが、しかし政治的概念としての「新保守主義」は曖昧な用語であり、地域的状況の差異によって異なる意味が含まれがちである。そもそも「新保守主義」は経済政策的には市民給付行政における「小さな政府」を志向することで国家が社会的部門から撤退すると同時に（これは開発主義や軍事支出の拡大とは必ずしも矛盾しないため、結果としては「小さな政府」をもたらすとは限らない）、しかし規範的次元においてナショナリズムや伝統主義的言説を多用することで国家が社会に多大な介入を試みるという二律背反的状況を指すものとして用いられてきた。一方で「新自由主義」[32]により社会内の階級格差を拡大させると同時に、これを補完し社会の統合点を形成するための「新保守主義」。こうした新しい経済的右派運動と社会思想的右派運動の連携はこれまでD・ハーヴェイらによって指摘されてきたとおりであり（Harvey 2005＝2007）小泉政権以降の与党は明確に新自由主義的な経済政策を用いてきたことを思い返すのであれば、ゼロ年代日本の犯罪政策がしばしば「個人主義」や「消費社会」に苦言を呈してきたのは皮肉なことだともいえる。

ジョック・ヤングは八〇年代以降の英米において、レーガン&サッチャーの「新自由主義」は社会内の格差を増大させると同時に、犯罪に対する「強い」国家を標榜することで移民層や経済的下層階級に対する摘発を強化し、「排除型社会（exclusive society）」への道を選択したと論じているが（Young 1999＝2007）、こうした傾向はゼロ年代の日本においてもある程度まであてはまる。例えば小泉構造改革以降、全体の公務員数は一貫して低下しているのに対して警察と入管部門の職員は増員されており、例えば二〇〇一年から二〇〇七年にかけて地方警察官は合計二万四二三〇名の増加が報告されている（警察庁 2009：192）。またこれまでみてきたような犯罪政策の強調は「排除型社会」の兆候を示すものだといってよい。しかし、英米における犯罪政策が移民政策と強い結び付きをもち、字義通りの「排除型」政策としての性質をもっているのに対し、ゼロ年代日本における犯罪政策は、そうした傾向はあるものの目標としては「排除」それ自体よりも「国民的」な社会統合を確保し、政権の支持基盤を固めようとする狙いがあったものと解釈すべきだろう。

犯罪への強い姿勢と「官民一体」への強調は、日本の場合、街区における特定の歴史性と結び付けられることで、少なくとも都市部においてはアイデンティティ・ポリティクスの要素も持ち合わせていることは先にも指摘した。守るべき公的な歴史や街区を定め、その公的な境界線を「不良外国人」や京都の伝統的景観に反するものの内側に向けて引くことで、本来の意味におけるパブリックなものはその「公共性」を語ることのできる、あるいは賛同することのできる特定の私的領域に切り縮められ、ここにおいて人口集団に対する二分法的分割が成立することとなった。こうした典型的な内集団と外集団の区別は、例えば京都市の場合であれば「日本的なもの」に対する「常識」的価値判断によって社会的統合は可能ならしめられてきた。そうだとすれば、こうした犯罪政策における境界設定は、「新保守主義」とサッチャリズムの研究で知られる政治学者の豊永郁子が「支持の政治」と呼んだものの領域に足を踏み入れていると考えられる（豊永 2008：6-11）。

多数者の政治と文化

「支持の政治」とは当該社会のマジョリティを構成する人々にとって合意可能なシンボルを媒体として政治的動員を行おうとする正統性の調達法であり、サッチャリズムであれば、例えば「持ち家」「持ち株」といった資本の所有をメルクマールとして「普通の人々」としての「ピープル」を括りだし、これと「福祉生活者」を区別することで社会保障部門の縮小を実行しようとするような政治的動向に現れている。日本の場合、エスニシティとナショナリティとの摩擦は英米と比べれば相対的に少なく、それゆえ日本的なものと「ピープル」の同一化は広範に受け入れられがちであるが、日本における「新保守主義」の先駆者であった中曽根首相はこの点を十分に理解しながら、ゆるやかなナショナリズムに基づく「文化的共同体」の構築に成功したのだといえる。中曽根以降、グローバル化の進展した状況下において小泉・安倍首相らはより意識的にナショナリティを強調することで「支持の政治」を推進してきたが、こうした「常識」に基づく社会的統合の方法として、当時もっとも適合的なもののひとつは「犯罪的なもの」に対して（犯罪それ自体ではない）、社会は防衛しなければならないとの掛け声であった。しかも社会の防衛は国家によって夜警的にのみ行われるわけではない。社会は、社会によって防衛されなければならない。

ここで重要なのは、「犯罪的なもの」のカテゴリーを決定するのは、決してすべての社会的成員による意思の総和ではなく、ましてや一般意思でもない、特定の「常識」を共有する集団によってであったという点にある。この意味において理念としての公的な空間は私的な空間へと変貌する。そして、その私的な空間はあたかも公的な空間であるかのように振る舞うことによって、社会は防衛しなければならないと宣言するのである。ここにおいて主権

郵便はがき

料金受取人払郵便

山科局承認

128

差出有効期間
平成28年1月
20日まで

6 0 7 - 8 7 9 0

（受　取　人）

京都市山科区
日ノ岡堤谷町1番地

ミネルヴァ書房
読者アンケート係 行

◆ 以下のアンケートにお答え下さい。

お求めの
書店名 ＿＿＿＿市区町村＿＿＿＿＿＿＿＿＿＿＿＿書店

＊ この本をどのようにしてお知りになりましたか？ 以下の中から選び、3つまで○をお付け下さい。

A.広告（　　　　）を見て　B.店頭で見て　C.知人・友人の薦め
D.著者ファン　E.図書館で借りて　F.教科書として
G.ミネルヴァ書房図書目録　H.ミネルヴァ通信
I.書評（　　　　）をみて　J.講演会など　K.テレビ・ラジオ
L.出版ダイジェスト　M.これから出る本　N.他の本を読んで
O.DM　P.ホームページ（　　　　　　　　）をみて
Q.書店の案内で　R.その他（　　　　　　　　）

書 名　お買上の本のタイトルをご記入下さい。

◆上記の本に関するご感想、またはご意見・ご希望などをお書き下さい。
文章を採用させていただいた方には図書カードを贈呈いたします。

◆よく読む分野（ご専門）について、３つまで○をお付け下さい。

1. 哲学・思想　2. 世界史　3. 日本史　4. 政治・法律
5. 経済　6. 経営　7. 心理　8. 教育　9. 保育　10. 社会福祉
11. 社会　12. 自然科学　13. 文学・言語　14. 評論・評伝
15. 児童書　16. 資格・実用　17. その他（　　　　）

〒
ご住所
Tel　（　　）

お名前《ふりがな》　年齢　歳　性別　男・女

ご職業・学校名
（所属・専門）

Eメール

の位置は国家にあるのでもなく社会にあるのでもない、主権は「常識」による境界線設定の中にあり、その限りにおいて「新保守主義」的な「支持の政治」はマジョリタリアニズム、あるいは「多数者の専制（tyranny of majority）」と親和性をもつ。

犯罪政策と都市政策を混淆させ、これに対して既存の中間集団と行政機関による「常識」を媒体とした動員をかけることで「犯罪的なもの」「文化的でないもの」と社会の良民を区別する「支持の政治」。ここにおいて「文化的でないもの」は単に表層的なカテゴリーというよりは、評価的な部分とも関連性をもつものとして理解しなければならないだろう。

そもそも文化はレイモンド・ウィリアムズ以降、「意味付与の体系（signifying system）」として捉えられてきた（Williams 1984）。文化は「別の社会秩序から派生した」付属的カテゴリーではなく、それ自体が社会秩序を反復させる独自のシステムであり、したがって表面的な「美しいもの」「醜いもの」の区分は単なる趣味嗜好の範疇におさまるものではない。表面的な文化のカテゴリーは常に、より深い水準において政治やイデオロギーのあり方を下支えし、ともすれば誰が「敵」であり、どういった姿のものが「友」であるのかを区分するイデオロギー以前の「欲動」を構成してきた（Zizek 1989＝2001）。

社会学者の丸山哲央はタルコット・パーソンズを念頭におきながら、文化の構成要素を「認知的（cognitive）」「表出的（expressive）」「評価的（evaluative）」「実存的（existential）」要素の四つに分類している（丸山 2010）。丸山はパーソンズの構造機能主義を進展させようと試みる立場に立つため、ウィリアムズの分析とは志向性が異なっているが、文化の要素が複数の機能に分節されている点を思い出させてくれる。

「認知的」要素はしばしば形式的に合理化された体系をもち、外的世界を客観的に認識するための概念、例えば科学技術や学説理論の体系のことを指す。そして「表出的」要素はこれよりも情動的、直感的なシンボルの束、例えば映像や風景が含まれ、「評価的」要素には、アンリ・ルフェーヴルが「日常生活批判」で対象としたような慣習的で特定の厚みをもつ価値が含まれる。そして「実存的」要素はより潜在的かつ無意識的な、身体性と結合した観念を形成するが、丸山によると「認知的」および「表出的」要素は相対的に脱文脈的なものであるがゆえに、容易にグローバル化によって伝播しがちであるが、「評価的」「実存的」要素は特定の時空間に分かちがたく埋め込まれているがゆえに文脈依存的であり流動性が低いとされている。

したがって、グローバル化によって表面的に伝播する何らかのアイコンが、常に「グローカル化（glocalization）」としての再帰的な意味の読み替えにさらされるように、「表出的」な文化の要素は常に単独ではありえず、「評価的」要素と不可分の一体を形成しているものと考えなければならない。無秩序として指示された一見すると「表出的」な風景は、その背後に「評価的」な価値判断を抱えているのであり、その評価を共有することのできる集団によって空間の整除が行われがちであったことはこれまで指摘してきたとおりである。

それではここまでの議論を一旦整理しよう。「犯罪対策閣僚会議」と「都市再生プロジェクト」の接続点において行われた「安全・安心なまちづくり」政策は、その具体的内容を空白にしていたため、個別的施策の方針は地方政治の舞台で決定されることとなった。「犯罪対策閣僚会議」は主として「体感治安」の向上を目標とし、「都市再生プロジェクト」は観光部門の振興にとって「世界一安全な国」のイメージを不可欠のものとして定めてきたが、こうした国政的水準における問題関心は、「日本人」あるいは「日本的」な関係性を良しと定める「常識」によって、地方政治の分野ではしばしば懐古主義的な街区のイメージとともに具体的な施策として結実することとなった。

ここにおいて、内的な国境線は二重に引かれている。従来の法的な国境線に加えて、「常識」による「支持の政治」を通過した規範的境界は同一方向に引かれたものではなく、縦と横に引かれたマス目として、新たな国民－国家の定義を指し示しているかのようだ。だからこそ「犯罪対策閣僚会議」におけるボーダーコントロールの強化と、

「都市再生プロジェクト」における国境線の緩和（海外旅行客や移民に対する）は、矛盾なく接合されてきたのであり、自国民・他国民といった区別よりも、今日では善き国民と真面目な外国人労働者、あるいは観光客をひとつの人口集団として構成し、そのような人々に対しては歓待が行われなければならない。これに対して「無秩序」としての集団は整除の対象でありながら、善き国民が共通に取り組むべき課題としての結束的な働きも担わされている。

注

（1）本章では右派－左派を日本語的意味ではなく、経済配分のあり方をめぐる立場の差異として捉える本来的な用法として用いる。したがってここでの右派とは国家による経済介入を最小限のものにとどめ、社会保障の多くの部門は民間あるいは自助努力に求めるべきだとする、例えば新自由主義者のことを指し、左派とは反対に機会の平等と経済的再配分を国家が担保すべきだとする福祉国家論者などのことを指すものとする。したがって左派にはマルクス主義者から福祉国家論者まで（マルクス主義者からすれば「改良主義者」）が含まれることになるが、もちろんシチュアシオニストはマルクス主義的でありながら、アナキスト的傾向ももつニュー・レフトの一派であり、厳密には「左派」とひとくくりにしてしまえるものではない。

　また、リベラルとコミュニタリアンは語の正確な意味においてはロールズとサンデルの立場的差異を念頭におくべきものではあるが、ここではより広義の意味として、リベラルを特定の価値観に従属すべきか距離をとるべきかは個人が決定すべきことであると考え、これに共同体や国家の価値判断を優先させるべきではないとするJ・S・ミル以降の立場を継承する人々のことだと捉え、これに対してコミュニタリアンは個人が文化や伝統から自由でありえないことを強調し、したがって共同体のもつ肯定的な作用により注目するエチオーニやパットナムなどのことを指すものとする。しばしば左派はリベラルと、右派はコミュニタリアニズムと親和性をもつ傾向はあるが、しかしこれらは水準を異にする概念であり、当然右派的リベラル（ミルトン・フリードマンなど）や、左派的コミュニタリアン（古くはフェルディナンド・テンニース）といった概念類型もありえる。

（2）空間がそれ自体で政治である、との命題をルフェーヴルはとりわけ『空間と政治』において明言している。この点については篠原雅武が詳細なテキスト・クリティックをすでに行っており屋上屋を架することはしない（篠原 2007）。さて、ここで引用したように、ルフェーヴルはミシェル・ド・セルトーのような用法で「戦略」という語を用いているが、もちろん意識したのは後に生を受けたセルトーの側であっただろう。六〇年代から七〇年代にかけてのフランス思想において、ルフェーヴル、フーコー、セルトー、ドゥボールらシチュアシオニスト（Situationniste）はそれぞれ重要な役割を演じるとともに、共鳴的な関係にあった（必ずしも直接的ではない、ルフェーヴルとシチュアシオニストは六〇年代には密接な関係にあったが後年は距離をおき、セルトーはフーコーを意識したと言明しながら、ルフェーヴル的な発想をする場合がある、そしてフーコーとルフェーヴルはといえば、およそ直接的な交流は皆無であった）。これら四者の星座的布置連関については稿を改めて考察する必要があるが、本章ではフーコーを主に念頭におきながら議論をすすめ、そしてルフェーヴル的な包括的発想とフーコーの具体的な業績は方法論的に異なるとはいえ、その内容は必ずしも相容れないものではなく、両者ともに共鳴しあう地点があることに注意を促すこととしたい。

（3）「大都市の魅力ある繁華街再生のための連絡調整会議」の「議事要旨」より。警察庁生活安全局生活安全企画課長が閉会の挨拶として「国、地方、警察が顔を合わせて会議するということ」が初めてのことである旨に言及している。

（4）「大都市の魅力ある繁華街再生のための連絡調整会議」の「趣旨、目的など」レジュメより。

（5）周知のようにマックス・ヴェーバーは「名望家」を次のように規定している。名望家とは「1、彼らの経済的地位の故に、ある団体で、報酬を受けることなく、あるいは名目的または名誉的な報酬を受けるだけで、指導や行政の活動を、継続的に、副業として行うことができ」「2、高い社会的評価――これが何にもとづいているかは問わない――を受け、その結果、形式的な直接民主制によっては、仲間の信頼によって、――最初は自発的に、遂には伝統的に――官職を保有するチャンスをもっているようなひとびと」であるとし（Weber 1956＝1970：189）、こうした人々は原則的には十分な「余暇」をもつ場合が多いと指摘されている（典型的には地方貴族や引退した実業家、土地利権生活者のことであると考えられる）。

（6）本会議は二〇〇五年十月二十七日、横浜第二合同庁舎で行われたものであり、「都市再生プロジェクト」および「犯罪対策閣僚会議」の関連会議として位置付けられている。本会議では駐車・駐輪問題から風俗店への規制強化、官主導の各種イベント推進（ライブイベントや夜市など）といった各地域での施策が紹介されている。

（7）「新宿歌舞伎町を始めとする全国の繁華街から暴力団や外国人犯罪組織を排除し、健全なまちに再生するため地元をあげての住民の自主的な取り組みを支援する」との発言が引用されている。本発言は二〇〇五年一月二十一日の衆院本会議における小泉首相の発言であり、引用されている発言の前には「犯罪対策閣僚会議」における「ふえ続けてきた犯罪件数は二年連続して減少しましたが、なお凶悪犯罪は多発しており、市民が安心して暮らすことのできる社会を早急に取り戻さなくてはなりません。来年度、三千五百人の警察官を増員し、空き交番の解消に全力をあげ、世界一安全な国の復活を目指します」との基本的視角を反復する陳述がなされていた。

（8）これらの発言はともに第一回歌舞伎町ルネッサンス推進協議会の議事録（二〇〇五年一月十七日）から引用した。

（9）一九六三年二月八日衆院法務委員会における発言。本法務委員会では「暴力行為等の防止」に関する検察行政が検討されており、参考人として裁判所職員や商店街代表者らが招致され、「ぐれん隊防止条例」などへの意見が述べられている。

（10）二〇〇六年一月二十七日、第三回歌舞伎町ルネッサンス推進協議会議事録より、本発言は新宿区長中山弘子による冒頭の挨拶による。

（11）神島二郎は「国家を中心に、国民的性情の発展のなかに最大幸福の実現を見出し」これによって定められた共同体への「献身行為」を「自己目的化」する心性のことを「欲望自然主義」と呼び（神島 1961：190）、戦中の「中間層」を理解するうえで典型的なエートスの形式であると指摘した。

（12）例えば、一九五四年五月二十六日の衆院法務委員会、堤テルヨの発言は新宿において「ヒロポン」を用いる「売春婦」が多くみられることを指摘するものであった。また、一九五八年二月二十五日の参院法務委員会においては大きく「売春」と暴力団との関係が問題視されており、参考人として招致された「婦人相談員」が新宿における「売春婦」の更生にあたっていると陳述している。

（13）二〇〇九年十月二十九日、第六回歌舞伎町ルネッサンス推進協議会議事録より。東京入国管理局新宿出張所長の発言。前後の文脈は、歌舞伎町ルネッサンスが稼働した時点と比較して、引用したような「街娼」は少なくなりつつあると指摘するもの。

（14）前掲の会議議事録より。歌舞伎町商店街振興組合理事長の発言。下記にある「外国人観光客も含めておもてなし」をするべきだとの言も同じ発言中より。
（15）立教大学ビジネスデザイン研究科教授。彼の研究は元来中小企業に視座を置いたものであり、会議での発言は主として中小企業や商店による「ものづくり」や「まちづくり」を念頭においたものだと思われる。
（16）以上のやりとりは、二〇〇六年一月二十七日、歌舞伎町ルネッサンス推進協議会議事録より抜粋。
（17）前掲の会議議事録より。前後の文脈はスポーツイベントを通した街区の活性化を推進すべきであり、「ホストクラブの方々」にも参加してもらったと報告するものである。
（18）こうした「顔の見える関係」を志向する語りは協議会議事録において複数観察される。例えば、二〇〇九年十月二十九日、第六回の会議における商店街振興組合理事長による「街を自分たちで綺麗にしなくてはいけないということで、街の秩序の回復を目指そうということで、私は、商店街として、また町会として多くの人たちが仲間に入れるように今活動をやろうとしているところであります」との発言など。
（19）二〇〇五年一月二十七日第一回歌舞伎町ルネッサンス推進協議会議事録、新宿警察署長である原委員の発言より。
（20）新宿区の「生活安全条例」として二〇〇三年六月十九日に可決された「新宿区民の安全・安心に関する条例」がある。本条例の前文には「自立と助け合いの精神に基づき、誰もが安心して暮らすことのできるまち、訪れる人にとっても心から愛着の持てるまち」を形成することを目的とした条例である旨が明記され、「区民及び事業者は、それぞれ自立及び助け合いの精神に基づき、安全なまちづくりのための地域活動を実践することにより、良好な地域社会をはぐくむよう努めるものとする。」（第九条）と定められている。
（21）検挙者数の推移や違反行為の数量に言及する語りは、毎回の議事録に多数みられる。また新宿に入管出張所が設置されてからの「不法滞在者」数の推移や「街娼」の増減を指摘する場合もある。例えば第六回議事録における入管管理局新宿出張所所長による以下の発言。「摘発人員で申しますと、一月から九月までの間に三二〇名、新宿区が四一名ということで、これについて申しますと、一箇所あたりの摘発人員が、開設当初の平成十五年は六・八三人という数があったわけなんですが、現在では非常に減ってきておりまして、今年の一月から九月の数を申しますと、〇・八一人というふうになってまして、これは、裏返しますと、新宿区内での不法就労外国人の数が減ってきていることの現れでないかと思っております」。

(22)第一回「推進本部」会議(二〇〇一年十月十一日)で採択された「犯罪のない安全・安心なまちづくり」決議より。以下全文。

今日の生活や文化、経済は、科学技術の飛躍的な進歩などにより、利便性や物質的な豊かさなど、その恩恵を大きく享受する時代にある。

しかし同時に、その陰で、人口の都市への集中、過疎・過密、核家族化、高齢化など社会環境は大きく変化し、地球もその豊かさを失う中、家族の絆、人々の心の絆はほころび、地域コミュニティなど「人づくり、まちづくり」の基礎となる社会は、その活力を失いつつある。

一方、日常生活においては、児童虐待、DV、児童殺傷、少年犯罪、凶悪犯罪などの事件が多発、また、多くの尊い命を瞬時に奪い去った米国同時多発テロなど、海外においても人々の心を震撼させる事態が発生し、さらに、社会システムの大きな変革、長引く経済不況や雇用環境の悪化等先行不透明な状況とも相まって、京都府民は、心に影を落とし、これまでにない大きな不安を抱いている。

事の善悪の基準となる社会規範や「いたわり」、「やさしさ」、「命の尊さ」などの倫理観は、家族、地域、ふるさとなど、共同社会の中で育まれてきたという原点に立ち、社会を構成する人と地域が全力を尽くすことを基本に、これら地域の取り組みの醸成を図り、行政などがこの活動を守り、支えながら、「心豊かな地域社会」を形成していくことが重要である。

「心の世紀」とも言われる時代にあって、地域や町衆の力による「人づくり、まちづくり」など、人の心の絆を大切にしてきた京都の歴史に学びながら、「日本人の心のふるさと」といわれる京都ならではの取り組みを展開し、「安心・安全な地域社会」を築いていくことも重要である。

今ここに、京都府民が直面する、犯罪など様々な不安を取り除いて、「心」を大切にした「安心・安全なまちづくり」を推進するため、「京都府犯罪のない安心・安全なまちづくり推進本部」を設立し、地域における防犯機能の回復、地域の安全活動を支える基盤や環境の整備など、府民、行政、警察とが協働、連携しながら、新しい時代の京都の安心・安全に向けた様々な取り組みを展開する決意を相互に確認し、決議する。

(23)いわゆる京都市の「新景観条例」は旧来からの中間集団を母体とした政治的圧力団体と、これに反発する建築、看板業者の対立を経て、〇八年の京都市市長選で大きな争点のひとつとなった。こうした地域政治的経緯をまとめた先行研究は少ないが、一連の京都市における景観政策や新景観条例について整理した文献は多い。例えば、森本幸裕（2009）や門内輝行（2007）、分権条例研究会（2002）など。

（24）こうしたローカリティと「真正さ（authenticity）」のフィルターを通した物品の消費について考察する議論は多い。例えばクリスティーナ・グラッセニは地域の特産品としての「本物の味」の創出は他の雑多な画一化された商品から自身を差異化する特徴があることを指摘している（Grasseni 2003）。

（25）二〇〇五年十一月九日「京都創生推進フォーラム」の開会あいさつ。発言者はフォーラム代表であり、商工会議所代表の村田純一。

（26）同日「京都創生推進フォーラム」、桝本頼兼京都市長による発言。この後、観光都市としての税収、集客性低下を危惧する発言が続く。

（27）二〇〇七年二月二十五日京都新聞朝刊。「『十分な説明ない』京のマンション住民ら」との見出しのもとで、マンション住民らによる千人規模の集会が行われたことを報じている。

（28）二〇〇五年十一月九日「京都創生推進フォーラム」における桝本頼兼京都市長の発言。「地元選出国会議員の皆様の力強い御支援の下、本年五月には自由民主党、公明党の百名を超える国会議員の先生方により、また、本年六月には民主党の四〇名を超える国会議員の先生方により議員連盟が設立され、活動を開始していただいております。誠に心強い限りでございます」。また、実際の中間集団における会議等での発言でも、与党の当選を望む声は多く聞かれる。

（29）政治的にはマイノリティとして出発し、開発主義などに抵抗する住民自治運動と、そもそも行政主体の意向を実現するために組織されたマジョリタリアニズムは当然区別されるべきである。前者の住民自治運動の理念については、例えば安藤元雄（1978）に詳しい。安藤はそうした住民運動を「基本的人権の理念に照らして、地域における社会的合意形成を方法的にやり直せと要求し、その要求を通じて地域住民自治への希求を表明する」ものだと論じている（安藤 1978：43）。

（30）二〇〇八年に配布された大阪の「宗右衛門町リファイン23プロジェクト」パンフレットより。宗右衛門町でも歌舞伎町と同様に、行政と地域の主要な事業主によって構成される街区の「活性協議会」が設置され、行政・警察・一部地域住民らによる「安全・安心まちづくり」事業が実施されてきた。

（31）岩渕功一は、テレビメディアにおける「日本人的なもの」の差異化をナショナルなものの「スペクタクル化」と呼び、「西洋のオリエンタリズムによって規定されたものであるとともに、日本もそれを巧みに利用してセルフオリエンタル化」を進めてきたものだとして把握している（岩渕 2004：312）。

（32）新自由主義もまた多様な用法で用いられ、フーコーが指摘したような戦後ドイツにおける初期的形態とフリードマンが主張する経済政策との間には一定の乖離がある。また経済的な学説としての新自由主義が実際の政治に援用されるにあたって、これには様々な俗流の解釈も付け加えられ、「民営化」を強調するのか、社会保障部門の縮小を意図するのか、単に累進性の課税率を引き下げるのかといった具体的政策の取り方においても「地政学的不均等」が存在する（Harvey 2005＝2007）。

第五章　自主防犯団体と街区の創出

1　はじめに

国政的水準における政策と地方政治の志向性を受けて、ゼロ年代半ばから各地では個別具体的な「自主防犯団体」が設立され、第四章でみたような「国家と社会の一体的取組」が推進されてきた。二〇〇三（平成十五）年には三〇五六団体であった「自主防犯団体」の登録数は、二〇〇九（平成二十一）年末の時点で四万二七六二団体となり、警察庁に登録されている団体数はわずかな期間に急増している（警察庁 2009：106）（および図5-1）。その構成員数は、ゼロ年代の終わりには二五〇万人を超えるものとされており（ただし、これはあくまで名簿上の話であって実働人数ではない）、また団体の活動範囲も全国の隅々までをカバーするものであるといえよう。

第二章で概観した「環境犯罪学」、とりわけ「割れ窓理論」の理念が多くの自治体においても援用され、各種審議会や報告書類に「無秩序」に対する住民と警察の総合的な施策がなされるべきことを指示する声は高まっているが(1)、まずはこれら「自主防犯活動」の理論的背景に、このような「割れ窓理論」およびコミュニタリアニズムの理

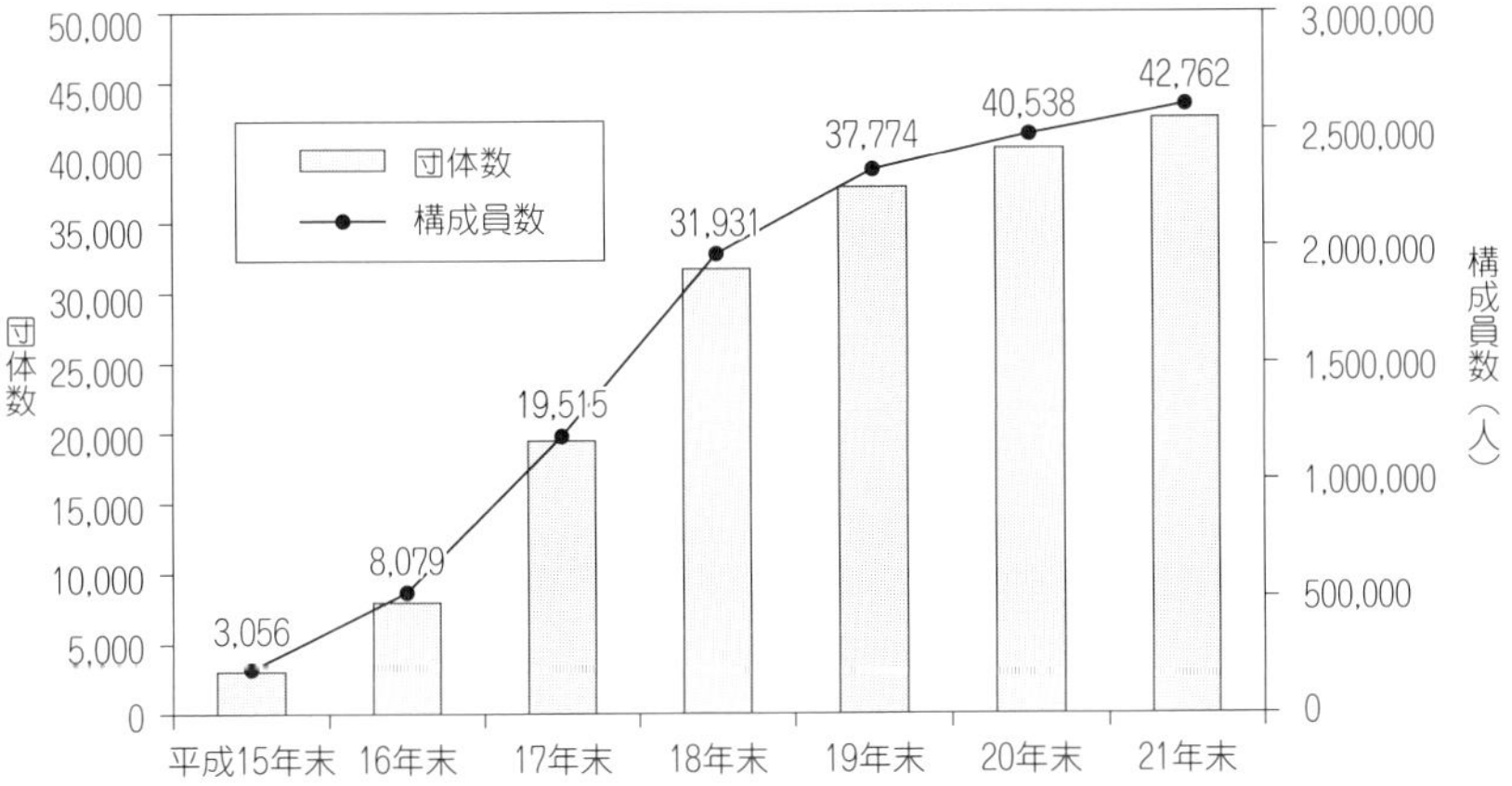

図５－１　防犯ボランティア団体等の推移

（出典）警察庁（2009）「自主防犯活動を行う地域住民・ボランティア団体の活動状況について」〔報告書〕より抜粋。

念が広範に観察されることを再度確認しておきたい。

さて本章では、「自主防犯活動」の急増を、ゼロ年代犯罪政策の一部分として位置付け、京都市繁華街における事例をデータとして用い、マクロな水準で推進されてきた政策が、現場水準においてどのように成されてきたのかを報告する。それというのも日本における「自主防犯活動」は、これまでの章でみてきたとおり国政・地方議会や地方自治体、警察関係者など、党派政治および官僚制機構の中において概ね肯定的に評価されてきたのであるが、その一方で欧米での研究では第二章でみたようにいくつかの疑義も提出されてきた経緯がある。しかしながら、日本において具体的事例を念頭におきながら展開された社会学的研究は未だ少なく、先行研究の批判的知見を念頭においた議論が十分になされてきたとはいいにくい(2)。

こうした状況において、フィールドのデータを用いながら事例報告を行う意義は一定程度あるものと考えられる。本書での問題関心はもちろん広義の権力論や監視社会論と結び付きうるが、この章では自主防犯活動を一足飛びに監視社会論などと結び付けるのではなく、その前段階の議論として「犯罪的なもの」の選定がどのように行われているのかをフィールドのデータから検討することで、自主防犯活動への一考察を提示することとしよう。もっとも、筆者はＤ・ライアンらによって主導されてきた流行の監視社会論とは別の角度から、これまで議論を展開してきた。したがって、本章での議論は監視社会論に接続することも可能であろうが、本書における議論では、それは行わない。その理由については第六章で言及する。

さて、これまでの章においても言及してきた論点を再度確認しておくと、自主防犯活動あるいは、警察と地域住民が協働して「犯罪的なもの」への警戒にあたるべきだという理念に対しては、次のような論争点がありうるものと考えられる。

まず大前提として、そもそも地域住民などを主体とした自主防犯活動は、犯罪それ自体への事後的な摘発を目的としたものではなく、街区の秩序を保つ、もしくは「体感治安」を引き下げるために組織された「犯罪的なもの」に対する予防的措置であるため、その警戒対象は一義的に規定されているわけではなく、恣意的なリスクの選定がその前提部分に挿入されていることに注意したい。したがって多くの議論は誰が警戒対象としてのリスク要因を選定するのか、そこに権力関係が影響を与えうるのかといった論点を指摘している。これらの点は前章までで検討した部分と重なる部分もあるが、もう一度簡単に概観しよう。

第一に、犯罪への予防的措置は、何が「犯罪的なもの」であるのかの定義を恣意的に下さざるをえず、その決定過程が社会資本などの多寡に対応することによって、マイク・デイヴィスなどのＬＡ学派が指摘するような権力格差をもたらす（Davis 1990＝2001）。もしくは移民や人種に対する抑圧的政策と親和性があるといった議論がある。ニール・ウェブスダールは「犯罪的なもの」に対する警戒の宛先は白人よりも黒人に向かいがちであり、自主防犯活動の代償が不均等に分配されていることを指摘し（Websdale 2001）、またデヴィッド・ベイカーもカナダの事例を援用しながらこれと同様の論点を提出してきた（Baker 2006）。こうした批判は既存の社会的権力関係が犯罪警戒の分野において反復されていることを指摘する、いわば自主防犯活動に対するヘゲモニー批判であると捉えてよいだろう。

第二に、自主防犯活動は期待されるような効果を上げにくく、実際の犯罪抑止には繋がらないのではないかといった議論もある。例えばスティーブ・ハーバートは、警察組織が本質的にもつ閉鎖的な官僚制の構造が、地域住民と警察の連携に悪影響を与えているといった論点に触れ（Herbert 2006）、またバーナード・ハーコートは必ずしも自主防犯活動それ自体にではないが、これの理論的支柱としてしばしば採用される「割れ窓理論」の実効性に強い疑義を投げかけている（Harcourt 2001）。こうした議論は、「犯罪的なもの」に対する予防的措置の機能不全を中心とした批判であり、より実証的な側面が強い。

本章では前者のヘゲモニー、あるいは権力性批判を念頭におきながら議論を進めることとするが、これは具体的な施策の考察を抜きにしてはありえず、当該地域の時代的・地域的特殊性を踏まえて「自主防犯」活動がもちうる問題点について提起する必要がある。移民や人種問題が比較的顕在化しやすい北米地域での批判をもって、ただちに日本の「自主防犯」活動を批判することは当然できず、以下では「犯罪対策閣僚会議」などの施策において「モデル地域」として認定されてきた、京都市繁華街の事例を念頭において議論をすすめていきたい。本章での問いは次の点にある。

すなわち、犯罪の予防的措置と社会的な排除や権力性の問題が、仮に密接な関係にあったとして、それらはどのように結び付いているといえるのだろうか。それというのも自主防犯団体に参与する人々が、「不審者」や「いかがわしい店舗」を直接的に監視・排除しているとは、少なくとも現場の観点からすればほとんどいえず、その点からすれば移民排斥政策と、ある程度顕在的な結び付きがある北米地域での施策とは異なり、明白な排斥運動をここに認めることは困難であるからである。むしろ排除が実施されているとすれば挨拶の徹底や「お願い」のような包摂を媒体とした、ゆるやかな排除を観察するほうが妥当であるだろう。だが、そうであるとしても、そこで一体何が「無秩序」だと規定され、「お願い」の対象となっているのだろうか。つまり、「正常／異常」を分かつ境界線がどのように構成されているのかを問うことが重要な課題として現れているのではないだろうか。

2 自主防犯団体活動の沿革

（1）諸団体の分類整理

具体的事例の分析に入る前に、「自主防犯活動」に対する総論を明らかにしておかなければならない。日本における「自主防犯団体」は、全く新たに新設された組織や集団であるわけではなく、これまでも指摘してきたとおり、町内会や自治連合会、ＰＴＡ、ロータリークラブを主たる基盤として、これらの団体に施策の方向性を与えたものが大部分である。新設された団体としては大学サークルによる防犯活動や愛犬家による同好会サークルが「防犯パトロール」を実施する事例がもっとも広範に観察されるが、これも既存の町内会における防犯協会や警察署と連携し、また最低限の活動費を公的資金から得ているものが大半であることから、既存の中間集団および官僚制機構と一定の関係にあるものと把握されうるだろう。

したがって、例えばインターネットを経由して集まるサークルのように、既存の制度および組織との関係が薄い流行現象としての集団の急増が今日生じているわけではなく、「自主防犯団体」の増加は、既成集団に新しい方向性が付与されたものと考えるべきである。

また、町内会などの中間集団とは別に、明確な利益集団であるところの警備会社、あるいは監視カメラや錠前などを製造する防犯製品の業者など、民間の警備・防犯業者も従来から観察される警察庁との連携を強化し、これら「自主防犯活動」の推進に人的・経済的資源を提供していることから、「自主防犯団体」の周辺には、（1）地方行政の職員、（2）都道府県別の警察本部が直接的な窓口として設置され、さらに間接的には（3）国政水準の政策、（4）防犯・警備業者の利害が、明示的な繋がりをもつものとして配置されていると考えられる。

さて、この点を念頭におきながら日本における「自主防犯」あるいは「地域防犯」団体の種別は、おおむね以下の四つに大別することができる。

第一に、本書で概観してきたような「犯罪対策閣僚会議」および「都市再生プロジェクト」の意向を明確に受け、各地方自治体が主要都市や繁華街において、観光政策とも一体化しながら進められる「安全・安心なまちづくり全国展開プラン」の「モデル事業」があげられる。本章で取り上げる京都市木屋町の事例や、あるいは第四章で指摘した歌舞伎町や宗右衛門町の事例がこれである。こうした「モデル事業」は二〇〇五年の『警察白書』で紹介され（一〇地域の事例が紹介されている）、以後主として内閣府、国土交通省、警察庁、そして政令指定都市市長会を中心として事業の推進が行われてきた。これらの事業に対しては、官僚機構および地方行政の意向が何らかの影響を与えている場合が普通であり、それぞれの地方行政の状況に応じて、どのような文脈が存在しているのかは個別に判断されなければならないだろう。確固とした組織や制度を背景にもちながら、「産官学」と地域中間集団の連携によって推進される、こうした「自主防犯活動」の形態を、暫定的に「官僚制 - 中間集団型」のものと名付けておこう。[3]

第二に、主として郊外の住宅地や地方の非政令指定都市において展開される、数の上では大部分を占めると思われる団体の活動がある。これらの活動に対しては、二〇〇五年より警察庁生活安全課によって開設された、「地域安全安心ステーション事業」が直接的な援助を行っている場合がある（八〇〇事業が指定地区として認可されている）。この事業は国土交通省による「都市再生プロジェクト」とは間接的にしか関係がなく、専ら「犯罪対策閣僚会議」および「安全・安心なまちづくり全国展開プラン」といった国政水準の出来事を受けて警察庁が編成したものである。こうした「地域安全安心ステーション事業」および、事業認可はされていないものの同様の活動を行っている集団は、上述の「モデル事業」を参考にし、また都道府県や政令指定都市が開催する各地の「安全・安心まちづくり大会」において「モデル事業」の推進主体と交流している点において、第一の類型と密接な関係にあるものと考えられる。これらの形態をここでは「中間集団型」のものと呼ぶこととする。

第三に、「中間集団型」の形態と同じく「地域安全安心ステーション事業」に指定を受けている場合もあるが、その活動範囲は明らかに小学校の学区単位であり、また活動内容も児童の「見守り」にほとんど限定された活動がある。これは主としてPTAおよび小学校教諭を主たる参加者としながら町内会集団の参加者も含まれうる、児童の登下校に対する防犯活動であり、国土交通省や警察庁と全く無関係ではないが、それよりも文科省の指導を多く受けたものである（国立教育政策研究所文教施設研究センター 2009）。学校施設を中心とした安全対策を目的とする、こうした活動を本章では「中間集団‐小学校型」のものと呼ぼう。

最後に、大学サークルや、例えば愛犬家の散策同好会を兼ねた防犯ボランティア活動を含む、同好会集団を中心とした団体がある。こうした団体は数の上では「中間集団」型のものよりも相当少ないものと推察されるが、一部の都市ではその存在が観察されうる。このような団体は主として友人関係のネットワークを広げることや強化することを目的とし、日常的なライフスタイルに基づいたものであり、それらを結び付ける共通のシンボルとしてペットなどに加えて「地域社会への防犯を通じた貢献」が指定されているものと推察できるだろう。こうした集団の形態を「同好会型」のものとしておく。

さて、もちろんこれら四つの類型は、それぞれ重なり合う部分もあり厳密な意味でのカテゴライズがなされているわけではない。それぞれの類型は、中心目的とする施策の方向性が異なっており、また参加者層にも偏りがあるものと考えられる。すなわち、「官僚制‐中間集団型」のものは、観光政策や都市計画と強い結び付きがある場合があり、主として商業地や観光地の振興を問題関心の背後においているものが多い。これに対して「中間集団型」のものは、「官僚制 - 中間集団型」の施策を参考にしながらも、地域社会の「安全・安心」を求め、また何よりも既存の人的ネットワークを維持あるいは強化しようと試みる場合が多い。

（2）防犯団体のメンバー

次に「自主防犯団体」の成員構成であるが、一般的に中高年の日本人男性を主体としたものが多く（ただし、「中間集団 - 小学校型」は女性を主体とする場合がある）、本章における京都市の事例も同様である。「自主防犯団体」の構成員すべてに対する詳細な大規模調査は実施されていないことから、確実な人口比率を算出することは困難だが、二〇一〇年までに警察庁が団体リーダーに対して行った調査(4)によると、リーダーが男性である割合は九四・五五％と圧倒的に多い。年齢については七十代以上がもっとも多く四三・八％、次に六十代が三三・七％であり、したがって職業は無職の年金生活である場合がもっとも多数だが（四一・四％）、「経営者・自営業」も三一・三％と多い（警察庁 2010）。

また、活動に参加したきっかけとしては「町内会・自治会の関係」が最多の五一・四％であり、次いで「防犯活動を見聞きして活動に関心を持った」が三五・三％、そして防犯団体の存在を知った契機としては「警察や自治体を通して」が四五％でもっとも多数であり、次に「自治会やＰＴＡ、近隣の人を介して」が三三・五％であった。

この調査は児童への「見守り」活動から都市部の防犯パトロールまでを含んでいるものであるが、総論として「自主防犯活動」は自治会や町内会、ＰＴＡを基盤としたものが大多数であり、そのため町内会長など中間集団における年長者や、地域社会の中心的人物（自営業者や会社経営者）である日本人男性がリーダーを務めるケースが多いということはいえるだろう。同様の指摘は、二〇〇八年に吉原直樹らが行った東北地方における調査でも確認されており、ここでも町内会あるいは連合町内会が「自主防犯団体」の主たる母体となっていることが確認されている（東北都市社会学研究会 2008：48）。

また、しばしば指摘されるとおり、こうした「自主防犯団体」の参加者は「犯罪問題」に対する深刻な危機感を保持しているわけではない。一般論として「地域社会の犯罪動向」が悪くなっていると回答する場合は当然高いが（自己の参与する団体の目的前提を否定する人間は少ない）、それが深刻な意味での、いわば「明日にでも犯罪に巻き込まれるかもしれない」といった水準での不安感を保持する人々はほとんどおらず、事実、防犯活動中に犯罪に巻き込まれているわけでもない(5)。

また、「自主防犯活動」の主たる目的は犯罪抑止であるはずだが、実際には多くの団体において主要な目的と自覚されているものは周囲の人間関係の強化であり、例えば、「防犯ボランティア活動に参加したことで、地域との関係は変わりましたか（複数回答）」との設問において、突出して多いものは「感謝されるようになった」（七七・六％）「知り合いが増えた」（七六・四％）の二つであり、具体的なボランティア活動の「効果」についても、「子どもたちの安全確保に役立っている」（八九・一％）は確かに多いが、同様に「地域の絆や連携を深めることに役立っている」（七二・八％）も多数である。

実際に「自主防犯活動」によって客観的な犯罪発生率が低減するか否かについては、ここで一義的な回答を出すことはできないし、それは本書の論述課題でもないが、少なくとも明示的に観察されうる事柄は、活動の参加者らにとっては「地域の安全・安心」に寄与する活動だと自覚されているということ、および「地域社会の連携」を強化することに役立っているとの認識があるということはいえる。したがって、総論としていえば「自主防犯活動」の多くはその集団の紐帯を強化し、また高齢化の進む地域社会の中間集団に新たな参加者を取り入れるための標語として、マジョリティが共有しうる「地域社会の安全・安心」を掲げているものだと解釈してよいだろう。

（3）中間集団としての町内会

以上のように、「自主防犯団体」の多くが町内会や自治会を基盤としたものであることを念頭におくのであれば、「自主防犯団体」の分析に際しては町内会に関する先行研究を押さえておく必要があるだろう。本章の目的と関連すると思われる町内会と行政および国家、そして権力に関する研究の蓄積には、主なものとして次のものがある。

まず、秋元律郎は町内会組織がすぐれて「中間集団」としての性質をもち、また行政の意向を地域社会に伝達する機能を保持することから、一義的に当該集団の良し悪しを述べることはできないにせよ、例えば戦中隣組制度の問題などを抜きにして、素朴な意味での町内会組織に対する肯定的評価を行うことは慎むべきことを指摘している（秋元 1990）。

同様の指摘は鳥越皓之も行っており、鳥越は地域住民の判断となる根拠を、（1）個人の体験に基づく「生活知」、（2）地域社会内で育成されている「生活常識」、（3）地域社会外（具体的には国家）からもたらされる『通俗道徳』の三つに分け、秋元と同じく町内会などの地域自治会は、他の集団と比較して「通俗道徳」の影響を受けやすい集団であることを指摘した（鳥越 1994：25-26）。その上で地域自治会内部の意見は決して一枚岩ではなく、しばしばコミュニティ内部において対立や葛藤が観察されうることや、その対立が論理ではなく感情によって左右されがちであること、あるいは対立の全体構造が住民の「生活知」において十分に把握されないまま、重要な決定が成されていく過程についても言及がなされている（鳥越 1994：229）。

さらに、上田惟一は「行政と町内会の相互依存」の構造について指摘し、町内会が保持しうる問題点として住民が「特権層」と「特権の分け前に与ることのできる住民」（町内会幹部役員に接触できる住民）、および接近方法をほとんどもたない「普通の住民」に分割される点を検討した（上田 1989：455）。

これら町内会と行政および権力についての研究は以下の点を指摘するものであった。第一に戦後の町内会集団は、例えば戦前の隣組制度のような国家の意志を上意下達するような性質のものではなく、当該地域における居住者の論理によって国家や行政の枠組みを再編成する組織であることが指摘されながらも、しかし行政や国家が措定した枠組みを反復する装置でもある点に注意を促すものである。つまり、国家や行政の指示は、再解釈されながらも多くの場合において、その大きな枠組みは反復される。

第二に、町内会集団と行政は相互依存的な性質をもつものであり、その構造に参与しやすい人々と、そうではない人々に権力が不均等に配分される可能性がある。より正確にいえば、コミュニティの意思決定に参与する諸々の資源、例えば社会関係資本や余暇時間、経済状況、あるいは一軒家に居住しているのかマンション住民なのか、借家人なのかといった現実的な生活状況に応じて、発言者の影響力は異なるであろうということである。そもそもマンションに住み、会費を天引きされて町内会に登録していたとしても、そうした住民には意思決定のチャンスがあることすら知らされない可能性が高い。あるいは仮に知らされたとしても深夜勤務の派遣社員からすれば、そのような場に参与する余力も残っていないのかもしれない。これらの点は本書でも繰り返し指摘してきた点であるが、以上の論点が存在することを再確認しつつ、具体的事例の沿革について検討していこう。

3 具体的事例の沿革

本章では京都市木屋町における事例を取り上げるが、これは前節でみた「官僚制 - 中間集団」と、「中間集団」型の丁度合間に位置するものである。以下で概観するように、本章の事例において京都市職員や京都府警の警察官は一定の役割を果たすが、しかし原則的には自治連合会を主体として形成された「Aまちづくり委員会（以下、委員会と略す）」が施策の主人公であり、その限りにおいて歌舞伎町の施策のような新宿区長や石原都知事、あるいは

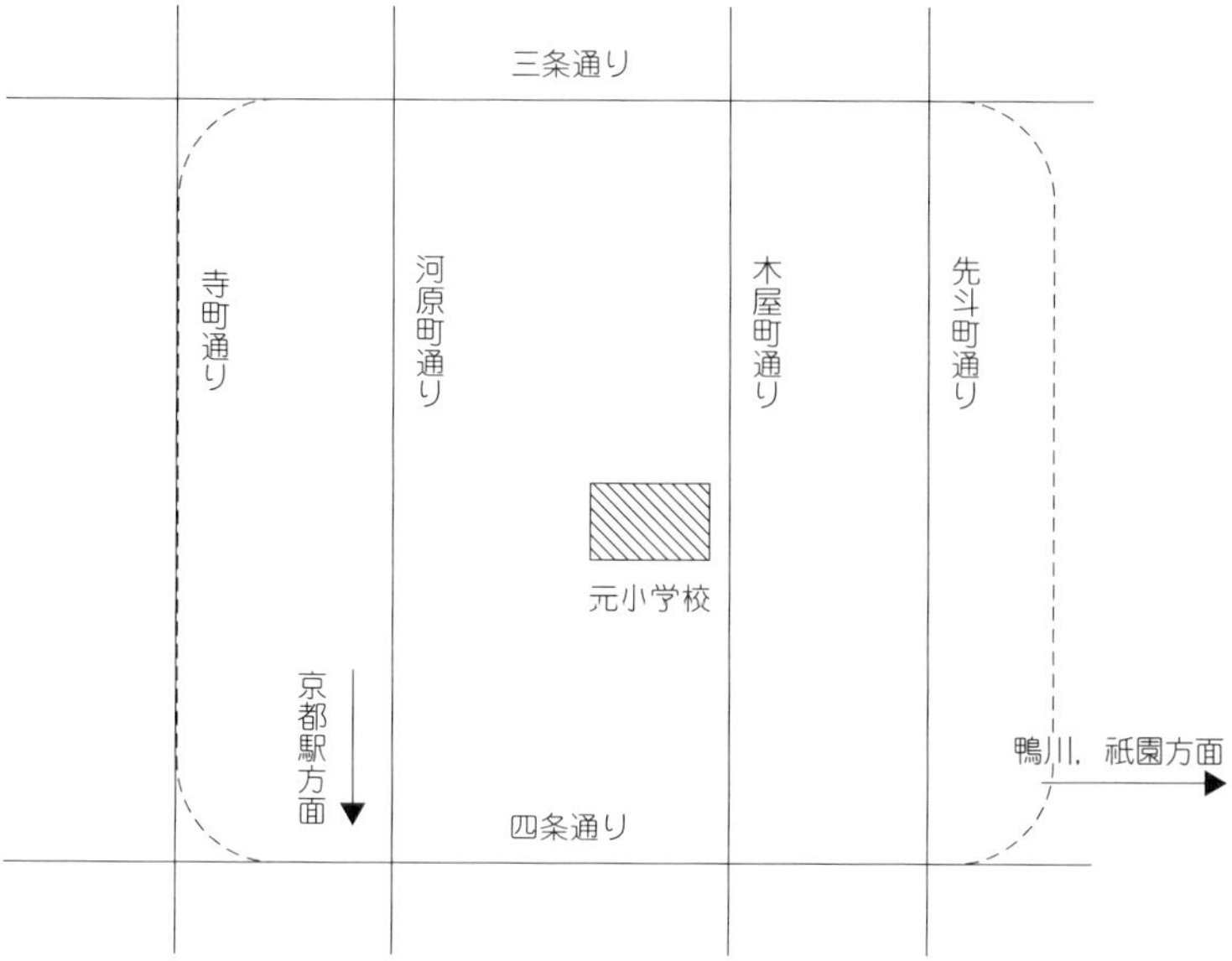

図5－2　京都市木屋町近辺略地図

＊点線内が元「学区」である。

は著名な有識者らの強いリーダーシップの影響は、本事例において薄いものといえる。

　さて、繁華街でもあり観光地でもある京都市木屋町は、同じく「モデル事業」となった大阪宗右衛門町や仙台市国分町などと同様に多くの飲食店や風俗店（接待飲食等営業および性風俗関連特殊営業の両者を含む）が軒を連ねる地域である。街区の中心には南北に森鷗外の小説で知られる「高瀬川」が通り、その東側には、鴨川を挟んで祇園地域を展望できる先斗町界隈があり、西側を向けば京都随一の通りである河原町通りに、多くの百貨店や一般小売業、飲食業店舗がひしめき合っている。

　「委員会」が対象とする地域は、当該地域における（元）小学校の学区であり、この元学区には南は四条通り、北は三条通りまでが含まれ、東に先斗町、西に河原町通りをさらに通過して寺町通りまでが含まれている（図5-2参照）。

　当該学区における小学校は、一九九三年に教育施設としては閉鎖され、その後「委員会」や行政が主催する自治連合会のイベント会場（町内運動会や演奏会、観劇など）として用いられているが、これはすなわち当該地域において接待飲食業および性風俗関連特殊営業の範囲が広くなるということを意味している（周囲およそ半径百メートルの規制が縮小されるため）。

九〇年代初頭までは木屋町四条通りをわずかに南下した界隈や、あるいは五条通りに位置する旧遊郭地域である「五条楽園」が古くからの大衆歓楽街として形成されてきた。これらの地域は今日でも残存しているものの、風俗系の店舗動態はより集客性の高い四条通の北側へと移行しつつあり、住民の間でもその是非をめぐって意見の相違がみられる。

木屋町界隈は戦後、主として大学生などの若者や観光客を主たる客層としながら繁華街として発展し、高度成長期以後、多数の飲食店やスナック、バーなどが出店された。それら小規模店舗の営業形態は主として木屋町通りに面する貸しビルにおけるものであり、木屋町通りや、先斗町へと繋がる東西の路地には多くのネオン看板をみることができた。また九〇年代以降は大規模居酒屋チェーン店やファストフード店の進出が目立ち、これら大規模店および小規模ではあっても若者向けの「派手」な店舗に対しては、風俗店と同じく（必ずしも同一水準においてではないにせよ）古くからの事業主や住民にとっての「迷惑」であるとされがちであった。

これに対して、学区の東端に位置する先斗町通りは江戸期からの花街であり、先斗町歌舞練場は、現在にいたるまで京都観光名所の一つに数え上げられている。先斗町通りは、木屋町通りよりも明らかに対象とする客年齢層の高い老舗が多く並び、現代では比較的裕福な観光客（国内、国外を問わず）が訪れる名所であるといえる。夏季には名高い川床が立ち並ぶことで、景観の本質は鴨川沿いから見た川床と料亭の風景に変化する。先斗町は木屋町通りにおける新興の飲食店事業や風俗店と差異化を図っており、「伝統性」と「華やぎ」を謳い文句に、一九九七年には「先斗町のれん会」が設立され、先斗町通りにおける多くの店舗がこれに加盟している。

これら歓楽街・繁華街地域において、居住する住民の数は戦後一貫して減少傾向にあり、このことが九三年の小学校廃校にも直接の影響を与えたのであるが、当該地域に現在も居住する人口はおよそ八五〇名、戸数三五六戸であり（国土交通省都市・地域整備局 2006）、木屋町通りだけでもおよそ二千以上の店舗が存在することと比較すれば、本地区における利害当事者の過半数は街区の外に居住する事業主および従業員であるといえる。

さて、先にも指摘したとおり、木屋町界隈はとりわけ小学校が廃校となったのち、風俗店の進出および、若者向けのダンスクラブやバーの出店が相次ぎ、若年層の出入りが激しくなったことから喧嘩や風俗関係者の存在が「治安の悪化」の象徴として語られ、これを問題視した行政および京都府警による「特別警察隊」の導入が進められてきた（山本 2007）。二〇〇五年に正式発足した「祇園・木屋町特別警察隊」がそれであるが、この警察組織は京都五条警察署の警察官を主体としながらも他の警察署人員とも合流し、既存の警察署からは分離された独立組織であり、こうした形態の警察運用は全国でも希少なものである。

「祇園・木屋町特別警察隊」は小学校跡地に拠点を構え、先に触れた「委員会」と連携しながら「夜間パトロール」を実施してきたが、こうした警察と住民が「一体」となった施策が前章まででみてきたような「安全・安心まちづくりプロジェクト」の「モデル地域」認定とされたことは、京都市および京都府行政の「功績」であったといえよう。二〇一四年現在では、特別警察隊は小学校跡地に隣接してあった公衆トイレを解体し、そこに新しく交番を設けて組織が固定化された。

さて、「委員会」は二〇〇四年までの「木屋町地域安全対策委員会」を前身とするものであるが、両者の集団形態はほとんど同一のものである。すなわち、当該地域における町内会の連合体である自治連合会（学区に対応している）を母体とし、行政の受け皿的な中間集団が形成されてきたのであるが、しかし二〇〇四年に「委員会」として発足する際、毎月実施される「まちづくり会議」にはしばしば学識経験者（京都市の補助を受けた研究センターからの出張[6]が参加し、市行政の職員（総合企画局や交通政策課）が臨席するなど、行政および大学との連携はこれ以後強まったといってよい。無論これは「モデル地域」認定を念頭においてのことであったと理解されうる。

「委員会」は、街区の犯罪問題および都市景観問題を主たる対象として活動し、具体的には上述した毎月一度の会議と、「祇園・木屋町特別警察隊」との合同で行われる隔週での「夜間パトロール」が実施されてきた。この会議への参加者内訳はおおよそ、二五名前後の住民・事業主（四十代以上の男性が過半数を占める）と市職員数名、および学識経験者一から三名であり、会議は二時間程度行われた。この会議は申し出を行えばオブザーバーとして参加可能であるため、厳密には町内会関係者に限定されない形式のものであり、議事録も参加者に配布されているが、しかし会議の前後に町内会関係者や幹部のみによる会合も多く設定されており、こうしたクローズドな場におけるデータは筆者の認知しうる範囲ではない。また、「夜間パトロール」は前記地図で示した元学区の範囲（主として木屋町通りと河原町通りを東西に結ぶ路地を蛇行しながら）において一時間程度行われ、実質的な啓発活動などはほとんど行われておらず、文字通り「練り歩く」ことで犯罪抑止を期待している、という言辞がパトロールの参加者からは観察された。ただし、後述するような「迷惑看板」などに対する「お願い」の実施がパトロールの過程で並行して実施されることはありえる。

筆者は「委員会」に単独の研究者として参加許可を得た上で、二〇〇七年七月より二〇〇八年八月の期間参加し、月に二度行われる「夜間パトロール」および毎月の「委員会」会議に出席して、そこでの議事録や配布物から以下のデータを得た。ただし、当該地域における研究センターの嘱託研究員などとは異なり、発言権もおそらくもたない「外部協力者」に過ぎなかった筆者は、上述したとおり半ば公開された会議以外のデータを取得することが困難であった。また後述するように「委員会」の場においてはしばしば参加者間の係争も生じ、さらに一度のみの参加者も少なからず存在し、それらすべての参加者から逐一の調査許諾を得ることができなかったことから、用いるデータは原則的に配布された資料および議事録の枠組み内において、これにフィールドノーツのメモを添付する程度に止めざるを得ず、個人名や店舗名が特定されうる情報についても、本章では記さないこととしたい。

こうした制約の多さは、もちろん筆者の力量不足に由来するものではあるが、しかし調査対象集団の理念から距離を取りながら、当事者とは別様の問題関心で研究を行おうとすることの困難でもあり、また鳥越も指摘しているように係争や葛藤が生じている集団の報告を研究倫理上どのように取り扱うべきかといった問題にも接続されうる（鳥越 1994）。

4　京都市における事例

（1）「無秩序」の選定

「委員会」は発足以来、街区の問題として「違法駐輪」「看板問題」を取り上げ、これらが無規制な街路のあり方と「治安の悪化」の間接的な要因になりえることを問題視し、二〇〇四年から二〇〇六年にかけて「防犯カメラ」の設置や、駐輪場の新設などを市行政と共に行ってきた。こうした地域住民と行政との協働事業については、「都市再生プロジェクト」推進調査費で発行された報告書「木屋町・都心繁華街の安心・安全コミュニティ及び地域景観の形成プロセス検討調査」にも報告概要をみることができる。当該報告書では「住民・事業者ネットワーク」を主体としながら、それが地域の無秩序を整除すべきであること、そして整除と並行してライトアップや演劇公演などを行うことで町の賑わいを取り戻すべきであるといった犯罪統制と都市政策の不可分性について議論が行われている（国土交通省　都市・地域整備局 2006）。

二〇〇七年度の「委員会」活動において、対処すべき「無秩序」だと指差されたのは、かねてから問題視されてきた「違法看板」「迷惑看板」の問題である。具体的には住民らの行う「夜間パトロール」において、「特に悪質な」看板保有者らに対して「自主撤去のお願い」が実施されることとなったが、それに先立って二〇〇七年度の「委員会会議」では、どのような看板が問題であるかが議論された。もちろん、どのような看板が「悪質」であるのかといった選定には、「委員会」参加者ら全体の意見が考慮されたのであるが、しかし当該年度において特に「看板問題」を取り扱うという方針自体は、「委員会」の中でも特に中心的な人物や、司会を務める「まちづくりセンター」の関係者ら数名によって予め決定されていたといってよい。さらにその方針決定そのものも、市の職員が提示する補助金の額や行政代執行の可能性によって、一定の制約を受けていたといえる。すなわち、行政による大枠の提示を念頭においたうえで、「委員会」の中心的な参加者らによって年度ごとの活動方針が示され、これを住民らが論ずるという構図が観察しえるだろう。

ここで同年に発布された京都市の「新景観条例」の存在を指摘しておかなければならない。これは小泉政権下に発布された「景観法」(二〇〇四年)よりも厳しい水準の規制を掲げて物議を醸した条例である[7]。届出の無い突き出し看板と、すべての置き看板を「条例違反」だと規定する「新景観条例」は、看板や建築物の内容に対しても一定の規制を設けており、例えば「過度の装飾」をもつ看板が違法であると定められている。この「新景観条例」について市職員から内容説明があり、それを念頭においてかねてから「犯罪を呼び込む」と問題視されてきた「特に悪質な看板」が選定されるという運びとなった。

だが、そうした看板の選定は、あくまで「地域住民の視点」から問題を提起するものであり、少なくとも表面的には行政の職務と無関係であるとされた。したがって、「委員会」ではまず、「問題のある看板」の保有者に対して住民の視点から「お願い」を実施し、それでも応じない場合に、行政が強制撤去を行うという手続きの流れが周知されることとなる。とはいえ、「委員会」参加者のすべてが、行政の意見に全面的な賛同の意を示していたわけではなく、むしろすべての置き看板が条例違反だとする行政の姿勢にはいくつかの反対意見が表明された。なぜなら木屋町通りではないといいえ、その周辺で生業を営む多くの「委員会」参加者は、自身もまた「新景観条例」の影響下にあったのであり、看板撤去は住民の生活に直接関係した問題であったからである。

路地に入ったところで店を出してはる人にとっては死活問題なわけですよね、全部の看板がダメだというのでは、看板で商売しはってるわけだから、そういうわけにはいかない。違反だからといって一律にして、効果がはたしてでるのかということですよ。（Aさん）(8)

「新景観条例」においては、すべての置き看板が撤去の対象となりえるとの確認が市職員から成された後の、この発言は、行政による形式的な対応を牽制してのことであろう。また木屋町の取り組みは大阪宗右衛門町の施策とも協力関係をもちながら進められており、数名の「委員会」参加者らが木屋町よりも先に「看板」問題に取り組んできた宗右衛門町で視察を行っている。しかし、そうした視察による宗右衛門町の当事者とのやり取りを踏まえて、次のような発言もなされた。

行政の人は宗右衛門町の取組は成功だということで、こうした（配布された資料を指差しながら）資料にも書いていますけどね、しかしこの資料で○○さんが言ってることと、私らが以前宗右衛門町で○○さんに話を聞いたことは全く違うわけですよ。宗右衛門町で貸しビル対策やら看板対策やらやって、確かに看板は一掃されたのかもしれないですが、結局店は出ていく、人はこないで街としては寂れてしまった感がある、木屋町はその二の舞にならんようにということで、○○さんと話をしていたわけです。

しかしここ（配布資料中）で○○さんが言っていることはそれと逆のことですね。一回電話して確認してみないといけませんけど、一体どうなのか。

（Aさん、同日）

もっとも市職員も「すべての看板を撤去することは難しい」との見解を直後に述べており、条例に関する見解の相違は大きな問題とはされなかった。つまり実現不可能な施策を強行するのではなく、可能な範囲で一定の成果を求める行政側の志向と、あまりに街区の「風情」を損なう看板を撤去したいという「委員会」参加者らの意向が重なり合う地点において、「特に悪質な看板」が選定されたのだといえる。

ここで住民らが危惧する「看板問題」の内実について言及しておきたい。まず飲食店などの事業を営む参加者らは、新興店舗や風俗店の「派手」な看板を問題視し、それらが街区のイメージを「低下させている」ことを主に問題視する。したがって風俗店の存在は「繁華街の魅力」の一部でもあることから、ただちに問題があるというわけではなく、看板の出し方や「客引き」に問題があるといった言辞が中心的なものであった。

これに対して、一般住民の多くは「子供も歩く路地」に風俗店の看板が出ていることや、風俗店の存在それ自体が「秩序紊乱」であるとして問題視する傾向にあった。とはいえ、これらの差異は厳然としたものではなくアクセントの置き方の違いであって、例えば一般住民も事業主と同様に、風俗店に限らない「悪質な看板」の存在によって街区イメージが低下することを問題視していたといえる。また、ここでの風俗店とは、「性風俗関連特殊営業」の店舗が第一に念頭におかれているが、いわゆる「キャバレークラブ」など「接待飲食等営業」の店舗もしばしば含まれている。同時にこれら両方の店舗を紹介する「無料案内所」までが、参加者のいう「風俗店」の最大範囲に含まれているものと考えてよい。

さて、事業主と住民は両者ともに本地区の「体感治安」が著しく低下しているとの認識を明示的に語ることは少なく、それよりも街区のイメージや景観の悪化を犯罪の流入する可能性と結び付けて問題視する傾向にあった。

路上放置物を避けるように、歩行者が遠慮しながら歩いている。万が一通りすがりに肩が接触するようなことがあれば、喧嘩などのトラブルの原因となり、傷害・殺人事件などの重大事件の温床になりかねない。いずれにせよ治安の悪化による木屋町のイメージダウンは決定的である。(9)

結果としてこのようなコンセプト文が採択されることとなったが、ここではいくつかのキーワードが住民の視点から結び付けられている。すなわち、「路上放置物」の増加が「重大事件の温床」となり、さらに街区のイメージを低下させるといったように。この文章において、看板問題は治安問題の原因だとされているが、しかし以下でみるようないくつかの語りにおいて、それらの区別は曖昧なものとなる。

原色なんかを使っている、ド派手な看板は問題でしょう。こういってはあれなんですけど、来るお客さんも、表現は悪いが質の悪いお客さんが来るんじゃないかという心配がありますよね、そこから町全体が荒廃していくんじゃないかと。（Bさん）(10)

先にも述べたように、「委員会」参加者の多くは先斗町など、木屋町周辺で生業を営むか、あるいは木屋町での古くからの事業者であったが、木屋町が若者向けの飲食店を多く擁する街区であるとすれば、先斗町はそれよりも客年齢層の高い割烹などが集まる町であるといえる。したがって、当然のことながら多くの事業者らは自らが対象とする客層を念頭においた発言をしているのであって、ここでいわれる「質の悪い」客とは、喧騒を伴って現れる若年者のことであろう。そのような客は「犯罪的」なものを呼び込んだり、他の客に迷惑をかけることによって「町全体」を「荒廃」に導くと指摘された。では、どのような「看板」が望ましいものだとされたのだろうか。

でも、すべての看板がダメというわけじゃなくて、たとえば三百年くらい前からやっているような大きな木製の看板とかありますよね、ああいうのはまあ明らかに京都の町に貢献しているだろうと、それをとるのはちょっと、酷じゃないかということもありますので。（Bさん）

やっぱりある程度の品というか、京都らしい看板が望ましいですよね、たとえば高瀬川の柳に似合う看板でなければならない。（Cさん）[11]

このように、「京都」的なものをよしとする発言はしばしばみられるが、ここにおいて「高瀬川の柳」に代表されるような表象が「京都」的なもののアレゴリーとして流通し、そしてその外部に「原色」を使った「品のない」看板が押し出されることとなる。ここでは木屋町という街区全体が「京都」的なものであると同時に、それを内側から侵食するものとしても指示されているとみることができよう。

古くからこの界隈で事業を営む人々が、その立場から「風俗店」に難色を示す理由は十分に理解できる。また繁華街にはどうしても付きまとう「風俗店」と「暴力団」の関係を考えれば、「暴力団」の存在は明示的に語られてはいないにせよ、そうした明らかに問題のある勢力を退けたいという決定も含まれているのであれば、その決断は肯定されなければならない。

しかし一方で、どういったものが「京都的」であるのかを決定することと、そうした「暴力団」対策はやはり分けて考えるべきではないだろうか。やや余談ではあるが、京都はしばしば余所者や新参者に対して排他的であるとのステレオタイプで語られる。そして筆者は新参者として西陣地域に居住しているが、そのステレオタイプは京都に限らず、古くからの市街地にあっては、半分はあてはまり半分は間違っているように思われる。

実際のところ、京都の特に古くからの商家や織屋建の民家の集まるような出窓格子の「京都らしい」街区は、建築物自体には古さがあっても内部の住民は意外と入れ替わりがあるものであり、また近隣住民同士の日常的な繋がりも、例えば伝統的な農村地域におけるような密度の濃さをもったものというよりは、制度としての「町会」の制度に依拠したものであって、個人的な関係によるものではない。この点について、京都の伝統的市街地および建築の研究を行ってきた上田篤らが指摘する論点は、印象論的ではあるものの妥当であるようにみえる。

上田篤は「ムラとしての町会」の活動は儀礼的かつ制度化されたものであるため、そこでの立ち居振る舞いは一見濃密で、例えば地蔵盆や、室町などへ行けば祇園祭りの準備といった長い時間を要求する人間関係が確かに存在している。しかしそれは市街地の住宅状況が、実際には事業者や自営業者が多く集まってきた歴史的経緯に依拠するものであり、むしろ事業者同士が「お互いの顔の見える関係」の範囲での人間関係は意外にも稀薄で、要するにあくまで企業人同士の「お付き合い」がコミュニケーション・パターンの中心であることを指摘している（上田編 1976）。その限りにおいて、京都はやはり「昔の都会」なのであり、同様に伝統性があるといっても古くからの農村とは異なっている。

したがって、京都市街地のメンバーシップは個人に帰せられるというよりは、その「家」や、あるいはもっと割り切っていえば「家屋建造物」に帰せられがちであり、例えば筆者のように余所者であったとしても、古くからの家屋を購入して当地に居住し始めれば、高齢化の進む昨今においては特に「町会の将来的担い手」として包摂的にコミュニケーションの輪へ入れられる場合が多い。実際には意外と多くの住民が、そうして商売替えや移住によって伝統的市街地に編入し、あるいは退出していったのである。

しかしこれは、裏を返せば例えば親子二代で同じマンションに住み続けることは、街区のメンバーシップには十分に包摂されないことも意味する、多くの場合にマンション自治会と伝統的町会は区別されているため、それはあくまでも「マンション自治会」においてのメンバーであり、伝統的な「町会」の成員ではないからだ。

さて、やや脱線したが「京都市民」という当事者性をもった主体によって、「京都」的なものが選別されるという過程は、実のところ「新景観条例」が、それ自体では決定しえない空白を埋める作業でもあった。なぜなら、「過度の装飾」をもつ看板が規制されるべきだと述べるその条文の規定は、何が「過度の装飾」であるのかを指定しえない点において、いわば宛先を欠いた規定にすぎず、法が実効力をもつためには個別的内容を書き込む「決定」が、正統な主体によって成されなければならなかったからである。[12] そのような決定に基づいて、「京都」的でなく、なおかつ「派手」な看板に、「自主撤去のお願い」が行政の「撤去勧告」に先立って行われることとなったが、ここにあって「犯罪的」なモノと、現行秩序を乱すモノとの境界線は不分明となり、両者はともに街区の「安全・安心」を荒廃に導くものとして警戒対象とされたのだといえる。

（2）正統性と当事者

ところが、「自主撤去のお願い」が実施される直前になって「委員会」の決定に疑義が差し挟まれることとなった。クレイムを申し立てたのは、当の木屋町で店舗を運営する同業者寄合の代表者Dさんである。また機を同じくして、木屋町界隈で「風俗店」を出店する人々が「防犯ボランティア協会」を結成し、「委員会」と同様に「夜間パトロール」を実施するとともに、その代表者Fさんが「風俗店」看板の問題を緩和しようと、「看板を敷地内に収める」などの代案を提示した。それらの語りは、「新景観条例」や「自主撤去のお願い」が、一部の店舗にだけ不均等に振り向けられることに抵抗し、それならば法の形式的な運用がなされるべきではないかと問うものであったといえる。

看板を撤去すると木屋町は平和になるのかということです。もっと他にやることがあるのではないですか。（Dさん）

それはそうかもしれませんが、路上看板問題は、木屋町を安全な町にする第一歩であるということを理解して頂きたい。（Eさん）

じゃあ路上看板の問題は木屋町だけではなく、この学区全体で取り組んでいけばいいのではないですか。（Dさん）(13)

また、「風俗店」全般の紹介を行う「案内所」の代表者であるFさんは、二〇〇七年の夏以後、自身の店舗に対する看板の撤去勧告を受け、初めて「委員会」の存在を知る。Fさんは「委員会」の会合において、自身の店舗やあるいは「委員会」に出席していない新興店舗の看板を問題視する発言を一時間ほど黙って聞いていたが、ようやく次のように発言する。

風俗の看板を問題にされるのは、もちろんよくわかります。しかし一概にこれ以上派手だと駄目だとか、路上に出すのは駄目だといった基準があればいいのですが。今のお話でいくと○○会の看板はよくて、他の看板は駄目だということになりませんか。（Fさん）(14)

「委員会」は確かに、「京都」がいかにあるべきかを主張するに足る当事者性をもつ主体であったのだが、木屋町で生業を営む人々の語りは、その正統性に対抗しうる十分な立場を保有しているともいえる。したがって、ここでは街区という空間のイニシアティブをめぐる係争が惹起されることとなった。すなわち、木屋町における「看板問題」の当事者は誰なのか、という争いである。これに対して「委員会」のメンバーは次のように反論する。

この学区の問題の多くは木屋町地区で起きているのが現実なんですよね。消防団分団長として昼夜問わず呼び出しがかかりますが、七割は木屋町での案件なんです。私は木屋町の住民ではないが、地域としてつながっているのだから、木屋町の悪い影響が他の地域にも移ってきては非常に困る。（Aさん、同日）

ここにおいて木屋町の「問題」は、地区全体の問題として捉え直され、「風俗店」や「喧嘩」といった「悪い影響」の解決が一つの課題として示されることとなる。これに対して、すべての路上看板が木屋町から撤去されるという破局を回避するために、「風俗店」で働くFさんは、「委員会」と問題意識を共有していることを強調して次のように述べる。

風俗側の意見として、ルールや法律には従うものであると考えています。路上看板など営業者に注意しなければならない問題については、私たちからも注意を行っていく、そういう準備はあります。（Fさん、同日）

このように、「風俗店」関係者は同意による譲歩を示すことによって、看板の強制撤去や、あるいは店舗の撤収という危機的事態を避けようと試みた。さらに、Fさんが「風俗店」の同業者からなる「防犯パトロール」を新たに組織し、木屋町の条例違反店舗に対する「注意」を実施してきたことは留意されてよい。こうした活動は、自らの外部に新たな警戒対象を創出し、街区の秩序を確保しようとすることで「委員会」の理解を得ようとすると同時に、条例の形式的な運用を求めるという点で「委員会」への牽制としても機能していたといえる。またDさんも、Fさんと同様に一定の譲歩を行い、「明らかに通行の障害となるような」看板については、「設置方法を考えていくべき」だろうと述べ、議論は一応の決着を迎えることとなる（ただし、これ以後Dさんは当該年度の「委員会」にはほとんど参加しなくなった）。すなわち、「通行の障害」となり、あるいはあまりにも「目立ちすぎる」看板をより少ない範囲から選ぶことによって、それらの看板に対して「自主撤去のお願い」を実施するという結論が最終的に採択されたのである。

ここにおいて、「委員会」側の主張する「問題のある」看板すべてが勧告対象とされることはなくなったのであるが、しかし多くの「風俗店」やその他飲食店による「特に悪質な看板」には実質的な撤去勧告が送付されることとなり、敷地内への撤収が行われることとなった。

具体的に「犯罪を呼び込む」ものであり、また同時に「迷惑」であると指定された看板は以下のようなものである。（1）大規模な居酒屋チェーン店の看板が二件、（2）小規模な若者向けの居酒屋やバーなどが八件、（3）小規模のラーメン店が三件、（4）風俗店の「無料案内所」が三件、（5）いわゆる「キャバレークラブ」一件、（6）いわゆる「出会い喫茶」など風俗店に準ずるとされた店二件、以上一九件である（ただし、「委員会」における決定とは別に看板問題の対策班が行った活動では四〇件の「迷惑看板」が指摘され、これらの看板に対しても自主撤去勧告の文書が配布されたことが後日の「委員会」において報告されており、こうしたメンバーシップが限定された場においてどのような経緯があったのかを筆者は十分に把握できていない）。

これらの看板保有店舗に対し、「夜間パトロール」において「自主撤去のお願い」が配布され、また後日撤去に関する「誓約書」を店舗代表者に対して送付された。こうした一連の住民、事業主による行動を正統性の根拠としながら、市行政は年が明けた二月から三月にかけて、これらの店舗に行政指導を行い、看板が実際に撤去されるか店舗敷地内に収容されたことを「委員会」において報告している。

5 出来事の整理と結語

これまでみてきたように、「委員会」による自主防犯活動の対象となったものは、刑法の範囲内におけるものというよりは、条例等が対象とする「違反行為」であり、「犯罪」に繋がりうる可能性のあるものであった。そこでは「犯罪的なもの」と、規範的に「無秩序」なモノとは実質的に並列化され、ともに警戒対象とされたのであったが、何が「無秩序」であるのかについては先に記したように、社会的立場の差異に応じていくつかの議論が生じた。

この争いは、木屋町という空間がどのようにあるべきかを決定する、観点の差異に端を発した係争であったと考えることができるが、「委員会」が行政との強いつながりや「伝統性」といった資源を保有していたのに対し、その決定に異議を申し立てる人々は、まさに問題とされた通りで生業を営んでいるという当事者性によって、「委員会」の決定に一定の影響を発揮することに成功した。とはいえ、ここでの反論は、「委員会」が志向する方向性を逆転させるまでには至らず、「問題のある看板」の範囲をより限定させたにすぎなかったという点で、防戦を強いられたともいえる。

ところで、第三・四章で指摘した「都市再生プロジェクト」に連なる国策的なまなざしは、木屋町における「無秩序」、あるいは「犯罪的」なものに対する統制に、どのような影響を与えていたのであろうか。実際のところ「委員会」は、「都市再生プロジェクト」の存在や、行政から補助金が拠出されていることを認知しこそすれ、それほど強く意識してはいなかったといえる。

しかし、京都市議会や行政職員・警察においては、明示的に「国家プロジェクト」としての都市計画は語られているのであって、[15]こうした計画を「委員会」に参加する行政職員は認識していたものと思われる。一方では自らの生活圏を念頭において活動する住民らの視角があり、そしてその決定に一定の枠組みと資金を提供しながらも、事後的に「委員会」の決定を、京都市の「特色」ある試みとして取り上げる行政の視点を観察することができるだろう。ここでは、必ずしも「都市再生プロジェクト」や地方行政が上からの決定として、「中間集団」としての自治会を自在に統制していたわけではなく、「委員会」などの決定が行為遂行的な発言として「国家プロジェクト」に挿入されるというような相補的関係を認めることができる。

そして、国政的および地方行政が志向する「安全・安心なまちづくり」と京都らしい街区の編成は、旧来からの中間集団がもつ都市のイメージと矛盾しない限りにおいて推進され、その外部に位置する新興事業主や「風俗店」関係者は街区編成の主体というよりは、対処されるべき客体としての位置にあった。

第三章以下でみてきたような「都市再生プロジェクト」と「犯罪対策閣僚会議」は合同会議などの場において、あるべき日本の都市像を指し示し、さらに地方行政はこのように具体的な都市・歴史像を打ち立ててきた。こうした伝統主義的態度は、これまでみてきたように中間集団が対処すべき「無秩序」を大枠において規定することで、看板などの問題ある状況を整除せしめることに成功したのであったが、しかし「悠久の歴史」を述べたてる上からの言辞は木屋町周辺で生活や商売を営む住民の視線にあって、むしろ「客層」の低下を問題とするような実践的関心の場へと投げ入れられた。すなわち、「京都」を犯罪や「無秩序」から守ろうとする政策的意向は、「国家プロジェクト」や歴史性それ自体のためにではなく、自らの生活の質と結び付けられることによってなされることとなった。だが、「委員会」における旧来の参加者らが、こうした「悠久の歴史」と対立する必要がほとんどなかったのに対し、例えば若者向けの飲食店を木屋町において経営する人々は、それと異なる街区のイメージを構成していたがために、「委員会」の決定に疑義を差し挟んだのである。

それではここで当該地区における自主防犯活動がどのような権力性の問題と近接していたのかを考察することとしたい。少なくとも京都市繁華街における取り組みは、「犯罪不安」に駆り立てられた住民らによる突発的な行動では全くなかったことを確認しておこう。それは国策的な力を後景にもつ行政の問題関心と、街区を「再生」させようとする住民らの視角との合間で生じた、空間の（再）構成であったといえる。その隙間において「無秩序」に対する警戒は、犯罪発生数を低減させるという目的それ自体のためだけではなく、望ましい街区を形成するためにも実施された一種の社会運動としての様相を呈した。そのため、街路の秩序を乱すとみなされたモノと「犯罪的なもの」との境界はほぼ同一視され、両者はともに「安全・安心」な町にとっての警戒対象として指示されることとなったのである。

ここにおいて何が「無秩序」であるのか、当該地域における街区はどのようなものであるべきかを定める決定には、かつてN・W・ポルスビーが指摘したとおり、経済的な要因から人的ネットワークまで多元的な要因をもつ階層的な地位の問題が不可分に結び付いている（Polsby 1963＝1981）。ただし、京都市の事例においては欧米での先行研究で指摘されたような経済的資本の多寡よりも、行政との結び付きや旧来からの事業主であるのか、新規事業主であるのかといった伝統的資源のあり方に規定された決定の構造を観察することができよう。本章の事例では、「景観」の観点から望ましくないものと、「犯罪防止」の観点から排除すべき「無秩序」が並列化されており、それら指示対象を構成するための正統性として担保されたものは、「委員会」における伝統性と、より制度的な次元においては行政との関係におけるネットワークの有無であったといえる。

そして、とりわけ伝統的資源と多くの人的ネットワークに恵まれたアクターの言辞は、対処すべき客体としての「無秩序」を規定し、また何があるべき街区のイメージであるのかを定める行為遂行的な発言として機能してきたが、こうした行為は同時に、街区における既存の権力関係を「新景観条例」など法的な領域においても作動させる契機となることで、国政から地方行政にいたる施策の「正しさ」を事後的に証明することとなった。前章まででも指摘してきたように、国政的水準での内容の空白は、多くの場合地方自治体にアウトソーシングされてきた。そして地方自治体はさらに、現場の事業者や住民といった「当事者性」を最終的な審級として用いたために、その当事者による発言はそのまま行政から行為遂行的な特質を付与された。そうした民衆による、正確には一部の中産階層や事業者らによる決定が「国民」の意図として読み替えられていく過程を、ここに観察することができる。

ここで取り扱った事例は、「都市再生プロジェクト」の対象とされる繁華街であったため、行政との繋がりの有無は、「委員会」における中心的なメンバーと、新規参入者としての店舗経営者らの間における発言権の多寡に応じて、直接的に作用したものと考えられる。もちろん、この事例から引き出された結果は、例えば郊外での地域パトロールまでをも含めた、自主防犯活動全般の分析にまで拡大できるものではない。しかしながら、本章での事例が示唆するものは、「無秩序」の決定と日常性を舞台とした資源の不均等は不可分のものであり、「犯罪的なもの」を規定しようとする試みは、何が良きものなのかを規定する日常性の審級と切り離してはありえず、日々の営為における経済的な格差によっても、正統性の強弱によっても、常にある程度の不公平さをもって立ち現れざるをえないのではないかという点にある。一般に行われる「地域づくり」とは異なり、「犯罪的なもの」への対処を含むがゆえに常に他者を客体化する契機をもつ自主防犯活動のあり方を考えるにあたって、こうした既存の社会的資源を後景にもつ権力性が、本来理念的にはパブリックな場である街区への不均等な参入を帰結する可能性があることには、留意する必要があるだろう。

より正確にいえば、理念的にはパブリックであるはずの街区やストリートは、常に微視的な政治的係争の場であるのだから、街区の公的性質を素朴なユートピアニズムとして用いるのであれば、その批判的意義は失われてしまう。ここではそうした理念的な公民の概念や「都市への権利」を批判的概念として用い、現実の政治的係争や不均等性に対置させることで、いつでも日常的に存在してきた不均等と不公正な手続きを視覚的に異化させ、浮かび上がらせなければならない。

注

（1）警察庁生活安全課によるＨＰ「自主防犯ボランティア活動支援サイト」では自主防犯活動の紹介事例が三二七例掲載されているが（二〇一〇年十一月時点）、多数の事例で「割れ窓理論」が念頭におかれていることを確認することができる。例えば滋賀県瀬田駅前の取り組みでは「環境美化運動は、割れ窓理論の実践」であるとされ、山口県田布施の施策でも「割れ窓理論」の紹介がなされている。また各都道府県の警察本部、地方自治体から出された報告書、啓発書類にも同様の記述は多い。例えば三重県警察本部による「自主防犯パトロール活動の手引き」、福岡市「安全安心まちづくり―地域防犯マニュアル―ひとりひとりの心がけと地域の絆を大切に」、広島県警本部「防犯パトロールの手引き～犯罪に強い県民意識の広がり」などで「割れ窓理論」への言及がなされ、こうした例はおよそ枚挙に暇がない。こうした全国規模での理論に対する言及と「自主防犯活動」の奨励を、具体的に地方政令指定都市の首長らに伝達する会議として、「指定都市安全・安心まちづくりプロジェクト」が二〇〇五年より現在まで設置されている。

（2）日本の自主防犯活動に関しては浜井浩一・芹沢一也（2006）が、また「安全・安心なまちづくり」に対しては清水雅彦（2007）が批判的分析を行っている。ただしこれらは概観であって、具体的なフィールドを念頭においているわけではなく、より個別的な調査は朝田佳尚（2007）の監視カメラ導入過程の報告や、杉山和明（2005）による若者と「有害」環境整備の論考を除いてはほとんどなされていない。

（3）「指定都市　安全・安心まちづくりプロジェクト報告書」を参照。第二章で指摘した「安全・安心まちづくりプロジェクト」を政令指定都市において推進するために、指定都市市長会に内容が伝達され、そこで市長および官僚による合同会議が行われてきた（指定都市市長会 2008）。

（4）本調査は警察庁生活安全局が二〇〇九年から二〇一〇年にかけて実施したものであり、警察庁が把握している防犯ボランティア団体のリーダー八〇〇名に対して、郵送による個別記入式調査を実施したものである。回収率は郵送総数八〇〇に対して、回収数七六〇（回収率九五％）と極めて高く、警察庁とボランティア団体の間に信頼関係があることが推察される。

（5）実際、防犯活動中に犯罪事件に巻き込まれるケースは少ない。もっとも多いと思われるのは、交通事故や転倒による怪我であるが、これも取り立てて多いとはいえず、これまでの活動中で、団体のメンバーが事故、転倒などによる怪我を経験したことのある団体の割合は九・一％であり、九〇・四％の団体においては全員が「無事故」であることが確認されている（同前調査）。

（6）「京都市景観・まちづくりセンター」は京都市の要請によって設立され、市の補助金によって運営される財団法人であり、一九九七年に正式発足した。同センターは「市民・企業・行政が協働して参画するまちづくり」を推進し、「京都らしい景観の保全・創造」などを基本目的としている。

（7）「新景観条例」は二〇〇七年九月に施行されたが、特に建造物の「高さ制限」が地価を引き下げているとして、二〇〇八年二月に行われた京都市市長選挙でも大きな論点となった。

（8）二〇〇七年八月二十一日のフィールドノーツより（以下フィールドノーツからの引用はすべて二〇〇七年のものである）。Aさんは五十代の男性で、自治会の活動に古くから参加しているが自身は事業主ではなく、この発言は知人の店舗を引き合いに出してなされたものである。

（9）〇七年十月二十三日の「委員会」で採択された、「自主撤去のお願い」コンセプト文より。この文面は、「委員会」に先立って行われた一部のメンバーによる看板問題の「検討会」において作成されたものである。

（10）〇七年十月二十三日のフィールドノーツより。Bさんは「まちづくりセンター」の関係者で二十代後半の男性。

（11）両者ともに八月二十一日のフィールドノーツより。Cさんは先斗町に店を出す、五十代の女性である。

（12）ここで念頭においている条例は「京都市告示第２１０号」の６―第１条である。もちろん、「委員会」の決定のみによって条例の運用が決定されると言いたいわけではなく、ここでの決定が多元的かつ「形式非合理的」な契機をもっていることを指摘したい。

（13）十月二十三日のフィールドノーツより。Dさんは五十代男性の飲食店経営者であり、Eさんは六十代男性で「委員会」

の中心的な人物である。

(14) 十月二十三日のフィールドノーツより。Ｆさんは「風俗店」の労働者で三十代の男性。

(15) 例えば、二〇〇六年三月一日の京都市議会「普通予算特別委員会」では京都市役所の「総合企画局長」が木屋町の「モデル地区」選定に関して報告を行っている。「京都市総合企画局」では、「国家プロジェクトとしての歴史都市・京都創生策に関する京都市検討チーム報告書」が出されており、これを踏まえた「国の予算に関する重点要望」が行われている(京都市 2007)。この予算要望書では、「国家的な外国人観光客の誘致戦略の推進」や「安全・安心で美しいまち」を実現するための予算が求められていた。同企画局の職員はしばしば「委員会」に臨席している。

第六章　空間と権力

1　状況の整理

（1）国家とコミュニティ

国家の作動範域において展開された「安全・安心なまちづくり」政策は、地方行政や有識者会議を経由して、個別の中間集団によって半ば実現された。文字通り国民的運動として実施され、国土の隅々にまで配備された「自主防犯団体」の網の目は、しかし新たに組織されたものでもなければ、全く新奇な取り組みであったわけではない。

国政から中間集団にまでいたる施策の展開は、すでに準備されていた既存の制度や社会集団の構造、そして何よりも共有された「常識」の上に形成された、権力の反復的構造である。だから、これまでみてきたとおりゼロ年代日本の犯罪政策は、すでに存在する権力性を基盤とし、そこにヘゲモニーが存在することを再確認することで、国家と社会の一体性を自己保証しようと試みる所作に他ならないものであった。さて、まずはこれまでみてきた出来事を再度整理すると同時に、本書の基本的な立場について、もう一度確認することとしよう。

まず、ゼロ年代日本において生じた全国規模での「自主防犯団体」の拡大と、これと並行して行われた「安全・安心なまちづくり」政策および現場での取り組みは、一般に考えられる観光のための「まちづくり」や、あるいは行政に対して住民自治を訴えるような社会運動とは、ある程度区別されなければならない。

確かに、前章でみたとおり現場住民の視線は、施策の沿革を伝達する行政の問題関心を直接受け取ったものではないし、また、住民の観点からその「生活」を守るためになされる部分も、全くないわけではない。しかしながら、単に観光資源を宣伝し、あるいはイベントを企画しようとするような一般的な「まちづくり」のあり方と、「犯罪的なもの」への警戒を通して安全で安心な街区を「再興」させようと試みる所作の間には、そこで前提とされる他者の位置が異なっている。安全で安心な空間の創出には、常にリスク・グループとしての他者や余所者が存在しなければならず、そうした客体に対する排除や同化、不可視化を通して（もしくは不可視化を試みている、という過程的な実感のうちに）この試みは達成されることとなる。客体としての「無秩序」や「犯罪的なもの」は、「安全・安心なまちづくり」の外部にありながら、この施策が存在するための存在要件ですらあるのだ。

「支持の政治」によって予め分割され、守られるべき社会の担い手として施策を実施してきた人々は、全くの善意で、そして時には共感すべき「街区の復興」という理念を掲げて行動してきた。筆者はそのこと自体を批判しようとしているのではない。彼／彼女らは決して差別主義者ではなかったであろうし、また路上生活者やセックス・ワーカーに対する排斥運動を意図しているわけでもない、いわば普通の、善意の人々であった。ロバート・パットナムであれば、これも「社会関係資本」の現出として、排除の懸念に一定の留保は付けつつも半分程度までは評価したかもしれない。したがって安心の空間を創出しようとする所作を、一般的な「まちづくり」運動と混同してはならないのと同じ程度に、これをナショナリストやレイシストによる意図的な排外主義運動と混同してはならない。

しかし、そうした善意を基盤とする全国的な流行現象が、結果としてしばしば（歌舞伎町の入管業務強化と、移民への管理的視線のような〉レイシズムと、セックス・ワーカーや下層階級に対する力の作動を伴って生じてしまったことも、覆しようのない事実である。

昨今話題となるレイシズム運動やそれへのカウンター行動に対して、筆者はカウンター行動への参与を選択してきたが、そこでみたレイシストたちの言動と、「無秩序」へ対抗しようとする住民たちの行為にほとんど共通点はない。しかし、レイシズムについて議論する際に、常に忘れてはならない点は、表面的な現れとしての過激な言動はいつでも、「普通の人々」やそうした人々に支持される保守派の政治家や保守イデオローグのより穏健な主張を後景に保持しているという点にある。いくら橋下徹や安倍晋三が、国連人権委員会の勧告を受け、何年も前から活動を行ってきたレイシスト団体の活動がやや下火になりつつあった二〇一四年になってからやっと、過激なレイシズムは「日本の恥」などと論難したところで、それはあくまで偏見の過激さや言動の汚さについて言及しているのに過ぎず、実際にレイシストが主張しているような歴史修正主義やマイノリティへの偏見は、彼ら政治家の言動にこそ多くみられたものである。そもそも、幾人かの与党政治家らはかつてヘイトスピーチが問題化されていなかった時期には、そうした団体の主催する場でスピーチを行い、握手を交わしていたのではなかったのか。

過激な差別主義は、そうした保守的政治家やイデオローグの欲望を屈託のない形式で模倣しているのに過ぎない。したがって、移民研究者の樋口直人が過激なレイシストの共通項として観察される特徴は「権威主義」であるという点だと実証的に議論したことは全く正しい（樋口 2014）。

この名状しがたいアイロニカルな現象は、むしろ日本社会における「普通の人々」が通底的にもち、日常生活において無意識に行使されている他者への権力として把握しなければならないだろう(1)。つまり、対象とされなければならないのは、日常性の舞台における他者への視線や〈善意〉の構成要件が、どのようにしてパブリックな政策を下支えし、そして国政から日常性の水準にいたるまで、一貫して人口のある部分の声が剝奪され、デモクラシーの場に引き入れられなかったのかということである。ここで問題にすべきは、日常の再帰性をもたない慣習的行動（pratique）である。

（2）権力構造の作動

また、本書が問題とする対象において、権力は決して上から下へ、一方向的に流れるものでもなければ、その絶対的な中心点が観察されうるものではない。少なくとも指揮系統という明示的な部分に限っていっても、これまでみてきたように、国政的水準における制度設計は、むしろその具体的な内容を空白にしており、単に「世論」や「社会」が期待し、望んでいる（だろうと予期した）ことを大枠として設定しただけに過ぎない。[2] ここには絶対的主権者はどこにも存在せず、あるとすれば善良な人々は何を考えているのかと想像する、国家と社会の双方における相互に偶発的な、予期的契機においてのみである。

「世論」は現在、何を善しとし、政府に何を期待しているのかを強く推し量り、その部分にこそ依拠するポピュリズム政治にとって、主導的価値は「新保守主義」の教条のうちに在しているのではなく、もしくは旧態政治の「財政問題」を取り沙汰する「新自由主義」でさえ、予期的に観察された「世論」のあり方を後追いしている側面があるのかもしれない。しかし、一般的な「世論」や、あるいはこれを報じるメディアにとっても、何らかの確たる理念が観察されるわけではなく、政府による細かな施策の推進方途や、個別の政治家、官僚の「常識」からの逸脱的行動に対する道義的批判を別とすれば、既存の法システムを無条件に肯定し、政府が根底的に前提とする「支持の政治」と国民の分割それ自体は、全く問題とされることもなかった。細やかな言動の端々や、個別的な施策の方途といった、政治的分野における枝葉末節へのクローズ・アップと、その一方で行われる「政治的なもの」からの逃走は、国家と「社会」の一体性を保証するものであったが、ここにおいて、国家が上からの命令を社会に伝達しているると考えることは全くできないだろう。

ニコラス・ルーマンはシステムが細分化され、分権化された後期近代社会において、単一のシステムが絶対者として、あるいは管制高地としての位置を占める上位者として君臨することはなく、システムの相互補完的な関係のうちに全体社会を安定させる要件を認めたが（Luhmann 1990＝1992）、本書が対象とする出来事もまた、こうした管制高地の存在しない、システムの作動として考えるべきである。かつて神学体系と教会の権威が法や政治システムに対する上位システムであり、サブシステムを統括していたのとはもちろん異なり、法や政治の領域は、報道メディアや大衆社会の「世論」を敏感に察知し、常に不安定でアドホックな言説の流行現象に対して忠実でなければならない。しかし、だからといって諸システムの構造は必ずしも不安定化しているわけではなく、むしろ一定の範域内では強固な安定性を保持している部分もある。

しかし一方で、ルーマンの議論を過度に匿名的な「システム」の作動として解釈すべきでもない。システムの背景には常に現実の社会勢力や「都市への権利」への不均等が存在しており、問題の本質をシステムの構成それ自体や、あるいは匿名的なグローバル化などの論点に求めることは誤りである。デヴィッド・ハーヴェイが『コスモポリタニズム』での議論において、「絶対空間」の出来事に問題を回収するような還元主義に対して批判してきたことを、私も追認したいと思う（Harvey 2009＝2013）。

グローバル化のフローと、後期近代におけるシステムの細分化は、五〇～六〇年代にかけての米国においてみられたような、安定的な国内政治・経済の構造を確かに揺るがしつつあるようにみえる。そこでは旧来の規範や価値は新たな評価基準の導入によって、常に挑戦を受ける可能性があり、また異なる価値基準をもった人口グループが流入・退出することで、都市の流動性は向上している。例えば、京都市木屋町や先斗町においても、旧来の自治会は高齢化および参加者の減少傾向にあり、当該街区における暗黙の価値基準は揺るがされ、その影響範囲は次第に減少しつつあるものと考えられる。都市街区に大資本によるチェーン店が導入され、外国人オーナーの店舗が流入し、貸しビルの名義はすでに自治会の認知すべき範囲ですらない。比較的均質性をもった「顔の見える」関係性は多くの先進諸国における街区で消尽しつつあり、だからこそロバート・パットナムは、彼のコミュニタリアニズムに基づく価値判断から「社会関係資本」の重要性を喚起しようと試みたのであった（Putnam 2000＝2006）。こうしたコミュニタリアニズムの立場は、社会変動や「リキッド・モダニティ」に対して、地域的な場や「顔の見える関係性」を護持しようと試みるものだと理解できる。

（3）都市への権利

しかし、流動性を増し新たな社会集団と交錯する街区は、決して複数の文化と多様性を保持する空間になっているわけでもない。むしろ街区はかつてと同様か、あるいはそれ以上に、均質性の空間として構成され続けており、この点を欠かしてゼロ年代日本の状況を考察することはできない。ここでの均質性には、二つの意味合いがある。

第一に、多くの都市において空間の配備はますます単一の評価尺度、すなわち資本の論理が全域化し、商業地としての採算があわないロケーションは、常に淘汰され続けているということ。したがって、ジェントリフィケーションや新たな不動産の囲い込みは、こうした資本による空間の均質化として把握されなければならない。確かに一見すると、街区のモチーフは様々であり、「京都らしい」空間や、大阪の情緒と活気あふれる空間といったイメージ上の差異は強調される傾向にある。しかし、こうした空間の限界的な差異化は、都市空間のテーマパーク化とでもいえる現象に過ぎず、その背景にある採算と利得の道具的計算は、どの都市空間においても重要性を増しつつあり、本来の意味で自由な使用に開かれた空間は減少する傾向にある。(3)

第二に、「都市への権利」の問題を考える必要がある。理念上は万人がもつはずのストリートとパブリックな空間に対する権利は、しかし今日、依然として変わらずマジョリティと富裕層にとっての専有的特権となっており、都市の流動性や多様な人口集団の流入は、そうした構造を崩壊させるのではなく、むしろ強化している。均質化しているのは「都市への権利」をめぐる力学の政治的単純化であり、どのように都市空間を管理し、誰を発言権ある主体とみなすのかについての、都市における「政治的なもの」の権利公準である。移民の流入や、新興店舗の進出、不動産名義の流動化は、決してマジョリティの権力を弱め、都市の支配構造を多元的なものに変化させているわけではない。

例えば京都市や新宿の繁華街は、そこで働く多数の雇われバーテンダーや給仕と料理人、学生アルバイト、清掃業者、駐車場の警備員、物流に携わる働き手、ビルの改装や建設工員、タクシーの運転手やそのほか無数の都市雑業的労働者らを欠かして、一体どのような都市の魅力と賑わいを取り戻せるというのか。そして、彼ら／彼女らが本書の事例でどの程度、「無秩序」の整除ルール策定や、都市のあるべき未来像についての議論に参加できたのだろう。ほとんど皆無である。しかし少なくとも、せいぜい当該都市の一消費者である（もちろん、消費者も確かに幾ばくかの都市への権利はあるものの）、有名な作家や知識人が「日本人とその都市の云々」を代理表象できるのであれば、彼らや彼女らは組合的手法であれ個人的な発声であれ同様にそうすることができ、他者から耳を傾けられるべき正当な理由がある。

こうした状況を念頭におきながら、サスキア・サッセンは「グローバル・シティ」におけるフローの均質化と集積化を指摘した。サッセンの議論はやや抽象的な「グローバル化」の影響力を実体化しすぎているようにもみえるが、エスニック・マイノリティや貧困層は、多様化し増加すれども参入せずの客体的地位に止まり続けているという指摘についてはあたっている（Sassen 1999＝2004）。

サッセンが論じた状況よりも、よりミクロな現象に目を転じるのであれば、表面上は影響範囲の減少と、参加者数の低減に悩まされてきた京都市の自治会は、しかし行政や一部大学との提携を強め、またそのルートを専有することによって、他の多様な集団に対する相対的な優位を保ち続けてきた。そして、そのような伝統性と旧来からの社会関係資本に基づくコミュニティは、決して街区に流入する大資本と正面から対決することもしない。都市空間がいかようにあるべきかをめぐる発言は、だから地方行政と都市政策の「専門家」、そして「京都らしい」街区の構築を企図する中間集団と百貨店などの大資本の連携による、産官学とコミュニティの「理想的」な連携によって領有され、「無秩序」と指差されたものの声が、そのネットワークに参入／算入される道筋はほとんど存在しない。

したがって、こうした二種類の均質化（空間の貨幣的平準化と、都市への権利をめぐる一元的管理）は、もう一方の手で空間の序列化と分断を促進させる。マニュエル・カステルがデュアル・シティと呼び、ジャック・ドンズロが「三重都市の構造（La ville à troisvitesses）」として指摘した都市空間の分化は、他ならない均質化によって達成されようとしている。ドンズロは「三重都市の構造」として、ジェントリフィケーションと郊外化のほかに、「棄て置き（relegation）」を上げているが、これは明白に現代フランスの郊外団地を念頭においてのことであった（宇城 2010）。フランス白人層が転出し、取り残され「内輪を強制」された郊外団地の移民層が、郊外暴動の折りに内相サルコジから「危険な階級」とみなされたことは記憶に新しいことだが（山本 2008）、こうしたドンズロの分析はフーコーの「生権力（bio-pouvoir）」概念を想起させずにはいない（Foucault 1976＝1986）。

「死なせるか生きるままにしておくという古い権力に代わって、生きさせるか死の中へ廃棄するかという権力」が、近代の力学として浮上したと述べる彼の有名なフレーズは、しばしば「規律＝訓練」型の権力と接合され、「生きさせる」型の権力が強調され、分析対象とされてきた。もちろん、そうした読解が誤りであるわけでは全くなく、むしろ正当でもあるが、ドンズロの分析はフーコーの述べる「廃棄する」側の権力こそ、近代的な「生権力」の極限的な作動形態であることを思い出させてくれる。(4)

京都市や大阪宗右衛門町、あるいは歌舞伎町での出来事が、ドンズロの文脈にならっていう広義のジェントリフィケーション的企図であったとするならば、その逆に、犯罪／都市政策の外部に位置付けられた名もなき「無秩序」は、しばしば「廃棄」される対象物に他ならない。これは比喩的な誇張ではなく、例えば同時期の京都市において景観・環境政策の謳い文句と共に、路上生活者による「空き缶」の回収を禁止する条例が可決されたように[5]、ジェントリフィケーションと下層階級の不可視化は常に手を携えているのであって、今日の生権力は「無秩序」への直接的な魂への介入ではなく、単にそれらの人々を人口統計上の数値として扱い、路上生活者が大阪などの近隣都市へ移動した（させられる）ことを、記録するだけである。それでは、以上のような出来事を、理論的水準ではどのように把握すべきなのだろうか。

2　コミュニティの権力構造

(1) 新しい古典としての政治とコミュニティ論

少なくとも、歌舞伎町や京都市木屋町の出来事は、都市・政治社会学のすでに古典的な理論となった「コミュニティの権力構造（Community Power Structure：以下CPSと略す）」論の射程範囲に収まっているようにみえる。五〇年代から六〇年代の米国において大きな社会学的議論となった「統治するのはだれか」をめぐる、コミュニティ内での意思決定構造に関する議論は日本でも広く知られているが、フロイド・ハンターの議論を嚆矢として、その後ロバート・ダールやネルソン・W・ポルスビーらとの議論を経験するCPS論争のうち、とりわけ後者ダールやポルスビーらによる「争点（issue）」を出発点とする都市の「統治」論は、本書の事例的対象にも適合しているようにみえる。まずはこれらCPS論を検討することからはじめることとしたい。

フロイド・ハンターは、リンド夫妻の「ミドゥルタウン」調査を念頭におきながら、「リージョナル・シティ（仮名であり実際はアトランタ）」の政策決定構造を、（1）成員、（2）メンバーシップ、（3）成員の役割や機能、（4）成員の行動を規制する規範の四点に分けて考察した（Hunter 1953＝1998）。ハンターはまず、当該地域で中心的役割を担っていると考えられる人物のリストアップから研究を開始し、それら人物や、あるいは第三者による人物への評価を基にして、人口三一万をもつ「リージョナル・シティ」の重要な政策決定が、実際には四〇名という一握りの人間によって概ね行われており、そうした権力エリートの存在が民主的な政治の実現を妨げているのではないかとする示唆を含む議論を展開した。したがってハンターの研究は、同時代におけるチャールズ・ライト・ミルズの「パワー・エリート」論と近接領域にあるものとみなされ、戦後アメリカ社会への批判の書としても読まれたが、こうした議論には、五〇年代以後多くの反論も提出されてきた[(6)]。

もっとも早い時期にはカウフマンとジョーンズの反論があり、彼らはハンターがあげる「四〇名が一晩のうちに死亡したとして」しかし、「リージョナル・シティ」の政治的構造は、変わらず継続していくであろうとの推論を提出する（Kaufman & Jones 1954）。すなわち、ハンターの議論は、政策決定の構造を「上から下」への流れのうちに把握しており、政策の受け手が命令指揮に対してどのように反応するのかといった議論を欠かしたまま、権力を特定の個人に帰着させようとしている点において誤った分析であるとの指摘を行ったが、これは古典的なヴェーバーの「支配」と「正統性」の概念を念頭においた議論であったと解釈すべきだろう。つまり、カウフマンらは、コミュニティの権力とは、一般大衆が「合法的支配」や社会的地位に対してその正統性を認めることで成立しているのであり、特定の個人はたまたまその地位にあるというだけのことだとして、個人を分析の出発点にすることの不適正を指摘したのである。

カウフマンらの立場を首肯しつつ、ロバート・ダールは政策決定者を分析対象とするのではなく、政策に係る

「争点（issue）」を調査の基軸に据えた有名な報告を提出した（Dahl 1961＝1988）。ハンターの「声価法」に対し、しばしば「争点法」と呼ばれるダールの調査は、コネチカット州の「ニューヘヴン市（New Haven）」を対象とし、そこでの政治的リーダーの選出法から公教育のあり方までをめぐる「争点」に、どのような集団が参与してきたのかを報告したものであった。ダールは、「権力者」の潜在的影響力に注意を払いつつも（「自分の資源をいかに最大限に利用するかを知っている指導者は、他の人たちの代理人ではなく、他の人たちの方が彼の代理人なのである」（Dahl 1961＝1988：19）とするような）、方法論上の操作として、ある「争点」に対して明示的な影響力がどのように発揮されてきたのかを調査対象としてきた。したがって、しばしばダールの権力論に対して指摘される、「権力の潜在的発動」を捉えきれていないとする議論は、確かにそのとおりではあるが、しかしダールはあくまで権力の作動形態を実証的に捉えようと試みるために方法論的な限定を用いているのであって、必ずしもそうした批判が的を射ているわけではない。

さて、ダールはまず、権力はかつて十八世紀の貴族主義にみられたような「累積的」形態を伴って現れるわけではないことを指摘する。すなわち、社会的地位や高い資本力をもつ個人や集団が、例えば大衆からの支持や、公的な場での尊敬を集めているわけではないとし、一つの分野における権力の集積は、他の分野における権力の「累積」を必ずしも伴うわけではないと彼は主張する。ニューヘヴン市における最初の市長であった、ロジャー・シャーマン（独立憲法への署名者の一人）の時代において、高い政治的地位を占めることと、社会内での尊敬を集め、また経済部門における高度な資本力を所有することは、比較的「累積的」であり、こうした時代においては、確かにハンターの指摘するような「パワー・エリート」の存在を認めることができる。しかし、おおむね第一次世界大戦の終わりごろから、貴族階級の出自であるということと、経済的資源を保有することや、社会的な「人気」を集めることは異なる分野における出来事となり、一つの分野における成功が他の分野における成功を意味するのではなく、そして当該地域での「争点」に応じて必要な資源もまた変化することから、ニューヘヴン市においてピラミッド型の権力成層構造が認められるわけではないと彼は指摘した。

すなわち、一九五〇年代のニューヘヴンにおいて権力は「多元的体制（Polyarchy）」の構造をとっているのであって、単一の支配的集団や統治者は存在せず、ハンターが指摘するほど権力は累積的でもないことをダールは指摘したのであったが、これは決して当時のアメリカ社会がデモクラティックで、理想的な政治形態であることを主張しようと試みるものでもなかった。むしろその逆のことをダールは指摘したのであり、「多元的体制が寡頭制の状態から非常にかけ離れているとすれば、それはまた、民主主義の哲学者たちによって提唱され、またすべてのアメリカ人によって、実際にその支持が表明されている民主主義の平等の信念と結びついた政治的平等という目標の達成からもまた、遠く隔たっている」のである（Dahl 1961＝1988：118）。

なぜならば権力が非累積的であり、また寡頭制ではないことは、必ずしもそれだけでトックヴィル流のデモクラシーが存在することを裏付けるものではなく、例えば経済的に裕福な人であるほど、そうでない人々に比して政治的参加の度合いは高いことや、高等教育を受けた人々とそうでない人の間には「争点」への参与が不均等に分配されていることなどを、彼はすぐさま論ずる。

また、ダールのもとでニューヘヴン調査に参加したネルソン・W・ポルスビーの見解も、こうした「多元的体制」を支持するものであった。ポルスビーは何らかの「争点」への発言権が、貨幣と信用、社会的立場や人気、投票権の有無から個人のモチベーションまで、複数の要因によって規定されており、それらの資源の配分は不均等ではあるが、単一の集団にのみ帰着するものではないことを指摘している（Polsby 1963＝1981）。そして「広範なコミュニティの状況に及ぶ意思決定への参加が、コミュニティの比較的に少数の集団に限られてはいるが、そうした限定された参加は、地方住民の大部分の同意によってはじめて成立」しているものであるとし（Polsby 1963＝

1981：186）、意思決定の構造は上から下へ流れるものではなく、下からの承認が権力を可能ならしめているとの古典的な社会学的見解をポルスビーも踏襲した。

（2）CPSと近年の議論

以上のようなCPS論争（権力は累積的か非累積的か、ポリアーキーか寡頭制か、方法論上の争点法か声価法か）のうち、ダールやポルスビーらの見解を本稿の立場では支持しなければならないだろう。彼らの議論は今日政治的にも社会的にも流行したパットナムらによる「社会関係資本」の評価や、広井良典によるベストセラー『コミュニティを問いなおす』とは、かなり方向性が異なっている（広井 2009）。

筆者はそうした社会的互酬の重要性それ自体を否定するものではないが、パットナムや広井は「リキッド・モダニティ」に対抗する地域の力という構図を楽観的に捉えすぎており、マジョリティの力学や地理的な不均等性を軽視しているように思う。「社会関係資本」はそれが閉鎖的なものであれ、「橋渡し型」のものであれ、それ自体としては社会変革や少数者の権利に資するものとはならない。問題なのは関係性の内容なのであって、アメリカにおけるヤッピーの洗練された街区と新進ファッション・デザイナー集団との交流も、ウォールストリートの「占拠」運動における諸団体間の「親和的グループ（affinity group）」による連帯も、いずれも「社会関係資本」の概念で把握することができるが、それが意味する内容は全く別のものである。変革期における社会と人間の不安定さへの処方箋として、「顔の見える関係」の内実を問わないまま楽観的に称揚するわけにはいかない。この点について、ダールらの古典的な政治社会学的議論は問題の本質を言い当てていた。

ゼロ年代日本における「自主防犯活動」への掛け声や、「無秩序」の選定といった争点は、明らかに首長や閣僚といった権力エリートの決定によってのみ為されているわけではなく、コミュニタリアン的な知識人や海外から輸入された「環境犯罪学」の理論、国土交通省による「都市再生プロジェクト」の論理から地方行政の思惑、さらには中間集団がもつ社会関係資本のあり方まで、複数の要因によって規定されるものであり、またより狭い「自治会」集団内部においてすら、経済資本や伝統性、グループ内の評判といった多元的なリソースの配分が観察される。もちろん、これら資源の配分はダールらが指摘したように不均等なものであり、これまで指摘してきたようにゼロ年代日本における犯罪政策は決して十全にデモクラティックなものではなく、むしろ多くの部分においては閉鎖的で、参加者の善意とは裏腹に結果としての差別主義を伴うことすらありえた。

しかし、こうしたCPSに関する議論は本書での具体的な事例を検討するための基本的な視座を提供してくれるものの、全面的に有効であるとは言い難い部分もある。それは対象の範囲と捉えようとする分析の角度の違いに由来する問題であり、決してCPS系の議論の問題であるとはいえないが、これらの論争はあくまで伝統的な実証社会学の視座からする「中範囲の理論」であり（マートンは「中範囲の理論」における特殊理論の具体例としてコミュニティの権力と構造の分析をあげている）（Merton 1948）、本書が企図してきたような空間に対する構造主義的（あるいはポスト構造主義的）解釈を射程に含めているわけではないからである。

まず、本書の関心は国政的水準から現場における決定が、どのような流れの中で「あるべき空間」が措定され、何が「無秩序」として外部化されることで国家と「社会」が、その共同性を確保しようと試みているのかを捉えることにあった。したがって、こうした空間のフローはまず第一にコミュニティの政治を超え出た範域における出来事であり、第二にこれを捉えようとする本書の視座は、より（ポスト）構造主義的な分析、例えばルイ・アルチュセールの「イデオロギー装置」批判や、フーコーによる「統治性」分析に近しいものである。したがって、以上のようなCPS論争を踏まえた上で、ここでは社会思想的分野における議論をさらに援用する必要があるだろう。

3　都市、そして空間の生産

(1) 日常生活への批判

今日、都市計画は「都市計画批判」でしかありえないとし、「参加の不可能」に対して社会の参加を主張しながら、分割と生活世界の植民地化に抗する全面的な「都市計画批判」を叫んだのは、五〇年代末の欧州におけるシチュアシオニスト（Situationiste）であった。まずは彼ら／彼女らの議論からはじめよう。

ギー・ドゥボールを旗手とし、オランダ、ベルギーを中心に欧州各国で広範な「日常生活批判」と藝術運動を展開した彼ら／彼女らが対象の一つにしたのは、スペクタクル化された空間それ自体であった。シチュアシオニストは、今日の都市計画は工場と消費による、すなわち貨幣の論理の徹底化を都市空間にまで拡大させるものであり、「イデオロギー」を日常生活の隅々にまで配備させようとする試みに他ならないとし、本来の意味での「都市計画」などもはや存在しないと非難した。

都市計画は存在しない。それは、マルクスのいう意味での「イデオロギー」にすぎない。建築は現実に存在する。コカコーラのように。それはイデオロギーで包まれてはいるが、偽造された欲求を偽って満足させる、現実の生産物である。それに対して都市計画は、コカコーラをめぐる宣伝にも比すべき、人目を引く単なるイデオロギーに過ぎない。社会生活全体を見せ物（Spectacle）におとしめることを企図する現代資本主義は、われわれ自身の疎外の見せ物以外の見せ物を提供できない。

（Internationale Situationiste 1958＝1997：46）

シチュアシオニストは、既存の都市計画によって構築された（されようとしつつある）都市空間のあり方を読み替え、異化させる試みとして、それらを批評し戯画化する藝術活動や、あるいは意図された都市空間の用い方とは異なる「遊歩者（flaneur）」の視線を都市計画家の視線に対置させようとする「漂流（dérive）」を提起した。シチュアシオニストにとって当時の都市計画は、スペクタクルの全域化と歩みを同じくするものであり、また都市から個人が疎外される現象を加速させる装置として把握されていた。こうした認識から五〇年代に国家と資本がル・コルビュジエと、その追随者を用いて行った近代的都市計画に対して、「反都市計画」としての都市計画案が提出されたのであった。

前節で論じたような都市の均質化に対してベンヤミン流の「遊歩者」の眩暈を用い、スペクタクル化する都市を遊戯的に剝離させ、都市計画の論理を民衆の論理に「転用」しようと試みることは、初期から中期シチュアシオニストの得意技であったが、こうした都市計画に対する批判の多くは、実のところ彼らの思想的先達であったH・ルフェーヴルに多くを依拠している。

ルフェーヴルはシチュアシオニストの機関紙にもたびたび好意的に引用され、六〇年代初期までドゥボールの盟友ともいってよい関係を保ち続けたが、ルフェーヴルの都市計画批判は、それ以前の「日常生活」批判とも密接な関連をもつものである。戦前期からファシズム独裁と中央計画への批判を重ね、ヒトラーによるパリ占領以後に多くの書物を押収されたマルキストの彼は、しかし同時代にソビエト共産党を批判し、スターリン主義のドグマティズムを辛辣に非難する独異の理論を構築してきた。いわば彼はマルクス主義的観点に立つ、確固とした自由の擁護者であり、戦後フランスにおいて『ヒューマニズムとテロル』を著した時期のメルロ＝ポンティと政治的に近しい立場に位置付けられる全体主義への批判者である。

日本では主として彼の都市・空間論がよく知られているが、実際にはルフェーヴルの思想遍歴は一本調子のものではなく、六〇年代から七〇年代にかけてなされる都市論および「空間の生産」論は、それ以前の二十年間に行われてきた日常生活と全体主義批判の軸をずらし、対象と分析の焦点を組み替えたものであるから、まずはこれら日常生活批判を読解しなければならない。議論の筋道を先に述べておくが、五〇年代前後に行われた日常生活論は、同時代の反スターリン主義的マルキストや実存主義者の議論にもみられる、変革主体としての一般民衆の能動的な実践を強調するものであったのに対して、七〇年代以後の空間論は、これよりは潜在的であまり意識されることのない日常的慣習への批判を伴ったものである。

さて、四七年に上梓された『日常生活批判——序説』は、一般に理解されているようなマルクス主義的見解から出発しているのではなく、明らかに戦中ドイツ（および親ナチスであったヴィシー・フランス政権）への批判から出発している。彼が批判するのは、ヒットラーを可能ならしめ、そしてファシズムの誘惑に屈したドイツにおける平均的な青年の心性であり、形式的には「超人的」で、修辞的な部分においては「人民的」な装いに偽装されたレイシズムと全体主義の体制である国民社会主義と、それがもたらした「日常生活（quotidienneté）」からの疎外現象であった。

> 日常生活の神秘的もしくは形而上学的批判は、詩人によるものであれ、哲学者によるものであれ、その議論が形式的に〈左翼〉のそれと類似していても、いやかえってその時にこそ、結局は反動的立場に帰着する。（中略）この日常生活の拒否、すなわち、労働、幸福の拒否を、大衆的現象、解体しつつある中間的諸階級の病い、集団的神経症として捉えるならば、それこそまさしくヒットラーの「神話」なのである。
>
> （Lefebvre 1947＝1968：55、傍点ママ）

こうした日常生活からの疎外、あるいは労働と余暇の物象化がもたらされたのは、当時の平均的ドイツ人が日常の風景を「認識的」に把握しないまま、単に「審美的」位置に止まり、そしてその不満を内破するかのようにみえたヒットラーの「神話」に取り込まれてしまったからに他ならない。こうしたルフェーヴルの考察は、ヒットラーに扇動された特定の大衆というよりは、どの時代にも存在する大衆＝われわれ自身の中のヒットラーへの批判といってよいだろう。だから「認識」することのない人々は、「眺めてはいるが見ることはできない」のである（同前訳書：57）。

そして、ルフェーヴルによると人々は単に「認識」から出発するのでもなく（したがって、マルクス主義的な見解を学ぶことによってのみでもなく）、もちろん「眺める」ことのみに終始するのでもなく、「眺める」ことと「認識」を弁証法的に接合することによってのみ、「自由な生活」を企図することができる。ここで「眺める」行為は、彼／彼女の生きる慣習的な生活の内部にのみ存在しており、言い換えれば、その身体性と接続した出来事であり、「かれの意識はかれの現実の生活に、かれの日常の生活に依拠している」のである（同前訳書：79）。

したがって労働者階級の意識や認識は、上から与えられるのではなく、その内部から摑み取られなければならない。そうでなければ、容易に偽装された「超人的」神話に取り込まれてしまう。このようにルフェーヴルの議論は、鋭く全体主義の経験を批判するところから出発している。

そして、日常性によって規定された意識を、より具体的で能動的に自由を摑むための主体へと変化させるために、彼はいささか月並みともいえるマルクス流の弁証法を提起する。すなわち、「私的生活」それ自体は、いささかも貨幣の論理や生活世界の植民地化の欺瞞を暴くこともなく、これを意図的に自己の「疎外」の意識と、そして、日常生活を根底から定めている諸々の「意味」を理解する弁証法によって、「私的生活」が実際のところは共在的なものであることを把握し、自由のための行動を開始すべきだと述べる。その上で彼は、「自由」とは単一のものではなく、諸々の「生活」に規定されたものである以上、多様な段階と形態があるものであり、そして、そうした複数の「自由」が存在しうる可能性の空間を確保することこそ、今日の課題であると考えた。

　こうしたマルクスに対する「生活」的観点からの読解は、「実践」の強調と「日常的慣習」への言及によって可能となっている。一般に、邦訳文章において「実践（praxis）」と「日常的慣習（pratique）」の区分は曖昧であり、両者はともに「実践」と訳されたが（『空間の生産』における「空間の実践」は pratique の方である）、都市社会学者の武田篤志が指摘するようにルフェーヴルの思想においてプラクシス（実践）とプラティーク（日常的慣習）の区別は重要である[7]（武田 2003）。グラムシの「良識・常識」論と並べていうならば、プラクシスは「良識」に属し、プラティークは「常識」に属するといってもよい。以下では武田の解釈を素材としながら、ルフェーヴルの議論に註解を加えていこう。

　通常、マルクス主義における労働者階級の意識的な「実践」というと、これはプラクシスの側であり、四〇年から六〇年半ばにおけるルフェーヴルの用法も、こうした語用法を念頭においたものである。だから、「日常生活批判」は、無意識的なプラティークの側から議論をはじめながら、これをプラクシスへと展開させることを企図した議論であったといえる。

　人は生まれた空間、都市のあり方に深く規定されており、そのあり方はプラティークとして現出する。しかし、プラティークを規定する労働や余暇、空間はすでに貨幣の論理によって浸潤されているがゆえに、人々のプラティークはプラクシスへと転化できないか、あるいは近視眼的に誤ったプラクシス（ヒットラーの神話）へと扇動される可能性がある。こうした論理が五〇年代ルフェーヴルの基本的視座であった。

　ルフェーヴルをして「パリ・コミューン」の歴史学的研究に進ませたのは、以上のようなプラクシスへの渇望であったといえる。なぜならば、彼にとって「パリ・コミューン」は歴史上初めて民衆が、自らの手で摑み取った

「自由」に向かうプラクシスであるからだ。したがって、一八七一年の出来事をルフェーヴルは、「ブリュメール十八日」の逆の事件として捉えている。

「二度目は喜劇」として訪れたブリュメールの事件を、マルクスは民衆にとっての生活と政治からの疎外現象として描いたが（Marx 1852/1985＝2008）、ルフェーヴルはその後に起こったパリの事件を「悲劇」として描く。まずルフェーヴルにとって蜂起した民衆は、その「生活」をプラティークに埋め込まれた、「パリの人民」であった。だから「巨人的な挑戦を極限まで押しすすめ、その最後の帰結にまで導いたパリの人民は、パリの終末を眺め、彼にとって装飾以上のものであり枠組み以上のものであるもの、すなわち、彼の都会、彼の肉体とともに死ぬことを願う」ことによって、「パリ・コミューン」は希望であったとともに、悲劇以外の何物でもないと彼は論ずる（Lefebvre 1965＝1967：16）。

しかし、生活の破壊に直面し、危機的状況をプルードン主義を背景にすえた連帯によって乗り越えようと試みたパリの人民は、その最後の防衛的蜂起によって日常性をプラクシスへと転化させる。一般にマルキストによって、マルクス主義に基づく蜂起の初期的事例として解釈される「パリ・コミューン」は、しかしルフェーヴルの手にあって歴史学的事実としてはマルクスの影響よりも、プルードンなどの連帯論に依るところが大きく、これをもってマルクスの意義を過大評価することはできないと解釈されたが、こうしたルフェーヴルの議論は教条主義的なマルキストと、反動主義者の双方を批判するものであったといえよう。もちろん、当時のフランス共産党は公式的に革命の原動力は工場プロレタリアートにあると考えていたから、このような都市的反乱を革命の一つの源泉と考えるルフェーヴルの立場は挑戦的なものであった。

さて、こうしたルフェーヴルのプラティークからプラクシスへの移行論において、プラティークは実際に行ってはいるが、その意味内容に対して行為者が自覚的ではないところの、いわば「行動」であり、そうした行動がどのように規定されているのかといった事柄よりも、プラティークをどのようにして実践＝プラクシスへと転化させるべきかといった議論に中心点が置かれていた。この傾向は、「日常生活批判」と並行しながら行われた六〇年代から七〇年代にかけての都市論においても、ある程度まであてはまる。

（2）都市空間とプラティークへの考察

六八年に『都市への権利（*Le Droit à la ville*）』を、七〇年に『都市革命（*La révolution urbaine*）』、七二年では『空間と政治（*Espace et politique*）』を立て続けに著したルフェーヴルの問題構成において、当時の「都市計画」は克服されるべき地点に在る。彼はまず「都市（ville）」と「都市的なるもの（l'urbain）」を区別し、都市を物理的な環境のあり方、つまり建築物の構造や街区の組み立て方に属するカテゴリーだとして、この領域は「経済的、政治的、人口統計学的」による技術的な対象領域であると考えた（Lefebvre 1972：74＝1975：83）。これに対して「都市的なるもの」は「生きられた」空間であり、都市居住者の主観的位相と、都市計画や建築造成といった客観的な空間構成が相互に出会う場所として「都市」とは区別されている。

そうして彼は破壊されつつある自然への、あるいは郷愁ある田舎への権利が盛んにいわれる時代にあって、「都市への権利」は静態的なものではないと断りながら、過程としての「都市生活への権利」を公民は主張することができると指摘した。それは都市にありながら、都市への権利から事実上締め出され半植民地化された住民、労働者、都市利用者といった、実態として都市を形成する人々にとっての権利である。ここにおいて、超富裕層や大企業経営者はいわば「ヨットの中から」指示を送り、都市ではなく「城館から城館へと」移り住むだけのものとして戯画化される。「都市への権利」は古い城壁に囲まれた都市ではなく、変貌しつつある都市での、そこで生きる権利、交換し利用する権利、都市生活の出会いと、また交換価値から解放された使用の権利である（都市計画へのテーゼ

7）（Lefebvre 1968＝1969）。

ルフェーヴルは都市のあり方を「農村」から「工業社会」へ、そして「都市社会」の時代へと徐々に移行するものとして把握しており、これは唯物史観に対するルフェーヴル流の解釈であった。ほぼ同時期の日本においても、羽仁五郎が「農業社会」からの脱却と、都市における「自治体」（羽仁にとってコミュニティは曖昧な概念であり退けられた）の構築を企図していたが、これはルフェーヴルの立場とそれほど大きく隔たってはいない（羽仁 1968）。

そして都市空間の考察に際して、ルフェーヴルは分析の水準を三つに分割する（Lefebvre 1970＝1974：74）。（G）総体的レベル（global）、（M）混合的レベル（mixte）、（P）私的レベル（privé）がそれであるが、このレベル区分は『空間の生産』におけるマトリックスにまで引き継がれることとなった。（G）総体的レベルは、国家による都市計画を典型例とする、国家による意志表象の貫徹、あるいは諸戦略の配備のことを指す。フーコーであれば、統治者による兵站や工場の配備図、軍事的な地理測量のことを（G）と呼んだであろうが、ルフェーヴルも同様に、国家による鳥瞰図的な都市の把握を総体的レベルに含めて考えている。

これに対して（P）私的レベルは、上述した「日常生活」におけるプラティークを典型例とした「住むこと（l'habiter）」と、そして総体的レベルによって企画された単なる「居住区（l'habitat）」の二つを含む混成的で分割された水準である。近代的な都市計画と、あるいはトマス・マルサス的な「人口論」とその俗流解釈は「住むこと」を「居住区」へと押しやり、労働者が「寝て、食べて、起きる」ことを数値化することで、身体をあるべき位置へと定置してきた。だから今日の（P）は、素朴な生活者の視点といったものではなく、「居住区」の論理によって切り詰められているとルフェーヴルは考える。

最後に（M）混合的レベルは、総体的レベルと私的レベルが都市空間において混ざり合い、諸戦略が対立しあう場として把握される。ここが「都市的なもの」に固有の場だと彼は指摘した。この混合的レベルにおいては、社会的諸関係が反映されるだけではなく総体的レベルにおける戦略と、私的レベルにおける戦術や力関係が影響を発揮することによって、すぐれて都市の現実が形成される「戦場」となる。だから、CPS論争における「名望家」のやり取りは本来（M）の水準に位置するが、ルフェーヴルであれば名望家の権力を、それを超え出た技術的理論（都市工学や警察学）および、国家的諸戦略の反映として観察すると同時に、私的レベルにおいて名望家の権勢を下支えする、建築物の構造や立地要件（比喩的にいえば高地に建てられた伝統的邸宅）と、大多数の一般市民が声なき声によって容認する正統性の多面体として関係的に把握しただろう。

七〇年初期までのルフェーヴルは、ここでみた「都市」の論理に対する「都市的なるもの」の優位を、そして「居住区」に対する「住まうこと」の優位を理論的に主張することで、「諸戦略」に対する下からの変革を企図していた。こうした立場は「都市のグラスルーツ」を社会運動の源泉として捉えたM・カステルの議論と近似するものであり（Castel 1983）、当時の日本における社会学会でのルフェーヴル受容も、このような反都市計画や環境・住民運動の論理を肯定する理論だとして行われてきたといってよい。

ところが、七四年に発表された『空間の生産（*Production de l'espace*）』において、こうした下からの＝労働者のプラクシスを期待する議論は後景に退いている。代わりにルフェーヴルの考察対象となったのは「空間のプラティーク（La pratique spatiale）」であり（これは邦訳では「空間の実践」と訳されているが、本書では区別する）、「空間のプラティーク」がどのようなイデオロギーとかかわりをもち、そして何よりも、どのような生産諸力と生産諸関係によって形作られてきたのかを、『都市革命』における（G）と（P）の水準とのかかわりから明らかにしようと試みたのが、『空間の生産』の主たるモチーフであった。

実はこのようなプラクシスの称揚へ一足飛びに議論を進めるのではなく、プラティークの構成を探求しようとする姿勢は、七〇年以後の、例えば『都市革命』や『空間と政治』の中にもみられる。『空間と政治』における「ポスト・テクノロジー社会」への考察においてルフェーヴルは、現代社会における空間の「道具的」利用が、諸生活の意識を大きく規定しているからこそ、ここでは空間をめぐる可能性と現実性の間に矛盾が穿たれていると論じた。都市計画や国土開発のブルドーザーは、私たちの身体が生まれる場所であるところの空間それ自体を規定し、そしてこの地点から思考が始まらざるをえないのだとすれば、「空間の生産」によって社会の生産様式と思考の可能性もまた規定されざるをえないとするのが、この時期の彼の議論である。こうした地点からはプラティークがどのようにしてプラクシスへと転化するのかといった議論よりも、プラティークそれ自体が、どのような空間によって規定されているのかを把握しようとする、より認知的な議論が志向されるのもまた当然のことであった。

こうしたプラクシスへの期待から、プラティークへの認識あるいは批判へと議論の主軸がずれはじめるのは、七〇年初頭に入ってからの学生・市民運動の停滞と分散にも係る問題である。七二年に書かれた『資本主義の存続（*La Survie du capitalisme*）』では、労働者を変革主体とした歴史の進展に疑義が投げかけられ（Lefebvre 1973）、また同時期の都市論においても「労働者」よりも、都市の「使用者／ユーザー」のあり方を中心とした論述が目立つようになるが、およそ七二年から七三年ごろを区切りとして、ルフェーヴルは「プラクシスの図式」を転換したものと考えてよいだろう。したがって、これ以前の都市論と『空間の生産』の議論は、認識論的に「切断」されているか否かといえば連接してはいるものの、その重心は明らかにずらされている。

『空間の生産』は、かつて時間に従属するものと考えられ、単なる「ユークリッド幾何学の平面」と同様に扱われてきた空間の概念を、自律的かつ関係的な概念として取り扱い、空間と心的風景（ボードレールやユゴーが例示される）の分裂を指示し、空間を生産諸力および諸関係とのかかわりにおいても取り扱おうとする大作であり、その全貌をここで詳細に論じつくすことはできないが、本書での議論に必要な点についてルフェーヴルの議論を追いかけていくことにしよう。

彼はまず、『空間と政治』において示されたテーゼにしたがって、空間それ自体が政治であり、自律した要件であると考える。かつて工業社会や農村社会において問題となっている物と生産諸力との関係は、都市と生産諸力との関係へと転化し、今日では都市空間こそがヘゲモニーの現れる場であるというのが、彼の変わらない診断である。したがって、ここでの思惟は「生産された空間から、つまり生産の空間から、空間そのものの生産」（Lefebvre 1974：108＝2000：151）へと移行しなければならない。

これは「生産された空間」の時代に比して、今日の都市空間は全域的にイデオロギーとヘゲモニーが反映される場になったということを物語っており、私たちの意識もまた、そのような空間の規定から逃れることはできないということを意味している。例えば市街地の中心に位置する銀行、公官庁の街区の外側に編成された郊外の低所得者向け団地といった街区編成の構造や、それら建築物の構造、都市区画すべてに対する貨幣の論理の適用（均質化）といった出来事は、もはや十九世紀にパリ市長G・オスマンが行った市街の「大改造」計画と比するべくもない。オスマンが行ったのは「大砲が届く範囲」の街区改造であったのに対し、今日の都市は全域的な均質化と分節化（序列化）によって、私たちの「日常生活」と意識を潜在的にも顕在的にも規定している。(8)

そして、今日の空間を分析するのに際して、ルフェーヴルは「表象の空間」「空間の表象」「空間のプラティーク」を区分し、それぞれの水準と、それらのせめぎ合いから現代社会への批判に向かおうとした（Lefebvre 1974：48-49＝2000：82-83）。これはよく知られた区分であるが確認しておこう。

「空間の表象（Les représentation de l'espace）」は、『都市革命』の時点で彼が（G）の水準と呼んだものに近しい、「都市計画家」や「技術官僚」「社会工学者」の空間であり、ある空間を平面的に切り取り、統治者然としてそれらの空間を区分し、「居住区」を割り振る社会にとっての「支配的」な空間である。ルフェーヴルはこの空間の記号的な把握を「思考される空間」と呼んだ。

これに対して、「表象の空間（Les espace de représentation）」は文字通り「直接に生きられる空間」であり、「住まうこと」や（P）の私的なレベルに対応している。都市の「遊歩者」が空間を眺めること、あるいは住民が空間を「用いる」ことがこれにあたるが、同時に「芸術家」や「ものを書こうと熱望している人々」の空間でもある。六〇年代後半の議論において、ルフェーヴルはこの「生きられた」空間からプラクシスが派生し、「空間の表象」を打破しうると考えており、その想定は全く覆されてはいないが、この時期においては全面的に首肯されることもない。なぜなら、「表象の空間」は常に「受動的」な場であり、「空間の表象」を受け入れ、反復する場ですらあるからだ。したがって、「表象の空間」における想像力がプラクシスへと転化するためには、何らかの媒介項が必要となる。この点については後述しよう。

そして、「空間のプラティーク（La pratique spatiale）」とは、「空間の表象」と「表象の空間」が出会い、実際の「都市的なるもの」を形成する場である。したがって、ここには物質的・身体的な経験が含まれる。例えば工業社会において典型的な道路網の整備や工場の配置は、当該社会に生きる人々の行動（プラティーク）を規定するものであり、そうした空間のあり方は実際の行動とは別に存在する。したがって、「空間のプラティーク」は行動の要件としての身体作法を規定し、工業や郊外住宅、幹線道路の配置手法によって「表象の空間」のあり方を根底から定めているが、しかし、「表象の空間」において企図されうるプラクシスが、空間の支配的な構造を打破しようと試みる場（例えばパリ・コミューンのバリケード）もまた、「空間のプラティーク」を通してでしかありえない。ここで重要なのは、この「空間のプラティーク」を認識するためには（例えば、ヴェルサイユ宮殿の壮麗さの背後にどういったヘゲモニーや生産諸力の関係があるのかを認識することだとルフェーヴルは例示した）、意識的な「分析」が、すなわち「空間の生産」への分析がなされなければならないと彼が考えていたことにある。

そして「空間の生産」は常に、このような三者の構造的連関のうちに（決して二項の対立ではなく）行われるのであって、当該社会の空間を認識し、そこからプラクシスを派生させるためには、まずもって三者の関係性を抽象的にではなく、個別具体的な出来事に基づきながら把握する必要があると、彼は力説する（Lefebvre 1974＝2000：Ch1.）。

したがって、今日の「空間の生産」がどのように行われているのかへの認識を欠いたまま、空想的社会主義への飛躍を行うことは、かつてであれば（例えばグラムシであれば、ゼラチン状と呼んだ社会では）一定の有効性を持ちえたのかもしれないが、今日、空間が全域的に領有化された時代にあって、こうした振る舞いは無効であると彼は指摘した。すなわち「今必要なことは、空間の科学を夢想し、追い求めることと、空間の生産を認識することを、はっきりと区別すること」なのである。そして何よりも「空間の生産」への認識は「空間の表象」や、逆に「表象の空間」における思い付きによって成されるのではなく、つまり「ひとりよがりの空間科学による空間の裁断や解釈や表象ではなく、空間の中で、また空間を通して、時間を（なによりもまず生産の時間を）再発見」することでなければならない（Lefebvre 1974：109＝2000：153）。

以上のようなルフェーヴルの「空間の生産」論の一断片においては、プラクシスからプラティークの把握へと、分析の焦点がずらされている。その上で、彼は「空間のプラティーク」と表象との考察を通して、新たな空間「構想」の可能性へと進もうとした。構想それ自体ではなく、構想することの可能性、すなわち潜勢態として、ヘゲモニーに抗する場の要件をこそ、彼は『空間の生産』において擁護しようと試みていたのである。

だから「空間の生産」論は、まずもってマルクス理論の「空間」への適用と彼自身が語っているように、モノ、生産物とそこからの疎外ではなく、空間それ自体に対する考察であり、空間と身体、そしてプラティークに対する認識へと展望を開こうとするものであった。時間に従属する派生物としての空間から、空間を通して生産と時間の分析へと進もうとすること、そして支配され領有された空間から、別様の空間を構想する可能性の場を確保しようとすること、これこそが『空間の生産』のライトモティーフである。

以上のような議論は、同時期に行われ、しばしば賛否両論を呼んだフーコーの「ヘテロトピア」論とは位相を異にしている。(9) フーコーはルフェーヴルの分類でいえば「空間の表象」と「表象の空間」について議論を展開し、日常的な現実を異化させる空間として「新婚旅行の部屋や海賊船」をあげたが、そこには「空間のプラティーク」をめぐる関係的な考察も、経済や政治の分析も欠けている。デヴィッド・ハーヴェイは最近になって両者の比較検討を行い、ルフェーヴルに軍配を上げたが、その診断は確かに正しい（Harvey 2009＝2013）。もっともフーコーの「ヘテロトピア」論は彼の発想の一部分を、簡単な講演として明らかにしただけであり、これとルフェーヴルの主著とを比較するのはややアンフェアであろうが、フーコーの「ヘテロトピア」論が、ベンヤミンによる都市の肖像画的エッセイへの小品的オマージュの範囲に止まっていることは間違いない。しかし筆者としては、フーコーの思想的意義は彼の主著群にあるのであって、そして彼の仕事は確かに権力と言説、および表象の分析に向けられているからといって、これをもってより広い範域に視点を向けたルフェーヴルの間に本質的な優劣があるとは全く思わない。それは単に問題設定の違いであり、重要なことは両者の作成した道具箱をどのように利用するかという点にある。

4　空間・文化・政治

（1）空間の政治が作動するとき

ＣＰＳ論は都市における「決定」が、どのような集団や階層の人々によってなされ、そこにどういった力の非対称性があるのかを考察しようと試みる、政治・都市社会学的議論であった。こうしたCPS論は、ルフェーヴルの空間論にあって「争点」や「決定」を超えた、当該社会のヘゲモニーや空間の構造へと分析の照準は延長される。いわば争点を可能ならしめる日常的には意識されない諸々の構造（国際的な観光のための都市間競争や、内向きのオリエンタリズム、国民の産出）への考察をルフェーヴルは志向し、構造と「争点」の合間を「空間のプラティーク」と彼は呼んだ。

以上のような認識をもとに、本書で対象としてきた具体的な事例について再解釈を試みていこう。本書での出来事は、本章冒頭でまとめたように、「無秩序」への制御的視線を特徴とする、国家と社会（の部分）の合一を企図した、一連の犯罪政策における統合および社会的分断現象であった。ゼロ年代の犯罪政策が結実し作動する具体的な場は、「自主防犯団体」が活動し、あるいは警察力の適用範囲であるところの街区に他ならない。しかしそうした街区において、何を「望ましい」ものとし、何を「無秩序」と規定するかといった境界設定の力は複数の要因によって規定されていた。

まずもって、具体的に「無秩序」の境界線を設定する地域政治の場において、「自治体」および地方行政役人の決定は、ポルスビーが指摘したように、単数のヒエラルキーによって可能ならしめられているのでは全くない。そこで重要とされたのは、経済的資本や役職上の肩書といった資源のみならず（しかしこれらの資源は重要なものではあり軽視してはならない）、街区における当事者性や伝統性、あるいは社会関係資本の多寡であり、これらの資源のうち、いずれかのみが突出して大きな影響力を発揮していたというよりは、これらの資源を複合的な背景としつつ、「まちづくり」の「会議」において他の参加者から高い正統性を付与された発言者の言が優先的基準として作動してきた。

ところが、そのような「会議」の場の設定、すなわち「争点」の構成方法それ自体を規定していたのは、地方行政および国政的な問題関心であり、これらなくして、全国的な規模において「無秩序」への関心が高まることは、およそなかったものと考えてよいだろう。さらにゼロ年代に輸入された「環境犯罪学」と「割れ窓理論」への関心の高まりは、そうした国策に理論的枠組みを付与し、実際の施策のあり方にも影響を与えたものと思われる。前章まででみた、これらの複合的な出来事を、ルフェーヴルの図式を想起しながら便宜的に分類していこう。

① 空間の表象

「都市再生プロジェクト」の設計図、「犯罪対策閣僚会議」における理念、そして「環境犯罪学」（とりわけ「割れ窓理論」）、地図化された犯罪統計の図表、さらにコミュニタリアニズムや新保守主義の理念。これらは、「国土」がどのようにあり、また都市がどのように取り扱われるかを明示的に指示する国政的問題関心に属する。「空間の表象」としての、これらのプロジェクトや理論は、あるべき一般的な街区像を掲げる一方で、個別具体的な内容としての施策のあり方までを指示するものでもなかった。そして、これらの枠組みは、さらに下部水準における地方行政の問題関心において、より地域別に特殊化され、これが具体的な施策の柱として機能してきた。ここで注意しておきたいのは、これら「空間の表象」は前章まで指摘してきたように複数の理念によって駆動され、それぞれの論理がお互いを補うことによって可能となっていた点にある。

第一に、「犯罪不安」を正統化言説とし、「社会のため」に強力な犯罪政策を推し進めるべきだとする「社会」を支点とした理念があり、ここに「割れ窓理論」が挿入されることによって、社会と国家が合一的に施策運営にあたるべきだとの発想が産出される。

第二に、「世界一安全な国」を謳い文句とし、安心で安全な「観光都市」の整備を目標とする、犯罪政策とは異なった国土交通省などにおける省庁の論理、経済合理的な理念がある。これは空間を厳密に道具的な水準で用い、消費し、あるいは販売するための空間を「内向きのオリエンタリズム」によって造成しようと試みたが、この論理は出発点こそ違え、第一の犯罪政策の理念と交差する部分がみられた。すなわち、国民と国家、産官学の連携によって道具的に用いられる空間を共に造成し、その場から不純物を取り除くべきだとする一連の施策において、文化・観光政策としての、この「表象の空間」の論理は犯罪政策の理念と矛盾なく接合され、相互補完的に作動してきた。

これら二種類の「表象の空間」は、空間を造成すべき主体としての「国民」と、その外部に位置する「無秩序」を鋭く区別することによって、国家と国民の境界線を曖昧にすると同時に、ある種の事物をその客体として措定しようと試みた。こうした「支持の政治」における「ピープル」の根源的分割は、ゼロ年代日本の犯罪政策がもっとも重要な前提とし、そしてこの「空間の表象」を可能ならしめる出発点でもあった。

② 表象の空間

「自主防犯団体」「町内会・自治会」の施策、あるいは「協議会」に参加する住民の視線。これらとは別に想定されうる政策・施策の影響の受容者として、もちろん都市の「遊歩者」が存在し、あるいは客体としての人々が存在する。表象の空間を生きる、これらの人々にとって「割れ窓理論」はおそらく詳細な知識の範囲外であり、また「都市再生プロジェクト」や「犯罪対策閣僚会議」の存在も、十全に認知されていたわけではない。これら空間の表象に関する認識は、地方行政の役人や有識者からの伝聞情報として受け取り、また具体的な「無秩序」の選定にあたって、日常的な問題関心（繁華街の賑わいを取り戻すこと、風俗店を生活圏から不可視化すること）よりも、大きな役割を演じたとはいえないだろう。

しかしながら、「自主防犯活動」の実施主体にとって、国政的な空間の表象は矛盾したものではなく、その大枠に対する疑義もまた十分には観察されなかった。前章で指摘したとおり、空間の表象によって大まかな施策の志向性を方向づけられた現場の問題関心は、事後的に空間の表象に内容を書き入れ、その大まかな方向性を是認すると同時に、個別的内容の空白を埋めることに寄与した。また、PTAや町内会が全国で作成するように奨励された「地域防犯マップ」は、いわば「体感治安地図」であり、これは「表象の空間」と「空間の表象」を関連付ける橋渡しの機能をもっている。

ここでの空間の表象は、そうした中間集団の志向性を予期的に把握しており、そして何よりも、「社会」のための政策であるとの姿勢を崩さないことによって、そのような現場の反応をも先取りしていた。だからここで観察されるのは予期的な「偶有性」の相互補完であり、いずれかが先に反復的な権力構造の始発点を構成していたわけでもない。その構造はあくまで弁証法的なものである。その一方で、主体的な参与の道をすでに閉ざされていた「不良外国人」などの部外者は、その表象の空間に属する声を発することのないまま、往々にして施策の対象とされてきたのであった。

③ 空間のプラティーク

「問題ある」看板や「いかがわしい店舗」のない街路、客引きや「不良外国人」に対する視線が隅々にまで浸透した街路と、それを実現させるための制度としての各種「条例」、そうして構築された新たな街区。京都市の場合であれば、路上喫煙の法的な禁止とセットで作成された、木屋町入口にある高瀬川の喫煙所、電柱の埋め込まれた花街の風景、光らなくなった看板、公衆トイレが特別警察隊の詰所として建て替えられたこと、客引きの禁止された路上。

ホミ・K・バーバは、近代「国民」の創出は、「上からの」押し付けではなく、エルネスト・ルナンが隠喩によって示した「日々の人民投票」によって行われると述べながら、ある物語（narrative）が優越し、もう一方のテクストが語られないまま「忘却」されることによって「国民」を書くことが可能になると論じた。ここにおいて「日常生活のがらくたや切れ端、ぼろのたぐいは、首尾一貫した国民文化の記号へと繰り返し変換」されなければならない（Bhabha 1994：213＝2005：249）。バーバによる指摘を転用すると、何が「無秩序」であるのかを指示する「住民」の声は、国家による施策を遡及的に下支えし、そのような「問題ある状況」への反復的な指差し確認を、国家－社会が共有することによって、良民の生活圏としての街区は「復興」されたのだと捉えることもできる。そうだとすれば、ここでの「空間のプラティーク」は国家と社会（の一部分）による、「日本国民」の街区の実現であり、そのような空間を造成することは、エクリチュールとしての「国民の歴史」とは別の媒体における、しかし類似の物語ではなかっただろうか。したがってこれへの批判者は、「創られた伝統」を批判することに加えて、私たちの街区を問題としなければならない。理念としての街区と「都市への権利」によって、空間的不均等の埋め込まれた街区を異化すべきである。

以上三項が交差し、混じり合う場がゼロ年代日本の犯罪／都市政策であった。しかし、ここで留意すべきなのは、この図式はルフェーヴルが七〇年前後に想定していた情況と、異なる環境のうちに構成されているという点にある。先述したように、ルフェーヴルの問題関心は国家によるパターナリスティックで、また移民や労働者を管理するための「都市計画」を批判することにあった。だから彼は「プラクシスの図式」や、あるいはプラティークへの認識を強調したのであったが、六〇～七〇年代における社会状況と、ゼロ年代日本における出来事とは、大きな位相のずれがある。

日本においても、羽仁五郎が国家と資本の論理に抗する「自治体」の論理を掲げ、また同時期に磯村英一は消費

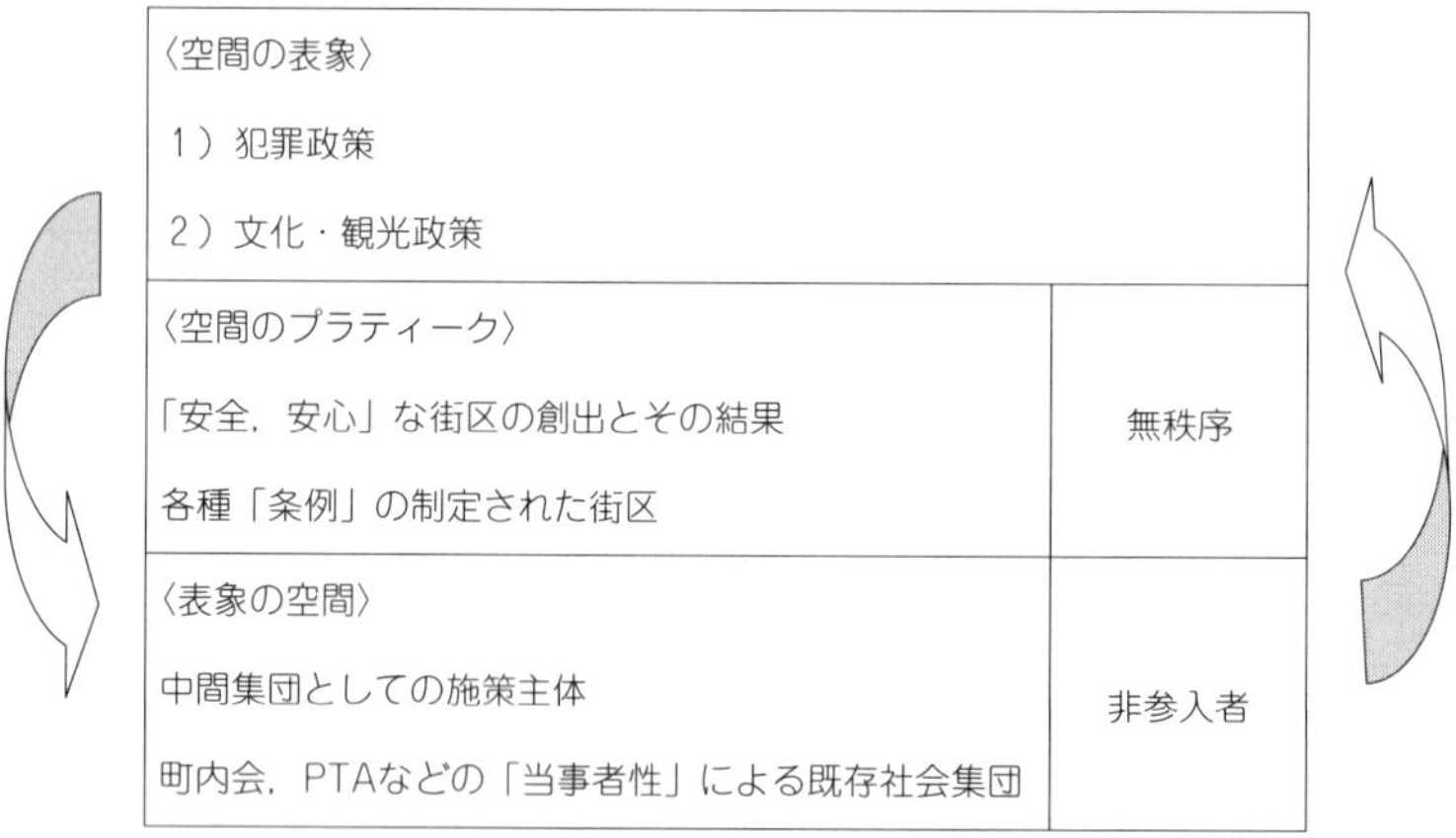

〈空間の表象〉	
1）犯罪政策	
2）文化・観光政策	
〈空間のプラティーク〉	無秩序
「安全，安心」な街区の創出とその結果	
各種「条例」の制定された街区	
〈表象の空間〉	非参入者
中間集団としての施策主体	
町内会，PTAなどの「当事者性」による既存社会集団	

＊上から下へ向かう矢印は，「表象の空間」の反応を予期し，政策の枠組みを設定するメカニズムであり，下から上へ回帰する矢印は，政策の正統性を事後的に確保している。

図6－1

社会化と都市計画による個人の孤立を問題視していた(10)（磯村 1969）。しばしば今日の議論でも引用されるジェイン・ジェイコブスも、その視座の根本にはモータリゼーションや都市計画の過熱によるコミュニティの分断に対する危機表明が置かれているのである。ところが、ゼロ年代日本における状況は、こうした国家と社会の分断、あるいは国家による自治体やコミュニティの切り詰めを前提要件とするものでは全くない。ここで問題にしなければならないのは、国家と社会の、フーコーが「治安国家」と呼んだ同化現象であり、今日起こっているのはシステムによる生活世界の植民地化というよりは、あるサブシステムの、他のサブシステムに対する優越と、私有化による公共性の喪失である。ここにあるのは上からの開発主義や都市計画の押し付けではなく、「国民的」な同化主義なのだ。したがって現在、「安全、安心」な街区を構築するための理論としてジェイコブスを引用するのは、彼女にとっても遺憾なことであり、問題の本質はそこにはない。この点については結論でもう少し補完しよう。さて、ここまでの議論と枠組みを図形化すると以下のようになる（図6－1）。

ルフェーヴルや羽仁の時代において、念頭におかれていたのは「空間の表象」と「表象の空間」の合間にひかれた横軸であり、パターナリスティックな都市計画やモータリゼーションに対して「居住点の思想」が抗する可能性の場こそが、「空間のプラティーク」に属していた。したがってシチュアシオニストやルフェーヴルが企図したことは、そのような横軸の存在を明示化し、「空間の表象」の論理を読み替え「転用」することによって、「表象の空間」における「住まうこと」の論理を優越させることである。

ところが、ゼロ年代日本の状況において、もはや対立線は横にではなく縦に引かれている。ここでは「空間の表象」と、大部分の「表象の空間」は合一してあり、ともに外側に位置する「無秩序」と「非参入者」と区分される。そして「無秩序」は社会一般に問題共有された対象物として指定されることで退去し、「非参入者」の位置はそもそも初めから意識されていない。したがって今日の問題構成は、ルフェーヴルが当時想定していたものから移行しはじめ、ランシエールやバリバールが語ったデモクラシーの機能不全、あるいは人口の分割によって縦に引かれた社会の非対称性となりつつある。

(2)非対称性をどのように理解すべきか、そして監視社会論への批評

このような非対称性は、これまでみてきたように決して経済資本の配分にのみ基づくものではなく、制度としての国民（パスポートに記載された出自）や、文化政治におけるヘゲモニーの確保など、犯罪政策の対象・客体となりうるすべての可能性に連接しうる出来事に由来しているといえよう。ここでは入管当局における難民や「不法滞在者」の乱雑な取り扱いかた、「ムスリム」を観察対象とする公安当局の姿勢、レイシズム運動への批判者に対して行われる逮捕（実際警察は、ヘイトスピーチ問題の扇動者とそれへのカウンター側を「秩序紊乱であるのはどっちもどっち」だとして理解して両者を監視し、しばしば公務執行妨害や道交法違反の容疑で逮捕している）、こう

した明確な刑法的カテゴリーに属するのではない、社会通念一般からして日常的に無視され、あるいは偏見によってみられる文化へゲモニーにとっての余所者の問題を想起すべきである。

そうした余所者に関する空間の政治にとって、通俗的な「名望家」の権威や、具体的な政治制度と経済的不均等は社会分析の前提とされるべき事柄である。都市社会学や文化社会学の分野における「空間論的そして文化論的展開」や、フーコーが提起したような権力とディスコースの分析は、そうした通俗的で露骨な社会関係に依拠してこそ、初めてその意義を十分に発揮することができる。

これまでも若干の言及を行ってきたように、ハーヴェイの『コスモポリタニズム』は、空間の政治を、具体的な「地理学」に接続させようと試みるものであった。彼は同書において、ルフェーヴルに全面的に依拠しながら、第一に空間の政治に関する問題を「絶対空間」における平面で把握するのではなく、第二に、空間の概念を時間の概念に従属させる発想を拒否することで、空間を具体的な地理学の知識によって裏付け、同時に経済、政治、文化イデオロギーとの「関係的」構造として位置付けるべきだと論じた。この指摘に筆者が負うべき点は大きい。

本書におけるこれまでの議論は、対称となる素材としてはこれまで「監視社会論」に位置付けられる出来事を取り扱ってきた。しかしフーコーの権力論に学びながら、ルフェーヴルとハーヴェイの都市論に足場をおく筆者の立場からすれば、デヴィッド・ライアンらが主導してきた「監視社会論」の問題構成は十分に利用しがたい点もあり、本書は敢えてそのような議論から距離をとってきた。

ライアンによる議論は、まず状況診断を高度情報社会と「リキッド・モダニティ」の進む、後期近代の変革に措定し、そこでの一般的には知られざる監視の強化について「見るもの」と「見られるもの」の視線の不均等性に焦点を当てたものである。そこで侵害されている理念としての権利は、プライバシーの権利と、人口集団の分割である。ライアンは好んで映画『マイノリティ・リポート』やジョージ・オーウェルの『一九八四』を文芸的批評の方法によって取り上げ、現代的監視を比喩的に批判するために用いるが、そうした批判は元来そのような作品群が現実への皮肉を意図しているのであるから、これは一般的な読み方といえるだろう。

そして、ライアンが指摘したような、監視のシステム的問題の指摘は確かに正しい。しかし、筆者の問題構成からすれば、語り忘れているもの、本来問題にすべき論点のいくつかが軽んじられているようにも思われる。それは端的にいえば、監視をシステム的な問題に還元してしまい、そこでの新しい技術の配置が、諸個人に対して作動する影響の問題として平面的に捉えられている。確かに彼は、諸個人にとって監視が複数の現れ方をしている点について指摘し、システムが一義的に主体へ及ぼす影響について語っているのでもなければ、「見る側」「見られる側」の非対称性についても現代的な議論を行っている。しかし、ハーヴェイの議論を援用していえば、彼の議論はどうしても「地理学」が欠如しているようにみえ、監視の前提とされるべき政治的および日常的な権力への議論は副次的なテーマに止まっている。これはあくまで彼が、例えばバウマンとの共著で述べているように、現代の問題を「リキッド・モダニティ」における社会構造と日常の不安定さとして理解し、そこで均質化された監視のシステムが人口集団を区分し、同時にプライバシーや諸個人の自由が脅かされているといったシステムと主体の対立構造として議論を展開しているからである。要するに、彼が好んで用いるオーウェル論には、筆者にはオーウェル理解にとって重要なピースに思える『カタロニア賛歌』が欠けており、警句や風刺の戯画として『一九八四』の一部分だけを取り上げてしまっているように思えるのだ。

よく知られているように、オーウェルは第二次世界大戦前夜、フランコ時代のスペイン内戦にアナキストの一義勇兵として参与し、その体験をもとに『カタロニア賛歌』を書き上げた。この作品は後に彼の出世作である『動物農場』や『一九八四』を記していくための基礎となった作品であると私は理解している。丁度ルフェーヴルにとっての『パリ・コミューン』の位置付けが、オーウェルにとっての『カタロニア賛歌』なのだ。

同作品は淡々とルポルタージュ形式で、カタロニア地方での生活および風景と、少しの戦闘について書かれた従軍小説である。そして、同書の核心にあるのは、後半部分で描かれるスターリンの国際旅団と、オーウェルが所属したアナキスト系のＰＯＵＭ義勇軍との対立であった。対立というよりは、少数派であるＰＯＵＭが一方的にスターリニストによって罠にかけられ、その文化的ヘゲモニーと、軍事的な敗北が並行的に進展していくさまが冷静な筆致によって描かれている。

遠征から戻ったオーウェルがみたバルセロナの市街は、ＰＯＵＭの集会所や隠れ家が破壊され、敵対的プロパガンダ・ポスターが貼られ、都市プラティークの反転させられた街区であった。そこでは軍事的・文化的ヘゲモニーの陣地戦の仮借なき敗北が彼を待ち受けていた。ファシストに通じた裏切り者、補給線を背後から混乱させたという、彼のアナキスト団体に帰せられた「罪」は、同時代のドイツ国内で跋扈していたユダヤ人と共産主義者による背後からの「匕首伝説」と何ら変わるものでもない。そしてＰＯＵＭはすでに違法化されており、かつて団体に所属したことのある彼やその仲間らは、遡及的に非合法な存在であるとされた（Orwell 1938＝1966）。

この地を這うような具体的な政治と、物質的な都市プラティークの変転、人間関係の崩壊、帝国主義的な大文字の正義に対するニヒリズムが彼の文学思想にとって、そして『一九八四』の理解にとって重要な始発点を形成している。『カタロニア賛歌』を書いた時点のオーウェルは、アナキストや社会主義者を自称してはいるものの、しかしイデオロギーよりも対面的人間関係を優先する個人主義者でもあり、バルセロナで出会ったファシストの民兵個人に対しては「何の憎しみも抱かなかった」ことを正直に告白している。こうした彼の立場について「チャールズ・ディケンズなどを生んだ、十九世紀の個人主義的ラディカルの伝統を受け継いだ最後の人間」であり、しばしば「自分が矛盾を持った存在」であることを誇る傾向にあると指摘したのは、同じくアナキスト運動家で批評家のジョージ・ウドコックであった（Woodcock 1966＝1972）。

オーウェルの『動物農場』『一九八四』といった主要作品は、あくまで権威主義や全体主義に対する風刺の物語として描かれているため、それだけを取り上げて議論するのであれば、確かにシステムと主体性の対立問題や、システムがどのような手法で支配を継続するのかといった平面上における法維持的暴力の問題として読める。そこには『カタロニア賛歌』にみられるような空間のプラティークとプラクシスの緊張関係は描かれていないし、具体的な地理学は何も書かれていない。それはあくまで絶対空間におけるディストピア論なのである。しかしだからこそ、オーウェルの意義を汲み取るためには、そうした絶対空間でのディストピアが現出するためには、常に具体的な政治の場が前提とされていることを彼は作家経歴の早い段階で経験した点を、強調しなければならないと私は考えている。

ライアンの監視社会論は、確かに監視の問題点を正しく指摘している。その点について彼の議論は有効な論点を提供してくれる。しかし、私が本書で採用した問題関心は新しいテクノロジーと社会との関係性ではなく、抽象的なシステムと主体性や自由を対比させることでもないため、彼の議論はハーヴェイやルフェーヴルの議論と比較すると扱いにくい道具だったのである。

5　空間を異化し、理念を対置させる

本書ではこれまで、ゼロ年代日本における空間の政治について議論を進めてきた。そこでの空間はルフェーヴルが指摘したように、犯罪政策や都市計画的な「空間の表象」と、擬制的な当事者による「表象の空間」が入れ子構造を形成することで、古くて新しい街区である「空間のプラティーク」を物質的に形成する過程として把握すべきである。こうした空間の政治は常に時間と空間の交差する過程として、そして現実的な党派政治とイデオロギー、

都市の利害関係と権威、経済的なヘゲモニーとの関係性の中で生成されている。

この場における出来事は、小さな取るに足らない景観への規制や創出から、より社会問題としてのフレーミングに適合的な「外国人」「ホームレス」への取り扱いといった論点を含むものであった。しかし一般的にいって、このような風景や都市をめぐる問題は、例えば今日の原発立地に関する問題や、海外派兵に関する論点と比較すれば、政治的には取るに足らない問題であるように思える。そのとおり、本書はゼロ年代日本においてメディア上で展開されたような「犯罪不安」問題という、実際には取るに足らない大衆的な流行現象が、どのようにして国民的運動に転化したのかというスペクタクルと空間の政治を題材にしたのである。

しかし、例えば明治以後の日本という近代国家に付随する多くの物語は、取るに足らないような日常的で小さな出来事にこだわることによって創出され、しかしその結果生じた現実的な国家の力学は、極めて多大な影響を民衆に対してもたらしたのではなかっただろうか。例えば平安神宮はどのようにして建設されるべきなのか、国語における平仮名の使い方はどうあるべきなのかといった、全く微細な問題が、私たちの生活をプラティークの場において規定し、その出来事の束が弁証法的に国家それ自体の力と関係することで、例えば誰が「アナキストの大逆者」であるのかを規定する文化装置を形成してきたのである。

無論こうした比喩を出したからといって、筆者が現代の情況をかつての帝国主義と対比させようと考えているわけではない。しかし、犯罪統制と空間のポリティクスには、ゼロ年代日本における小泉‐安倍政権時代の、そして長く続く不況あるいは「戦後最長の好景気」という矛盾した時代の中で生じた、すでに去りつつあり未だ残っている、問題とすべき出来事が内包されていると思われる。去りつつあるのは、社会の流行現象やメディア・トピックスであり、残存しているのは国家化する社会の側面と、あるいは新保守主義的な空間のプラティークおよび文化ヘゲモニーである。そこでは古くから変わらず、コモンズの主権者としてではなく、統治者であるかのように振る舞う「国民」と、その表象のイデオロギー的利用がある。

本書冒頭で述べたように、流行現象としての「犯罪問題」は二〇一四年の時点では「児童殺害」のニュースが多少話題になるものの、かつてのように爆発する兆しはなく、「割れ窓理論」の政策的流行も沈静化しつつある。しかしゼロ年代から二〇一〇年代へと進み、民主党政権の時代になってからも、「犯罪対策閣僚会議」の開催は慣例的に継続され、それは自民党の手に政権が戻ってからも同様である。犯罪政策はいつでも、国家的なものの役割として道具的機能を付与され、流行り廃りとは関係なく粛々と継続されている。最近の「犯罪対策閣僚会議」など国政的水準における共通テーマは変わらず「世界一安全な日本」のフレーズにあり、時節的な部分は「二〇二〇年オリンピック・パラリンピックを見据えたテロ等違反行為の防止対策の強化」に変化した（犯罪対策閣僚会議 2013）。もちろんオリンピックのような開発主義のフレームに対して、東京スカイツリー建設の際にそうであったように、その下に住まう無名の派遣労働者や整理区画の野宿者は整除対象としては人口学的に数値化されたとしても、「都市への権利」の分け前に数え上げられることはないであろう。

それでは、こうした空間構成と疎外について、何をもって批判すべきだろうか。そのもっとも簡潔で受け入れられやすそうにみえる解法は、現在の情況では残念ながら「グローバル化」やＴＰＰの浸食に抗して地域社会の場を対比させるパトリオティズムであろう。しかし、グローバル化や社会の不安定化に対して、住民や当事者による「表象の空間」を置き、社会関係資本の大切さを説くべきなのだろうか。筆者はここでそのような「場所の政治」としてのコミュニタリアン的解法の一面性と問題点を指摘してきたつもりである。

政治哲学者のナンシー・フレイザーは、ジョン・ロールズ流の「正義論」を国内経済の内部問題に対して適用させ、そこでの「社会的公正さ」について議論することの危うさを指摘した（Fraser 2009＝2013）。そこでの正義の「枠／尺度（scale）」は、手続き的に「何が」「誰が」公正なのかについての前提となる尺度それ自体の設計に、「国民」や「住民」といった暗黙の前提が挿入されてしまう。いったい誰が、どのように「分け前のある／ない」ものであるのかをめぐる政治を問題としたジャック・ランシエールの視座と、フレイザーの議論はここで合流する。ある特定の場所や国民性を、公正さの「秤／尺度」とする設計は、コモンズや「都市への権利」に関する問題では限界があるということである。

フレイザーはこの問題に対して、少なくとも当該係争における「被治者限定原則」を採用すべきであり、国民資格や市民資格、あるいは公害問題等のように法的・科学的に同定された「被害者」資格でもなく、所定のルールの影響下にある公衆が、当該ルールの「秤／尺度」に参入されているかどうかについて、声をあげる十分な権利をもっていると想定した。この観点からすれば、例えばハーヴェイも参与したウォールストリートでの「占拠」運動の参加者らが、国籍や人種、居住地を問われることなく、リーマン・ショックの影響やその後始末を投資家や多国籍企業の観点からつけようとする経済政策への疑義申し立てを行い、街区を占拠することは、全く正当化される。無論、ここでの「被治者」の範囲については客観的かつ一義的に確定しえるものではないため、その範囲設定それ自体をめぐって論争を喚起することだろう。当事者性という入れ物に、「国民」や「住民」を無自覚的に挿入することは、本来多様で関係的な当事者概念を空虚な正統化のシンボルにしてしまう。この点についてフレイザーの議論は、筆者からは誰が「当事者」なのか、なぜ「国民」に限定されるのかといった原則の再確認を絶えず促し続けることで、開かれた公共の議論に資するもののように思える。そして事実、「占拠」運動では常にズコッティ公園の開かれた利用法や、経済問題には還元しえない、性的あるいは民族的なマイノリティらのアイデンティティ・ポリティクスについての議論が行われ続けたことは幸いなことであった。

こうした手法および運動の戦術によって公的に問題を提起し、その闘争の中で空間のプラティークを異化させ、批判的なプラクシスへと変化させることは理に適っていると思われる。ここでは、空間をかつてあった「コモンズとしての広場」のユートピアとして想定するのではなく、空間を政治および経済的力学との関係の中で争われる係争の空間として不和を表明することが可能となる。そしてこの不和はそれ自体が目的化されるべきではない。なぜならば、現在生じているような排他的イデオロギーによる「国民」からの不和も、確かに空間の政治の一部分を構成しているからである。

したがって、ここでの「秤／尺度」への問題化は、かつてあったであろうユートピアとしてのコモンズを想定することで行うのではなく、本来であればそうあるべき批判的理念としての、未来形の自由と公正に依拠するのでなければならない。確かにそのようなユートピアはどこにも存在しない。しかしそれは批判概念として、あるいは現実の尺度を問題化する概念としてはいつでも有効である。この観点において「都市への権利」は公衆のものである。

注

（1）森千香子は、こうした日常の権力を具体的に示唆する例として、神奈川県にある郊外団地と日系移民やインドシナ難民の事例を報告している（森 2007）。外国人居住者に対する日常的な「噂」は、当該居住区における分断を促進し、さらには「外国人」集団内部における序列化をも惹起している（私たちが問題とされるのは、より悪い外国人居住者のせいだ、とするような）と森は報告するが、こうした出来事は、前章でみたような「風俗店」関係者の所作とも近接するところがある。

（2）ゼロ年代日本の政治が、徐々に「民意」の現れたる「世論調査」を政治的決定の拠り所にするようになってきたことは、井芹浩文（2010）などが論じている。

（3）和田伸一郎（2009）は、ゼロ年代後半における日本の状況を念頭におきながら、公共空間の囲い込みと「政治的なもの」の分野における自由の喪失について論じた。また、ここではその十年前に書かれた、毛利嘉孝（1999）による「都市空間の〈快適〉さと権力の関係」を指摘し、しかし、そうした「権力」の把握は極めて精密であり、「われわれがあまりにもそれに身を委ねてしまっている」がゆえに、理解されにくい形式の批判として自己の議論を捉えている点にも注意を促しておきたい。

(4)この論点は市野川容孝(2007)において指摘されていた点と合わせて理解されるべきである。市野川は「死の中へ廃棄する」(ドンズロはこれを「棄て置き」と呼んだ)、生権力のもう一つの側面こそ、第一に把握されるべき権力の作動形態だとして、ナチズムの優性政策や「餓死」問題を念頭におきながら、この論点に言及している。

(5)本条例は二〇一〇年十月二十八日に可決された「廃棄物処理条例改正案」であり、かねてより「ホームレス」のわずかな収入源を奪うことになると左派系団体から批判されてきた。こうした出来事は、九〇年代のニューヨーク市で起こった出来事と近接した構造をもっているため、念のために註解しておくが、当事者および湯浅誠を含むホームレス支援団体は、決して路上生活者が「空き缶」を拾って売る権利のみを求めていたのではなく、まず第一に貧困層への最低限の生活保障がなされていないことを問題とし、それにもかかわらず「空き缶」の回収だけを禁じることを批判対象としてきた。こうした批判を受けて、議会はホームレスへの生活支援を行うことを議案に修正条項として盛り込んだが、この条項には具体的な内容がなく、従来の「収容」型政策に終始するとして当事者・支援者らは反発している。

(6)ハンターに対する批判を含め、五〇年代のCPS論争をもっとも詳細に描いた論考として中村八郎(1961)がある。

(7)プラクシスとプラティークの区分について、武田篤志(2003)が詳細な註解を行っており、本章の議論はこの論文に多くを負っている。

(8)オスマンはフランス第二帝政、ルイ＝ナポレオン統治下においてパリ市街を「近代化」させる最初の「大改造」を行った。オスマンによる都市計画についての歴史学的研究としては松井道昭(1997)があり、またハーヴェイもパリの「政治的身体」に対するモダニティの嵌め込みであると批評している(Harvey 2003＝2006)。またルフェーヴルの『パリ・コミューン』では、蜂起したパリ市民たちは、オスマンの改造から自身の都市＝肉体を取り戻そうとしたのだとも論じられていた。

(9)フーコーのヘテロトピア論は、明らかにイーフー・トゥアンやエドワード・レルフの系譜に連なる、いわゆる「場所の現象学」を企図したものである。ここでは人が生きる空間は「中性的で無色透明」のものではなく、「明るい区域と暗い区域」「階段の段差」のように経験されるという「表象の空間」の多様性が指し示されている。したがってフーコーは必ずしも、こうしたヘテロトピアのすべてが権力への抵抗の拠点や革命を形成するものとは捉えていない。パリコミューンのバリケードが、ヘテロトピアかつ革命的であったとしても、「新婚旅行の部屋」がそうだとフーコーが考えていたはずもない（Foucault 2009＝2013）。

（10）磯村英一は、『現代の都市と政策』において、デヴィッド・リースマンを引用しながら都市化による「孤独なる群衆」の誕生に危惧を表明し、今でいう社会関係資本の構築を処方箋とした。もちろん、こうした理論展開は生粋のマルキストである羽仁にとっては物足りず、いささか反動的だとも捉えられたようであるが、両者の議論は六〇年代末における日本の都市状況を雄弁に物語っている。

あとがき

冒頭でも記したように人の記憶は移ろいやすいもので、私は本書の研究構想を出発させた二〇〇五年前後に、どういった社会的出来事があったのかをここで記そうと考えたのだが、それはほんの最近のことであるように思われるのに、記憶によっては正確な時系列順で想起することは不可能であることを知って検索に頼るより他なかった。まず二〇〇四年の年始には小泉首相の靖国参拝があり、同じ月にイラクのサマーワに派遣された自衛隊が到着した。三月には製造業に対する人材派遣が可能となり、後の「派遣問題」がすでにここで予感されている。二〇〇五年には『国家の品格』が出版されて翌年大ベストセラーとなり、まだライブドアは好調のままフジテレビとの株式争奪戦を行っていた。長期政権となった小泉人気は衰えないままで、フランスではサルコジ内相の暴言と関連して「フランス暴動」が話題となった。二〇〇六年には堀江貴文と村上ファンドが摘発され、ＩＴバブルの狂騒はもう過去のようであり、昭和天皇が靖国参拝への「不快感」を示したとされる文書が公開された。

私は当時大学院生であったので、その頃の院生や若い社会学者の一般的な話題といえば「ネオリベ」や「格差社会」、「新保守主義」であったことに影響を受けて、フーコーの視座から犯罪政策を問題にしようと思い立った。そして「割れ窓理論」やその実際の運用を検討しはじめて、その試みは犯罪社会学の枠組みを超えて都市社会学や文化社会学、行政論や政治学の分野にわたることに気づいた。そして当時の状況にあって、まず本書は小泉‐安倍政権時代における犯罪政策や都市政策といった場において、「新保守主義」などと揶揄される国家理性が、どのような意味で「保守的」なのであり、どういった意味で「ポピュリズム」であるのかを考察しようとする試みとして出発した。

この当時、小泉首相の頼りなさげにみえる後継者が登場したとき、私は率直にいってまさか安倍政権に二期目があるなどとは全く考えていなかった。一期目の安倍首相は大上段から国家を云々し、政治学者の渡辺治が『安倍政権論』（2007）の中で記したとおり、当時から憲法改正や「戦後レジームからの脱却」といった新しい保守政治の強硬論を唱えてはいたものの、年金記録問題や「ホワイトカラー・エグゼンプション」をめぐる政権批判が噴出し、現実には大きな物語を実行に移すだけの状況にはなかった。

しかし第二期となる彼の政権が出発してから、かつては夢想的にみえた「戦後レジームからの脱却」は、その一部の構想が強行的に実行され、世論は二分されつつも政治的決定としては彼の考える「普通の国」に日本は移行しつつあるようにみえる。現状の政治的出来事は、少し前の時代と比べると、いわゆる「新自由主義」というよりは明らかに「新保守主義」に力点がおかれ、彼が理想とする「美しい国」とは一体、シンガポールやインドネシアでの「開発独裁」政権にあるのかとすら思わせるほどである。こうした文脈にあって本書は、小泉および第一期安倍政権時代の、すなわちほんの少し前の日本における「新保守主義」の一つの側面を、とりわけその内政的な国家と社会の関係をめぐる問題を取り扱ったものとして位置付けられる。

大文字の「強い国家」が志向される現在において、本書で扱ったような相対的に小さな「都市景観」や「犯罪的なもの」への予防的施策は、あまり前面に押し出されて語られることは少ない。もっとも、ゼロ年代中頃に形成された犯罪政策はすでに多くが実現し、今日でも慣例的に継続されているのであるが。

しかし現在ある政権与党の政治は、すでにゼロ年代の中頃には予兆されていたことだと、今から振り返ると、そのように思われる部分もある。現在では当時喧伝された「厳罰化」政策や、「犯罪の加害者・被害者」をめぐる表象の政治はやや退潮し、その後は「生活保護」バッシングなどが流行した。そしてゼロ年代の中盤にはすでに、ネット上でのエスノセントリズムはどこでも目にする現象であったが、終盤から現代にかけてはそうした言動が街頭で実施され、さらに一部の保守派政治家は、そのような排外主義とほとんど同一の、表面的にはより穏健に取り繕った発言を繰り返し、徐々にそれすら日常化しつつある。

もっとも、本書で取り扱った「防犯活動」の参与者らは、多くがそのような過度のエスノセントリズムを首肯しないであろうし、街頭でのヘイトスピーチになど参与しなかったであろう。しかし一方で、そうした「普通の人々」による善意の防犯活動は、その志向性の部分においてはゼロ年代日本における新保守主義の一つの現れとしての「国家と国民、地域社会の協働」「犯罪から社会を守らなければならない」といった、国政的あるいは地方政治における犯罪統制と空間のポリティクスから構造的に規定されていたこともまた事実である。そして、地域の当事者らによる活動は、往還してゼロ年代の保守政治を支える民意としての正統性を付与し、国政的な号令の内容的空白を埋める作用を果たしてきた。

私は、社会運動を趣味の一つにしているため、かつてならば反グローバリズムを掲げるアナキストの運動から派遣労働者問題、現代なら反原発やあるいはヘイトスピーチ問題に関連する運動を、しばしば遠巻きに見学し、あるときは自由と社会的公正に資すると考えた運動には参与してきた。そこで近年の強硬なエスノセントリズムを唱える人々を観察し、一つ気づいたことは彼ら／彼女らは、イメージとしての富国強兵の〈日本〉や、あるいは社会の統治者とほとんど同じ視座を選択し、その立場から諸々の人々に対して、とくにその〈日本〉に同化しようとしないマイノリティを攻撃していることであった。だからそうした団体は民族マイノリティだけではなく、反原発を攻撃し、「生活保護」バッシングを展開すると同時に、かつて家永三郎が大戦中の「将校の物語」であると指弾した歴史修正主義を熱烈に支持するが、それらは当該世界観においては一つに連接された矛盾のない出来事なのである。したがって、そうした言動が権威王義的にみえるのは表面上のことではなく、言動の基底にあることなのかもしれないと思った。文学理論家のルネ・ジラールは主体的な欲望とは実際には多くの場合に他者の欲望の模倣であるという「欲望の三角形」理論を提唱したが、ここでのエスノセントリズムの増幅もまた、他者の欲望の内面化なのであった。

こうした数の上では一部の、ラウド・マイノリティによる実際の行動は、しかし本書が問題としたような犯罪および都市政策の一部に、確かに志向性としては認められるものであり、そして社会におけるより多くの「日本人」は、そうした側面を積極的に賞賛しないまでも、消極的に受容してきたのではないかという点を、本書では論じてきたつもりである。そしてそのような「国家と国民の協働」は現在では都市プラティークに固着し、日常的な風景となっている。

本書は、二〇一〇年度に佛教大学に提出された博士論文「犯罪統制と空間のポリティクス」をもとに、大きな加筆・修正を行ったものである。それぞれの論文初出については、以下のとおりである。これらの個別原稿についても大幅に修正が行われた。

原稿初出一覧

第二章　「割れ窓理論の政治的文脈」『佛大社会学』三七号、四七〜五九頁。

第四章　「自主防犯活動と街区のポリティクス」『フォーラム現代社会学』十号、一〇九〜一二一頁。（転載許可済）

＊本書を出版するにあたって、佛教大学学術図書出版助成を受けた。事務手続きを担当した学術支援課の皆様に感謝申し上げたい。

最後に、本書とその原型となった博士論文を執筆するにあたり、お世話になった方の名前をあげておきたい。しかし、こうした謝辞の名前を無数に連ねていくことはいざ書こうとすると大変難しいことに気付く。「国民」や「当事者」の範疇を、固有名詞でもって定めようと試みることはほとんど不可能であろうが、本書にとって謝辞を述べるべき人々を細心の注意で記していったとしても、半分冗談ではあるがどうしても範疇選択の問題に直面せざるを得ず、また名前等を迂闊にも誤記してしまう可能性を懸念して、ここでは相対的に恣意性の少ない範疇として制度的に博士論文の主査・副査にあたってもらった当時の審査教員に御礼申し上げるのみとする。

まず、主査であり長らく指導教員をお願いした丸山哲央先生には、論文全編に対して多くのアドバイスを頂戴した。丸山先生はパーソンズ『文化システム論』の翻訳者であり、パーソンズ理論の発展と、後年にはその立場から「文化とグローバル化」論を展開されたが、その弟子たる私は、実際のところ構築主義やフーコーといった全く別方向といってもよい問題関心をもっていたのにもかかわらず、そうした学問的志向性には一言も触れずに、その勉強を続けることを奨励された。

副査であった萩原清子先生と近藤敏夫先生には、文章の誤りから雑駁な論点についてのアドバイスまで、多くの指摘をいただいた。萩原先生からは文書形式についての指摘と、また先生の研究からは多少方向性の異なる本研究であるにもかかわらず温かい励ましを多く頂戴した。近藤先生からは「フーコーディアンにみえるカント派」の研究だと看破され、共感に基づく多くの指導をいただいた。そしてミネルヴァ書房編集部の浅井久仁人さんには詳細に原稿の誤記確認を行ってもらった。このほか本来名前をあげるべき多数の方々に謝罪と御礼と連帯を申し上げたい。

二〇一四年十月

山本奈生

人名索引

マ行

ヤ行

ラ行

事項索引

マ行

ヤ・ラ・ワ行

参考文献

（政府・行政による報告書のみ文献表末尾に記載した。）

安倍晋三，2006，『美しい国へ』文春新書.

秋元律郎，1990，「中間集団としての町内会」倉沢進・秋元律郎編『町内会と地域集団』ミネルヴァ書房.

Althusser, L., 1970（1976）, "Idéologie et Appareils Idéologique d'État", in *Positions*（*1964-1975*）, Paris: Les Éditions socials.（＝1975，西川長夫訳『国家とイデオロギー』福村出版.）

安藤元雄，1978，『居住点の思想――住民・運動・自治』晶文社.

Arendt, H., 1958, *The Human Condition*, University of Chicago Press.（＝1973，志水速雄訳『人間の条件』筑摩書房.）

朝田佳尚，2007，「『偽装』されたセキュリティ――監視社会論の陥穽」『現代思想』35（14）：142-156.

芦田徹郎，2008，「オウム反対の世俗的原理主義――転入不受理の論拠と感情」田中慈編・京都仏教会監修『国家と宗教（下巻）』法藏館.

Badiou, A., Wallerstein, I., 竹内敏晴ほか，2009，『1968年の世界史』藤原書店.

Bagaeen, S. and Uduku, O., 2010, *Gated Communities: Social Sustainability in Contemporary and Historical Gated Developments*, Earthscan Publications Ltd.

Baker, D., 2006, *Forms of Exclusion: Racism and Community Policing in Canada*, De Sitter Pubns.

Balibar, E., 1998, *Droit de cité. Culture et politique en démocratie*, Editions de l'Aube.（＝2000，松葉祥一訳『市民権の哲学――民主主義における文化と政治』青土社.）

Baudrillard, J., 1968, *Le système des objets*, Paris: Gallimard.（＝1980，宇波彰訳『物の体系――記号の消費』法政大学出版局.）

――――, 1970, *La Société de consummation: Ses Mythes, Ses Structures*, Editions Denoel.（＝1979，今村仁司・塚原史訳『消費社会の神話と構造』紀伊國屋書店.）

――――, 1974, *Simulacres et simulation*, Galiliee.（＝1984，竹原あき子訳『シミュラークルとシミュレーション』法政大学出版局.）

Beck, U., 1986, *Risikogesellshaft: Auf dem Weg in eine andere Moderne*, Suhrkamp Verlag.（＝1998，東廉・伊藤美登里訳『危険社会――新しい近代への道』法政大学出版局.）

Beckett, K. and Herbert, S., 2008, "The Punitive City Revisited: The Transformation of Urban Social Control," in Frampton, M. (eds.), *After the war on crime: race, democracy, and a new reconstruction*, New York University Press.

Bhabha, H. K., 1994, *The Location of Culture*, London: Routledge.（＝2005，本橋哲也・外岡尚美・正木恒夫・阪元留美訳『文化の場所――ポストコロニアニズムの位相』法政大学出版局.）

Boyer, C., 1996, *Cybercites: Visual Perception in the Age of Electronic Communication*, Princeton Architectural Press.（＝2009，田畑暁生訳『サイバーシティ』NTT 出版.）

Brantingham, P. L. and Brantingham, P. J., 1981, *Environmental Criminology*, Sage.

分権条例研究会，2002，「分権条例と構造の論理――分権時代の条例を解題する（13）景観条例体系――京都市市街地景観整備条例を中心に」『ぎょうせい』13：120-123.

Burgess, E. with R. McKenzie and R. E. Park., 1967, *The City*, University of Chicago Press.（＝1972，大道安次郎・倉田和四生訳『都市――人間生態学とコミュニティ論』鹿島出版会.）

Castel, M., 1983, *The City and Glassroots: A Cross-Cultural Theory of Urban Social Movements*, E. Arnold.（＝1997，石川淳志監訳『都市とグラスルーツ――都市社会運動の比較文化理論』法政大学出版局.）

Certeau, M. D., 1968, *La prise de parole, Pour une nouvelle culture*, Desclée De Brouwer.（＝1998，佐藤和生訳『パロールの奪取――新しい文化のために』法政大学出版局.）

――――, 1980, *La Culture au pluriel*, Christian Bourgois.（＝1999，山田登世子訳『文化の政治学』岩波書店.）

――――, 1980（1990）, *L'Invention du quotidian*, 1. *arts de faire*, Gallimard.（＝1987，山田登世子訳『日常的実践のポイエティーク』国文社.）

Clarke, R. V.（ed.）, 1992, *Situational Crime Prevention: Successful case studies*, New York: Harrow and Heston.

Cohen, S., 1972, *Folk devil and moral panics*, London: Mac Gibbon and Kee.

Coleman, A., 1985, *Utopia on trial: Vision and reality in planned housing*, London: Hilary Shipman.

Dahl, R, A., 1961, *Who Governs?: Democracy and Power in an American City*, New Haven: Yale University Press.（＝1988，河村望監訳『統治するのはだれか――アメリカの一都市における民主主義と権力』行人社.）

Davis, M., 1990, *City of Quartz: Excavating the Future in Los Angeles*, New York: Vintage.（＝2001，村山敏勝・日比野啓訳『要塞都市 LA』青土社．）

Deleuze, G., 1986, *Foucault*, Les Editions de Minuit.（＝2007，宇野邦一訳『フーコー』河出書房新社．）

Dinkins, D. N., 2013, *A Mayor's Life: Governing New York's Gorgeous Mosaic*, Public Affairs.

Donzelot, J., 2006, *Découvrez Quand la ville se défait: Quelle politique face à la crise des banlieues ?*, Paris: Le Seuil.

Duncan, J. S. and Duncan, H. G., 2001, "Aestheticization of the Politics of Landscape Preservation," A*nnals of the Association of American Geographers*, 91（2）：387–409.

Duneier, M., 2002, "Sidewalk Sleeping and Crack Bingeing," in Conley, D.（ed.）, *Wealth and Poverty in America: A Reader*, Wiley-Blackwell.

Etzioni, A., 1997, *The New Golden Rules: Community And Morality In A Democratic Society*, Basic Books.（＝2001，永安幸正監訳『新しい黄金律――「善き社会」を実現するためのコミュニタリアン宣言』麗澤大学出版会．）

――――, 2004, *The Common Good*, Polity Press.

Felson, M., 2002, *Crime and Everyday Life*, Pine Forge Press.（＝2005，守山正訳『日常生活の犯罪学』日本評論社．）

Foucault, M., 1976, *La volonté de savoir*, Paris: Gallimard.（＝1986，渡辺守章訳『知への意志――性の歴史Ⅰ』新潮社．）

――――, 1994, *Dit et ècrits, Tomes I, II, III et IV*, Editions Gallimard.（＝2000a，蓮實重彦・渡辺守章監修『ミシェル・フーコー思考集成Ⅴ 1974–1975 権力・処罰』，2000b，『ミシェル・フーコー思考集成Ⅵ 1976–1977 セクシュアリテ・真理』筑摩書房．）

――――, 2004, *Sécurité, Territoire, Population: Cours au de France*（*1977–1978*）, Paris: Gallimard/Le Seuil.（＝2007，高桑和巳訳『ミシェル・フーコー講義集成 安全・領土・人口――コレージュ・ド・フランス講義 1977–1978年度』筑摩書房．）

――――, 2004, *Naissance de la biopolitique: Cours au Collège de France*（*1978–1979*）, Paris: Gallimard/Le Seuil.（＝2008，慎改康之訳『ミシェル・フーコー講義集成 生政治の誕生――コレージュ・ド・フランス講義 1978–1979年度』筑摩書房．）

――――, 2009, *Le corps utopique, Les hétérotopies*, Présentation de Daniel Defert, Nouvelles Éditions Lignes.（＝2013，佐藤嘉幸訳『ユートピア的身体／ヘテロトピ

ア』水声社.）
Foucault, M. & 渡辺守章，2007，『哲学の舞台（増補改訂版)』朝日出版社.
Fraser, N., 2009, *Scales of Justice: Reimagining Political Space in a Globalizing World*, Polity Press.（＝2013，向山恭一訳『正義の秤――グローバル化する世界で政治空間を再想像すること』法政大学出版局.）
Friedman, M., 1972, "Prohibition and Drug", *Newsweek*, May 1.
藤本健夫，2006，「レプケが描いた戦後国際経済秩序」『経済系』（関東学院大学）227：68-94.
藤本哲也，2008，「我が国の新しい PFI 刑務所の試み」『中央大学法学新報』115（1/2）：1-46.
Gramsci, A., 1949（1966）, *Note sul Machiavelli sulla Politica e sullo Stato Moderno*, Torino: Giulio Einaudi Editore.（＝1994，上村忠男訳『現代の君主』青木書店.）
Grasseni, C., 2003, "Packaging Skills: Calibrating Cheese to the Global Market", in Strasser, S.（ed.）, *Commodifying everything: relationships of the market*, New York: Routledge.
Habermas, J., 1996, *Die Einbeziehung des Anderen: Studien zur politischen Theorie*, Suhrkamp.（＝2004，高野昌行訳『他者の受容――多文化社会の政治理論に関する研究』法政大学出版局.）
浜井浩一，2003，「日本の治安悪化神話はいかに作られたか――治安悪化の実態と背景要因（モラル・パニックを超えて)」『犯罪社会学研究』29：10-25.
浜井浩一編，2009，『グローバル化する厳罰化とポピュリズム』現代人文社.
浜井浩一・エリス，トム，2009，「日本における厳罰化とポピュリズム」浜井浩一編『グローバル化する厳罰化とポピュリズム』現代人文社.
浜井浩一・芹沢一也，2006，『犯罪不安社会――誰もが「不審者」？』光文社.
羽仁五郎，1968，『都市の論理――歴史的条件―現代の闘争』勁草書房.
埴谷雄高，1960/2001，『幻視のなかの政治』未来社（60年初版は中央公論社).
Harcourt, B. E., 2001, *Illusion of Order: The False Promise of Broken Windows Policing*, Harvard University Press.
Harvey, D., 2003, *Paris, Capital of Modernity*, Routledge.（＝2006，大城直樹・遠城明雄訳『パリ――モダニティの首都』青土社.）
――――, 2005a, *Spaces of NeoLiberalization: Toward a Theory of Uneven Geographical Development*, Franz Steiner Verlag.（＝2007，本橋哲也訳『ネオリベラリズムとは何か』青土社.）

――――, 2005b, *A Brief History of Neoliberalism*, Oxford University Press.（＝2007, 渡辺治監訳『新自由主義――その歴史的展開と現在』作品社.）

――――, 2009, *Cosmopolitanism and the Geographies of Freedom*, Columbia University Press.（＝2013, 大屋定晴・森田成也・中村好孝・岩崎明子訳『コスモポリタニズム――自由と変革の地理学』作品社).

――――, 2012, *Rebel Cities: From the right to the City to the urban Revolution*, London and New York: Verso.（＝2013, 森田成也・大屋定晴・中村好孝・新井大輔訳『反乱する都市――資本のアーバナイゼーションと都市の再創造』作品社.）

Hayek, F., 1949, *The Road to Serfdom*, Routledge.（＝1992, 一谷藤一朗・一谷映理子訳『隷従への道（改訂版)』東京創元社.）

――――, 1973, *Law, Legislation and Liberty, Vol.1: Rules and Order*, Routledge and Kegan Paul.（＝1987, 西山千明監修『法と立法と自由Ⅰ』春秋社.）

Herbert, S., 2006, *Citizens, Cops and Power: Recognizing the Limits of Community*, University of Chicago Press.

日高勝之, 2014,『昭和ノスタルジアとは何か――記憶とラディカル・デモクラシーのメディア学』世界思想社.

挽地康彦, 2009,「ポスト・ケインズ主義の刑務所」『和光大学現代人間学紀要』2：133-144.

樋口直人, 2014,『日本型排外主義――在特会・外国人参政権・東アジア地政学』名古屋大学出版会.

樋村恭一・小出治編, 2003,『都市の防犯――工学・心理学からのアプローチ』北大路書房.

広井良典, 2009,『コミュニティを問いなおす――つながり・都市・日本社会の未来』筑摩書房.

Hirschi, T., 1969, *Causes of delinquency*, Berkeley: University of California Press.（＝1995, 森田洋司・清水新二監訳『非行の原因――家庭・学校・社会のつながりを求めて』文化書房博文社.）

Hobsbawm, E. J. & Ranger T. O., 1983, *The Invention of Tradition*, England: Press of the University of Cambridge.（＝1992, 前川啓治・梶原景昭訳『創られた伝統』紀伊國屋書店.）

Hunter, F., 1953, *Community Power Structure: A Study of Decision Makers*, The University of North California Press.（＝1998, 鈴木広監訳『コミュニティの権力構造』恒星社厚生閣.）

市野川容孝，2006，『社会』（思考のフロンティア・シリーズ），岩波書店．

————，2007，「生—権力再論——餓死という殺害」『現代思想』35（11）：88-99．

今野健一・高橋早苗，2008，「ニューヨーク市における犯罪の減少と秩序維持ポリシング」『山形大学紀要・社会科学』38（2）：37-58．

Internationale Situationniste, 1958, *Bulletin central édité par les sections de l'Internationale Situationniste*, Numero, 1－3．（＝1997，木下誠訳『アンテルナシオナル・シチュアシオニスト３　武装のための教育』インパクト出版．）

井芹浩文，2010，「『民意』と政治——世論調査によって揺れ動く政権」『生活経済政策』166：９-13．

石井清輝，2007，「消費される『故郷』の誕生——戦後日本のナショナリズムとノスタルジア」『哲学（慶応義塾大学，三田哲学会）』117：125-156．

磯村英一，1969，『現代の都市と政策——危機の空間から解放の空間へ』ぺりかん社．

岩渕功一，2004，「スペクタクル化される『ナショナル』の饗宴——メディアにおける『普通の外国人』の商品化」テッサ・モーリス＝スズキ・吉見俊哉編『グローバリゼーションの文化政治』平凡社．

Jacobs, J., 1961, *The Death and Life of Great American Cities*, Random House: New York.（＝2010，山形浩生訳『アメリカ大都市の死と生』鹿島出版会）．

Jeffery, C. R., 1971, *Crime Prevention Through Environmental Design*, London: Sage.

Jerome, S., 1991,「コミュニティ・ポリシングの起源」『千葉大学法学会法学論集』5（2）：185-202．

歌舞伎町ルネッサンス推進協議会，2005，「平成16年度第一回歌舞伎町ルネッサンス推進協議会会議録」．

門内輝行，2007，「時を超え光り輝く京都の景観づくりの政策展望」『都市研究・京都』20：16-29．

神島二郎，1961，『近代日本の精神構造』岩波書店．

樫村愛子，2008，「ポストモダン的『民意』への欲望と消費」『現代思想』36（1）：124-144．

Kaufman, H. & Jones, V., 1954, "The Mystery of Power", *Public Administration Review*, 14（3）：205-212.

河合幹雄，2004，『安全神話崩壊のパラドックス——治安の法社会学』岩波書店．

警視庁，2009，『平成21年 警察白書』ぎょうせい．

Kelling, G. L. & Bratton W., 2006, "There Are No Crack in Broken Windows", *National Review online*, February 28.

Kelling, G. L. & Coles, C. M., 1996, *Fixing Broken Windows: Restoring Order And Reducing Crime In Our Communities*, New York: Free Press.（＝2004, 小宮信夫監訳『割れ窓理論による犯罪防止——コミュニティの安全をどう確保するか』文化書房博文堂.）

Kelling, G. L. & Wilson, J. Q., 1982, "Broken Windows: The police and neighborhood safety," *Atlantic Monthly*, March.

Kelsen, H., 1934, *Reine Rechtslehre*, Scientia Verlag: Auflage.（＝2003, 横田喜三郎訳『純粋法学』岩波書店.）

小出治監修, 2003,『都市の防犯——工学・心理学からのアプローチ』北大路書房.

小宮信夫, 2006,『犯罪に強いまちづくりの理論と実践——地域安全マップの正しい作り方』イマジン出版.

————, 2007,『安全はこうして守る——現場で本当に役立つ防犯の話』ぎょうせい.

Lefebvre, H., 1947, *Critique de la vie quotidienne 1*, L'Arche Editeur.（＝1968, 田中仁彦訳『日常生活批判——序説』現代思潮社.）

————, 1965, *La Proclamation de la Commune*, Paris: Gallimard.（＝1967, 河野健二・柴田朝子訳『パリ・コミューン（上・下)』岩波書店.）

————, 1968, *Le Droit à la ville*, Paris: Anthropos.（＝1969, 森本和夫訳『都市への権利』筑摩書房）

————, 1970, *La révolution urbaine*, Paris: Gallimard.（＝1974, 今井成美訳『都市革命』晶文社.）

————, 1972, *Espace et politique: le droit a la ville II*, Paris: Anthropos.（＝1975, 今井成美訳『空間と政治』晶文社.）

————, 1973, *La Survie du capitalisme : La reproduction des rapports de production*, Paris: Anthropos.

————, 1974, *Production de l'espace*, Anthropos.（＝2000, 斉藤日出治訳『空間の生産』青木書店.）

Lindsey, D., 2005, "To Build a More Perfect Discipline: Ideologies of the Normative and the Social Control of the Criminal Innocent in the Policing of New York City", in Pfohl, S. J. (eds.), *Culture, Power, and History: Studies in Critical Sociology*, Haymarket Books.

Liszt, F. V., 1905, "Die Zukunft des Strafrechts", *Strafrechtliche Aufsätze und Vorträge*, 2. Bd.（＝1983, 丸山雅夫訳「刑事法の将来」『ノートルダム清心女子大学紀要：文化学編』7（1）：113-126.）

Luhmann, N., 1990, *Paradigm Lost: Über die ethische Reflexion der Moral*, Suhrkamp.（＝1992, 土方昭訳『パラダイム・ロスト』国文社.）

Mannheim, K., 1927, "'Das konservative Denken. Soziologische Beitrage zum Werden des politisch-historischen Denkens in Deutschland'", *Archiv fur Sozialwissenschaft und Sozialpolitik*（57）,（1）pp.68-142,（2）pp.470-95.（＝1969, 森博訳『歴史主義・保守主義』恒星社厚生閣.）

丸山哲央, 2010,『文化のグローバル化——変容する人間世界』ミネルヴァ書房.

Marx, K., 1852, "Der achtzehnte Brumaire des Louis Bonaparte", in 1985, Marx, K. and Engels, F., *Gesamtausgabe*（MEGA）, Vol. I/11（pp. 96- 189）, Berlin, Dietz Verlag.（＝2008, 植村邦彦訳『ルイ・ボナパルトのブリュメール18日』平凡社.）

松井道昭, 1997,『フランス第二帝政下のパリ都市改造』日本経済評論社.

Mendis, P., 2005, *Glocalization: The Human Side of Globalization as if the Washington Consensus Mattered*, Linus Publications.

Merton, R. K., 1948, "Discussion of Paper by Talcott Parsons", *American Journal of Sociology*, 13：164-168.

Mill, J., 1859, *On Liberty*, London: John W. Parker and Son.（＝1971, 塩尻公明・木村健康訳『自由論』岩波書店.）

Miller, W. B., 1975, *Violence by Youth Gangs as a Crime Problem in Major American Cities*, National Institute for Juvenile Justice and Delinquency Prevention, US Justice Department.

Mitchell, D., 2001, "Postmodern Geographical Praxis? Postmodern Impulse and the War against Homeless People in the "Post-Justice" City", in Minca, C.（ed.）, *Postmodern Geography: Theory and Praxis*, Wiley-Blackwell.

森千香子, 2007,「郊外団地と『不可能なコミュニティ』」『現代思想』35（7）：174-182.

森本幸裕, 2009,「京都市の新たな景観条例——風雅の町づくりへの一里塚」『環境技術』38（5）：347-354.

森田展彰, 2007,「刑務所における薬物依存者に対する認知行動療法プログラムの開発」『日本アルコール・薬物医学会雑誌』42（4）：216-217.

Mouffe, C., 2005, *On The Political*, Routledge.（＝2008, 酒井隆史監訳『政治的なものについて』明石書店.）

毛利嘉孝, 1999,「安全性の専制——都市空間のセキュリティと警察的管理」『現代思想』27（11）：196-205.

村田勝幸, 2012,『アフリカン・ディアスポラのニューヨーク——多様性が生み出す人

種連帯のかたち』彩流社.
中村八郎，1961，「都市の権力構造——アメリカにおける研究の動向」『国際基督教大学社会科学』2：183-240.
中山元，2008，『賢者と羊飼い——フーコーとパレーシア』筑摩書房.
————，2010a，『フーコー——生権力と統治性』河出書房新社.
————，2010b，『フーコー——思想の考古学』新曜社.
成廣孝，2002，「ポスト・サッチャリズムの政治——2001年の二つの選挙と保守党政治」『岡山大学法学会雑誌』51（3）：555-617.
Newman, O., 1972, *Defensible Space: Crime Prevention Through Urban Design*, New York: Collier Books.（＝1976，湯川利和・湯川聡子訳『守りやすい住空間——都市設計による犯罪防止』鹿島出版会.）
西村幸夫，1997，『環境保全と景観創造——これからの都市風景へ向けて』鹿島出版会.
西山隆行，2010，「デヴィッド・N・ディンキンズとニューヨーク市政」『甲南法学』51（1）：39-98.
野田裕久，2010，『保守主義とは何か』ナカニシヤ出版.
荻野昌弘編，2002，『文化遺産の社会学——ルーヴル美術館から原爆ドームまで』新曜社.
Oliver, W. M.（ed.）, 2000, *Community Policing: Classical Readings*, Prentice-Hall, Inc.
大嶽秀夫，2006，『小泉純一郎ポピュリズムの研究——その戦略と手法』東洋経済新報社.
大屋雄裕，2007，『自由とは何か——監視社会と「個人」の消滅』筑摩書房.
Orwell, G., 1938, *Homage to Catalonia*, London: Secker and Warburg.（＝1966，鈴木隆・山内明訳『カタロニア賛歌』現代思潮社.）
尾山滋・津富宏，2008，「割れ窓理論に基づく介入の効果」（犯罪社会学会報告要旨）.
Perry, C., 1925, "The Neighborhood Unit", in *Regional Survey of New York and its Environs*, Vol. VII, New York: Regional Plan of New York and its Environs.（＝1975，倉田和四生訳『近隣住区論——新しいコミュニティ計画のために』鹿島出版会.）
Polsby, N. W., 1963, *Community Power and Political Theory*, New Heaven: Yale University Press.（＝1981，秋元律郎監訳『コミュニティの権力と政治』早稲田大学出版部.）
Putnam, R .D., 2000, *Bowling Alone: the Collapse and Revival of American Community*, Simon & Schuster.（＝2006，柴内康文訳『孤独なボウリング——米国コミュニティの崩壊と再生』柏書房.）

Rancière, J., 1995, *La Mésentente, Politique et philosophie*, Paris: Galilée.（＝2005，松葉祥一・大森秀臣・藤江成夫訳『不和あるいは了解なき了解――政治の哲学は可能か』インスクリプト.）
――――, 2005, *La haine de la démocratie*, Paris: La Fabrique.（＝2008，松葉祥一訳『民主主義への憎悪』インスクリプト.）
Rawls, J., 1971, *A Theory of Justice*, Harvard University Press.（＝2010，川本隆史・福間聡・神島裕子訳『正義論（改訂版）』紀伊國屋書店.）
Relph, E., 1976, *Place and Placelessness*, Pion.（＝1999，高野岳彦・石山美也子・阿部隆訳『場所の現象学』筑摩書房.）
Renan, E., 1882, *Qu'est-ce qu'une nation*, Calmann Lévy.（＝1997，鵜飼哲訳『国民とは何か』インスクリプト.）
Rich, W. C., 2007, *David Dinkins and New York City Politics: Race, Image, and the Media*, University of New York Press.
Robertson, R., 1992, *Globalization: Social Theory and Global Culture*, Sage.（＝1997，阿部美哉訳『グローバリゼーション――地球文化の社会理論』東京大学出版会.）
Ryle, G., 1949, *The Concept of Mind*, University of Chicago Press.（＝1987，坂本百大・井上治子・服部裕幸訳『心の概念』みすず書房.）
齋藤純一，2008，『政治と複数性――民主的な公共性にむけて』岩波書店.
酒井隆史，2001，『自由論――現在性の系譜学』青土社.
Sampson, R. J., 2006, "How dose community context matter? Social mechanisms and the explanation of crime rates", in Wikström, P. H. and Sampson, R. J. (eds.), *The Explanation of Crime: Context, Mechanisms and Development*, Cambridge University Press.
Sampson, R. J. and Raudenbush, S. W., 2004, "Seeing Disorder: Neighborhood Stigma and the Social Construction of Broken Windows", *Social Psychology Quarterly*, 67 (4) : 319-342.
Sandel, M. J., 1982, *Liberalism and the Limits of Justice*, Cambridge University Press.（＝2009，菊池里夫訳『リベラリズムと正義の限界』勁草書房.）
佐々木中，2008，『夜戦と永遠――フーコー・ラカン・ルジャンドル』以文社.
Sassen, S., 1999, *Globalization and Its Discontents: Essays on the New Mobility of People and Money*, New Press.（＝2004，尹春志・田淵太一・原田太津男訳『グローバル空間の政治経済学――都市・移民・情報化』岩波書店.）
瀬川晃，1998，『犯罪学』成文堂.

Sennet, R., 1970, *The Uses of Disorder: Personal Identity and City Life,* New York: Alfred A. Knopf.（＝1975，今田高俊訳『無秩序の活用――都市コミュニティの理論』中央公論社.）

清水雅彦，2007，『治安政策としての「安全・安心なまちづくり」――監視と管理の招聘』社会評論社.

篠原雅武，2007，『公共空間の政治理論』人文書院.

Skogan, W. G., 1990, *Disorder and Decline: Crime and the Spiral of Urban Decay in American Neighborhoods,* Free Press.

Smith, N., 1996, *The New Urban Frontier: Gentrification and Revanchist City,* Routledge.（＝2014，原口剛訳『ジェントリフィケーションと報復都市――新たなる都市のフロンティア』ミネルヴァ書房.）

Stallybrass, P. and White, A., 1986, *The Politics and Poetics of Transgression,* Methuen & Co. Ltd.（＝1995，本橋哲也訳『境界侵犯――その詩学と政治学』ありな書房.）

Steinfels, P., 1979, *The Neoconservatives: The Men Who Are Changing America's Politics,* Simon & Schuster.

杉山和明，2005，「若者問題と都市社会統制――現代日本のローカルなコミュニティ・ポリシングの事例から」『人文地理』57（6）：32-46.

Sutherland, E. H. and Cressey, D., 1934（1992, 11th ed.）, *Principal of Criminoloty,* AltaMira Press.

鈴木喜兵衛，1955，『歌舞伎町』大我堂.

鈴木基久，2004，「犯罪対策閣僚会議における『犯罪に強い社会の実現のための行動計画』の策定について――『世界一安全な国，日本』の復活を目指して」『警察学論集』57（3）：1-37.

武田篤志，2003，「アンリ・ルフェーヴルの都市論・社会空間論――都市・空間プラチックの問題構成について」『東北大学社会学研究』74：134-154.

竹中祐二，2008，「環境犯罪学における理論展開の検討」『社会福祉研究（京都府立大学）』9，53-71.

田中拓道，2006，『貧困と共和国――社会的連帯の誕生』人文書院.

豊永郁子，2008，『新保守主義の作用――中曽根・ブッシュ・ブレアと政治の変容』勁草書房.

Tomlinson, J., 1999, *Globalization and Culture,* University of Chicago Press.（＝2000，片岡信訳『グローバリゼーション――文化帝国主義を超えて』青土社.）

鳥越皓之，1994，『地域自治会の研究』ミネルヴァ書房.

東北都市社会学研究会編，2008，『地方都市におけるゆらぐ町内会とその動態』（報告書）.
上田篤編，1976，『京町屋——コミュニティ研究』鹿島出版会.
上田惟一，1989，「行政，政治，宗教と町内会」岩崎信彦・鰺坂学・上田惟一・高木正朗・広原盛明・吉原直樹編『町内会の研究』御茶の水書房.
UFJ 総合研究所，2002，『再考！都市再生』風土社.
宇城輝人，2010，「場所闘争のためのノート——ローカルの都市，都市におけるローカリティ」『VOL』 4 ：88-95.
Vitale, A. S., 2008, *City of disorder: how the quality of life campaign transformed New York politics*, New York University Press.
Wacquant, L., 1999, *Les prisons de la misère*, Éditions Raisons d'Agir.（＝2008，森千香子・菊池恵介訳『貧困という監獄——グローバル化と刑罰国家の到来』新曜社.）
和田伸一郎，2009，『民衆にとって政治とは何か』人文書院.
渡辺幹雄，2007，『ロールズ正義論とその周辺——コミュニタリアニズム・共和主義・ポストモダニズム』春秋社.
渡辺治，2007，『安倍政権論——新自由主義から新保守主義へ』旬報社.
Weber, M., 1921-22（1956），*Wirtschaft und Gesellshaft, Grundriss der verstehenden Soziologie*, vierte, neu herausgegebene Auflage, besorgt von Johannes Winckelmann, erster Teil, Kapitel Ⅲ，Ⅳ（S. 122-180）.（＝1970，世良晃志郎訳『支配の諸類型』創文社.）
Websdale, N., 2001, *Policing the Poor: From Slave Plantation to Public Housing*, Boston: Northeastern University Press.
Williams, R., 1984, *The Sociology of Culture*, Schocken books.
Wilson, J. M., 2006, *Community Policing in America*, Routledge.
Wilson, W. J., 1987, *The Truly Disadvantaged: The Inner City, the underclass, and public Policy*, University of Chicago Press.（＝1999，青木秀男監訳『アメリカのアンダークラス——本当に不利な立場におかれた人々』明石書店.）
Woodcock, G., 1966, *The Crystal Spirit: A Study of George Orwell*, Boston: Little Brown & Co.（＝1972，奥山康治訳『オーウェルの全体像——水晶の精神』晶文社.）
Wortley, R.（eds）, 2008, *Environmental Criminology and Crime Analysis*, Willian.
山本三春，2008，『フランスジュネスの反乱——主張し行動する若者たち』大月書店.
山本奈生，2007，「『安全』と『安心』のユートピア——京都市における取締り政策を事例として」『犯罪社会学研究』32：120-133.

———, 2011,「自主防犯活動と街区のポリティクス——京都市繁華街の事例をもとに」『フォーラム現代社会学』10：109-121.
保岡興治, 2008,『政治主導の時代——統治構造改革に取り組んだ30年』中央公論新社.
吉見俊哉, 2003,『カルチュラル・ターン——文化の政治学へ』人文書院.
吉野耕作, 1997,『文化ナショナリズムの社会学——現代日本のアイデンティティの行方』名古屋大学出版会.
吉原直樹, 2011,『コミュニティ・スタディーズ』作品社.
Young, J., 1999, *The Exclusive Society: Social Exclusion, Crime and Difference in Late Modernity*, London: Sage.（＝2007, 青木秀男・伊藤泰郎・岸政彦・村澤真保呂訳『排除型社会——後期近代における犯罪・雇用・差異』洛北出版.）
Zizek, S., 1989, *The Sublime Object of Ideology*, Verso.（＝2001, 鈴木晶訳『イデオロギーの崇高な対象』河出書房新社.）

政府・行政等による公的報告書

犯罪対策閣僚会議, 2003,「犯罪に強い社会の実現のための行動計画」.
———, 2005,「安全・安心なまちづくり全国展開プラン」.
———, 2013,「『世界一安全な日本』創造戦略」.
警察庁, 2009,「自主防犯活動を行う地域住民・ボランティア団体の活動状況について」.
———, 2010,『「地域安全安心ステーション」推進事業に対する意識調査 2010』.
———, 2010・2014,「自主防犯活動を行う地域住民・ボランティア団体の活動状況について」.
＊ 同名報告書は警察庁生活安全局が公表する報告書で, 2003年以後の統計が毎年更新されている。
国土交通省, 2002,「グローバル観光戦略」.
国土交通省都市・地域整備局, 2006,『木屋町・都心繁華街の安心・安全コミュニティ及び地域景観の形成プロセス検討調査』.
国立教育政策研究所文教施設研究センター, 2009,『学校施設における地域ぐるみの防犯対策事例集』.
京都市（産業観光局）, 2005,「平成16年京都市観光消費経済波及効果〜観光消費の実態と京都市経済への貢献〜」.
京都市, 2007,「平成20年度国の予算に関する重点要望（11月）」.
京都創生懇談会, 2003,「国家戦略としての京都創生の提言」.

指定都市市長会，2008,「指定都市　安全・安心まちづくりプロジェクト報告書——防犯対策とまちづくりの連携・協議による安全・安心の再構築」.
都市再生本部，2005,「都市再生プロジェクト（第九次決定）」.
自民党，2003,「治安強化に関する緊急提言」.

資　料

1　犯罪対策閣僚会議（2003）「犯罪に強い社会の実現のための行動計画
　　——「世界一安全な国，日本」の復活を目指して」序文
2　京都創生懇談会（2003）「国家戦略としての京都創生の提言」
3　犯罪対策閣僚会議（2005）「安全・安心なまちづくり全国展開プラン」序文より
4　都市再生本部（2005）「都市再生プロジェクト（第九次決定）」
　（平成17年6月28日，犯罪対策閣僚会議と都市再生本部合同会議，配布資料1－5より）
5　犯罪対策閣僚会議（2008）「犯罪に強い社会の実現のための行動計画2008」序文

1　犯罪対策閣僚会議（2003）「犯罪に強い社会の実現のための行動計画——「世界一安全な国，日本」の復活を目指して」序文

序「犯罪に強い社会の実現のための行動計画」策定に当たって

1　治安水準の悪化と国民の不安感の増大

今，治安は危険水域にある。

戦後長い間，年間140万件前後で推移していた刑法犯の認知件数は，最近増加の一途をたどり，平成14年の刑法犯認知件数は約285万件と7年連続で戦後最多を記録し，刑法犯検挙率は過去最低の水準となった。本年は，やや増勢に歯止めがかかっているものの，依然として深刻な状況にある。

特に，街頭犯罪や侵入犯罪の急増，凶悪な少年犯罪の多発，来日外国人犯罪の凶悪化・組織化と全国への拡散等が，治安水準の悪化を後押ししている。また，薬物・銃器犯罪のほか来日外国人犯罪の背後に暴力団等の内外の犯罪組織が暗躍するなど，組織犯罪の脅威も増大している。

ある研究機関の調査によれば，犯罪に不安を感じる者の割合は平成9年から14年までの5年間に26パーセントから41パーセントに上昇した。また，内閣府の調査によると，今後良くなってほしい生活環境として，大都市及び中都市では治安のよさを回答した者が医療・福祉を回答した者に次いで多かった。安全なはずの自宅で白昼強盗の被害に遭ったり，路上でひったくりの被害に遭ったりするという例が後を絶たないことから，国民の体感治安が悪化しているのである。

こうした治安の悪化の原因について，一概に論ずることは困難であるが，社会環境の変化，社会における規範意識の低下，国際化の影響，経済情勢等の様々な事情が複雑に絡み合っていると考えられる。

2　治安回復のための3つの視点

こうした状況を踏まえ，内閣は，本年9月，犯罪対策閣僚会議を開催し，治安の回復を目指して行動計画を策定することとした。

この際，犯罪対策閣僚会議においては，治安回復のため３つの視点が重要であることを確認した。

１つは，「国民が自らの安全を確保するための活動の支援」である。

良好な治安は，警察のパトロールや犯罪の取締りのみによって保たれるものではない。国民一人一人が地域において安全な生活の確保のための自発的な取組を推進することが求められている。すでに，住民の力で犯罪の増加に歯止めをかけようとする取組も広がりつつあるが，さらに，「安全確保のために何かしたい」という住民の思いを具体的な行動に昇華させていくことが重要である。「自らの安全は自ら守る」との観点から，国民一人一人の防犯意識の向上を図るとともに，国民と行政機関が相携えて行動していくことが理想であり，そのための取組を情報の提供や防犯設備への理解の普及等を通じて国が支援していく必要がある。

２つは，「犯罪の生じにくい社会環境の整備」である。

かつて，我が国では，季節の祭礼や町内会の集まりなどの共同活動も活発で，現在よりも地域住民の間の意思疎通は濃密であった。そして，近隣で見知らぬ人物を見かければ声を掛け，大人が子供たちにして良いことと悪いことの区別を教えるということが自然に行われ，犯罪や少年非行を抑止する社会環境として機能していた。都市化や核家族化により希薄化した地域の連帯や家族の絆を取り戻し，こうした抑止力を再生することが必要である。また，道路，公園，建物の設計や外国人受入れの在り方等も，犯罪抑止の面で重要な視点となろう。このように，犯罪の生じにくい社会環境を整備していくため，国としてあらゆる観点からの取組を進める必要がある。

共同体における秩序崩壊の図式を説明するものとして，米国では，「割れ窓理論」が提唱された。割れた窓を放置していれば，次いで別の窓が破られ，あるいは他の違反行為を誘発し，ついには建物全体，地域全体が荒廃する。このように，小さな違反行為を放置しておくと，次第に無秩序感が醸成され，それが大きな治安の悪化につながる，というものである。米国ニューヨーク市においては，治安回復のため，小さな違反行為を見逃さずに取り締まり，また，地下鉄の落書きを消すなどの活動が徹底された。これらはまさに犯罪の生じにくい社会環境整備の一環にほかならないが，こうした取組の下，同市の犯罪情勢は劇的に好転したのである。

３つは，「水際対策を始めとした各種犯罪対策」である。

以上の２点に加え，各行政機関において，犯罪の予防，取締り等各種犯罪対策を効果的に推進していくことが重要であることは言うまでもない。

この際，死活的に重要なことは，法執行機関相互の円滑な連携と情報の有効活用である。跳梁跋扈する犯罪者や犯罪組織に対し，法執行機関は複数の組織に分かれている。

これらの機関は，情報交換や合同取締り等により着実に連携を進めつつあるが，国際化・高度化する犯罪に的確に対応していくためには，従前以上に「省庁の壁」を越えた一層の連携と情報の有効活用が求められており，そのための枠組みの検討も視野に入れる必要がある。

また，水際対策という観点からは，国境を越えて活動する犯罪者や犯罪組織との闘いに関し，外国機関との密接な連携が特に重要となる。

3　犯罪情勢に即した５つの重点課題

以上の３つの視点を前提としつつ，犯罪対策閣僚会議では，今後５年間を目途に，国民の治安に対する不安感を解消し，犯罪の増勢に歯止めをかけ，治安の危機的状況を脱することを目標として，「犯罪に強い社会の実現のための行動計画」を策定した。この行動計画では，現下の犯罪情勢の特徴的傾向に即した５つの重点課題を設定し，国民，事業者，地方公共団体等の協力を得つつ，下記の施策の着実な実現を図るとともに，必要に応じて検証・見直しを行うこととする。

なお，国際的にも情勢が緊迫化しているテロ対策に関する事項については，その中心的役割を緊急テロ対策本部等における取組に委ねることとし，同本部等との連携を密にしていくこととする。

第一は，「平穏な暮らしを脅かす身近な犯罪の抑止」である。

路上でのひったくりや，侵入窃盗・侵入強盗等の被害に遭い，財産上の被害のみならず，身体的，精神的にも大きな被害を受ける無辜の市民が増加していることは憂慮に堪えない。

このため，

1　地域連帯の再生と安全で安心なまちづくりの実現
2　犯罪防止に有効な製品，制度等の普及促進
3　犯罪被害者の保護

の施策を推進することとし，具体的には，

- 自主防犯活動に取り組む地域住民，ボランティア団体の支援
- 「空き交番」の解消と交番機能の強化
- 犯罪の発生しにくい道路，公園，駐車場等の整備・管理
- 自動車盗難防止装置の普及
- 被害者等に対する支援等の推進等に積極的に取り組んでいくこととする。

第二は,「社会全体で取り組む少年犯罪の抑止」である。

現在, 刑法犯検挙人員の約４割, 街頭犯罪に限っては約７割を少年が占めるという深刻な状況が認められる。また, 最近, 社会を震撼させた重大少年事件も少なくない。こうした少年犯罪を抑止し, 次代を担う者たちの健全育成を推進することは, 国民すべての願いである。

このため, 青少年育成推進本部との連携を図りつつ,

1　少年犯罪への厳正・的確な対応

2　少年の非行防止につながる健やかな育成への取組

3　少年を非行から守るための関係機関の連携強化の施策を推進することとし, 具体的には,

・　非行少年の保護観察の在り方の見直し

・　少年法制とその運用上の問題点に関する検討

・　少年補導活動の強化による非行少年の早期発見・早期措置

・　地域社会における教育と少年の居場所づくりの促進

・　関係機関等の連携による少年サポートチームの普及促進等に積極的に取り組んでいくこととする。

第三は,「国境を越える脅威への対応」である。

近年, 外国人犯罪の深刻化が進み, その態様も, 侵入強盗等の凶悪なものが増加しているほか, 暴力団と連携して犯罪を敢行している例も多くみられるようになっている。我が国の不法滞在者は25万人程度と推計されているが, これら犯罪の温床となる不法滞在者を, 今後５年間で半減させ, 国民が安心して暮らすことができるようにし, また, 平穏かつ適法に滞在している多くの外国人に対する無用の警戒感を払拭することが必要である。

このため, 国際組織犯罪等対策推進本部における成果を踏まえつつ,

1　水際における監視, 取締りの推進

2　不法入国・不法滞在対策等の推進

3　来日外国人犯罪捜査の強化

4　外国関係機関との連携強化の施策を推進することとし, 具体的には,

・　盗難自動車等の不正輸出の防止

・　入国審査時における在留資格審査等の厳格化

・　不法滞在者の摘発強化と退去強制の効率化

・　留学生・就学生, 研修生等の受入れに関する諸対策の推進

・　被退去強制者についての中国当局による管理の徹底の要請等に積極的に取り組んでいくこととする。

第四は，「組織犯罪等からの経済，社会の防護」である。

市民の平穏な生活を脅かし，経済，社会の健全性を歪める暴力団等による組織犯罪の根絶が強く求められている。特に暴力団は，その存在が許されるべきものでないにもかかわらず，依然として，合法的な経済活動を装うなどして巧妙な資金獲得活動を行い，莫大な利益を得ている。また，薬物，銃器，ヤミ金融，産業廃棄物問題等にも深く関与している。このほか，社会に対する新たな脅威としてのサイバー犯罪の深刻化が懸念されている。

このため，薬物乱用対策推進本部，銃器対策推進本部における成果を踏まえつつ，

1　組織犯罪対策，暴力団対策の推進

2　薬物乱用，銃器犯罪のない社会の実現

3　組織的に敢行される各種事犯の対策の推進

4　サイバー犯罪対策の推進の施策を推進することとし，具体的には，

・　組織犯罪に対する有効な捜査手法等の活用・検討

・　暴力団排除活動と行政対象暴力対策の推進

・　薬物・銃器密輸の水際での阻止

・　ヤミ金融事犯の撲滅に向けた対策の推進

・　国際組織犯罪防止条約及びサイバー犯罪条約の早期締結並びに関連法の整備等に積極的に取り組んでいくこととする。

第五は，「治安回復のための基盤整備」である。

以上に掲げた施策を効果的に推進していくためには，治安対策に取り組む要員・施設の充実や法制の整備，研究の推進等多角的観点からの基盤整備が重要である。

このため，

・　警察官，検察官等の職員の増員

・　出入国管理に係る体制・施設・装備等の充実強化

・　産学官の技術力を結集した競争的資金等による研究開発の推進

・　刑務所等矯正施設の過剰収容の解消と矯正処遇の強化

・　更生保護制度の充実強化等に積極的に取り組んでいくこととする。

これら施策の具体的内容は，次頁以降に掲げたとおりである。

安全で安心して暮らせる社会の実現は国民すべての願いであり，国の最も基本的な責

務である。そして，安全な社会は，自由な生活，自由な経済活動の前提である。プロイセンの政治家であり人文学者でもあるカール・ヴィルヘルム・フォン・フンボルトは，「安全なくして自由なし」と述べ，安全がなければ，人は，その能力を向上させることができず，その結果得られる果実を享受することもできないとしている。国が国民に対して国内の安全を保障することによってはじめて，自由な諸活動が可能となり，社会の発展が実現するのである。

犯罪対策閣僚会議は，「世界一安全な国，日本」の復活を目指し，ここに，「犯罪に強い社会の実現のための行動計画」を策定し，その実現に向けた一歩を踏み出すものである。

2　京都創生懇談会（2003）「国家戦略としての京都創生の提言」

京都という都は西暦七九四年（延暦十三年），中国の長安，洛陽にならって造られたが，長安，洛陽と違って，今なお鬱蒼と茂る森を三方に有し，清流賀茂川が南北に流れる山紫水明の地であり，この地に過去千二百年にわたり日本人は華麗でしかも繊細な独自の文化を養ってきた。

千年前，今や世界の識者が誰一人として知らないものはない『源氏物語』を書いた紫式部がこの地で活躍したが，時を前後して，小野小町，清少納言，和泉式部などの才女が雲の如く輩出し，その文学の流れは西行，式子内親王，藤原定家，吉田兼好，与謝蕪村などに受け継がれてきた。またこの都は造形芸術においても，雪舟，光悦，大雅，若冲などの天才を生み，今なお盛んな世阿弥の能，利休の茶道をも育てた。そしてまたこの都に日本人の精神を高雅にそして豊かならしめた最澄，空海，法然，親鸞，道元，日蓮などの聖が出現し，その徳の跡をほぼ往時のままに古寺にとどめている。

しかも京都は，日本が西洋文明を移入した明治以後になっても決してその文化的創造力を枯渇させていない。京都人は伝統の宗教行事を守り，伝統産業の灯を消さず，木の文化が息づく町並みを大切にしながら，しかもたくましく発展する先端産業を育ててきた。自然科学においても，湯川秀樹をはじめとする幾多のノーベル賞受賞者などの創造的学者を生み，哲学，歴史，芸術などの分野において実にすぐれた業績を生んだ。

このような都市は，日本はおろか世界に二つとあるまい。北京も，長安も，ローマも，フィレンツェも，パリも，サンクトペテルブルクも，みなそれぞれに美しいが，山紫水明の風土，千二百余年の歴史，そこに凝集された文化と芸術の濃密さ，今も文化的創造力を失っていないことなどにおいても，京都はそれらの都市に優っても決して劣るものではない。

このように考えると，京都は日本の国家財産であるばかりか，世界の宝であるといわねばならないであろう。しかしわれら京都人は長い間京都文化を守ってきたが，今や残念ながら京都の力だけでは京都は守れないことを痛感するようになった。それゆえわれらはここに，国家財産として京都を守ることを日本国の国家の戦略にすることを提案するものである。

このことは，内に，失われがちな日本国家のアイデンティティーを国民に自覚せしめ，波風の多い今後の歴史の中で自国の誇りと安全を保つ道であるとともに，外に，戦後日本人に投げつけられた「エコノミックアニマル」の汚名をそそぎ，かつてのような礼儀

正しい文化高き国という令名を日本に回復せしめる道でもある。

今，世界には蕩々たるグローバリズムの波が押し寄せているが，様々に相異なる文化的伝統をもつ世界の国々は，科学技術をとり入れ，国を豊かにしつつ深い伝統の自覚の上にそれぞれみごとな文化の華を咲かせるとともに，互いの文化を尊重し，真の親善を図るべきであろう。

われら京都人は謙虚の徳を十二分にもっている民である。それゆえわれらは東京遷都についてもひとことの不平もいわず，営々として伝統文化を守ってきたが，今，思いあまってこのような提案をする次第である。この提案は決して京都のためのみではなく，日本のため，ひいては世界人類のためであるとわれらは確信するものである。

緊切な事態にある京都を保全・再生・創造し，活用・発信するための提案

一　国家戦略として京都を創生するという本提言に込めた理念を実現するため，必要かつ十分な財源を国において確保すべきである。京都創生のための基金の創設についても検討すべきである。

一　日本の歴史文化と山紫水明の自然を表徴する京都の景観を保全・再生・創造するため，基本法としての歴史都市再生法を制定し，歴史都市再生機構により歴史的建築物等の買取り・活用を進め，景観を阻害する電線類の地中化を集中的に実施することで，京都らしい町並み景観を形成するとともに，町並みを囲む緑濃い三山周辺を古都保存法に基づき更に徹底して保全すべきである。

一　京都に蓄積する文化財を十分に保護・活用するとともに，一千年以上の都市の記憶装置として世界に貢献する京都歴史博物館を国の施設として建設することにより，日本文化の真髄を湛える京都に宿された文化的芸術的創造力を発揮できるようにすべきである。

一　大交流時代における国策として観光立国を目指すためには，日本の文化力の最も豊かで最も確実な発信源である京都こそを戦略拠点とすべきである。

平成十五年六月十七日

京都創生懇談会座長　梅原　猛

3　犯罪対策閣僚会議（2005）「安全・安心なまちづくり全国展開プラン」序文より

序「安全・安心なまちづくり全国展開プラン」の策定に当たって

近年，住居に犯罪者が侵入したり，街頭で犯罪の被害に遭ったりする事案が急増しているほか，罪のない子どもを狙った凶悪犯罪が多発している。また，人々が行き交う繁華街・歓楽街では，性を売り物とする店舗が乱立するなど，風俗環境の退廃や街並みの無秩序化が進む一方，暴力団や外国人犯罪組織が暗躍し，資金の獲得や謀議，情報交換などの拠点となっている。

このような犯罪情勢の急激な変化は，国民の間に，犯罪被害が身近なものとなり，平穏な日常生活を脅かしているとの実感を生み出している。最新の内閣府の調査では，驚くべきことに，我が国で最も悪化している分野は治安であると答えた者が最も多かった。このことは，国民の安全確保を基本責務とする政府が，統計数値の悪化以上に重く受け止めるべき変化である。

これに対し，自らの手で状況を改善すべく，全国各地で多くの住民たちが自主的な取組を進めている。そこに共通するものは，警察などによる取締りだけに頼るのではなく，自らが知恵を絞り，汗を流そうとする真摯な決意である。ここ数年で，多数のボランティア団体が新たに結成され，パトロール活動や地域安全情報の発信を開始した。全国の住宅街や繁華街・歓楽街には，犯罪対策とまちづくり・都市再生の施策とを融合させ，平穏に生活できる街，健全な賑わいのある街を再生しようとする動きが拡大している。そこには，地方公共団体の積極的な関与も認められる。

政府は，こうした地域の自主的な取組を支援し，官民連携した安全で安心なまちづくりのための取組を全国に展開するため，このプランを策定した。このプランは，平成15年12月の「犯罪に強い社会の実現のための行動計画」を補完し，当面重点的に推進すべき施策を取りまとめたものである。今後，都市再生本部が決定した都市再生プロジェクト「防犯対策等とまちづくりの連携協働による都市の安全・安心の再構築」（第９次決定）と協調して推進することで，「世界一安全な国，日本」を復活させ，社会経済の活性化を後押ししていくこととしている。

4　都市再生本部（2005）「都市再生プロジェクト（第九次決定）」（平成17年6月28日，犯罪対策閣僚会議と都市再生本部合同会議，配布資料1－5より）

防犯対策等とまちづくりの連携協働による都市の安全・安心の再構築

防犯，防災，福祉，産業，教育，文化，交流等の活動ネットワークがまちづくりの中で連携協働することにより，体感治安の回復等，都市の安全・安心を再構築するための取組を強力に推進する。

1．大都市等の魅力ある繁華街の再生

大都市等の繁華街が「安心して」「楽しめる」街であることを目指し，悪質な客引き，無秩序な広告や駐車などを含む迷惑・違法行為を排除，未然防止する防犯治安対策の取組と，街の新たな魅力づくりを含むまちづくりの取組を両輪とし，双方向緊密な連携協働等を推進する。

（1）迷惑・違法行為を放置して一般来街者を遠ざけることは，これら行為の更なる横行を許し，犯罪の温床を生むなど悪循環・暗黒化の危険をはらむ一方，街の魅力づくりが適正な用途のテナント入居の促進や波及等の好循環をもたらすなど，健全な賑わいや人の流れを増すことが，繁華街再生の構造的対策に資する。

このことを強く意識し，民と官が一体となり，防犯治安対策のみに特化せず，以下のような取組を密接に関連付け相乗効果を発揮しながら推進する体制を各地で構築し，効果的な犯罪取締り強化と併せ，地域一丸となった取組に着手する。

＞　客引き，広告，駐車等に係る迷惑・違法行為の排除，未然防止の徹底及び死角の除去，街の美化，外国人観光客を含む来街者への地域安全情報の提供。

＞　地域特有の資源や文化を活かし，それぞれの特性に応じた街の新たな魅力づくりと情報発信，都市再生事業等による新たな賑わいと人の流れの巻き起こし，まちづくりのビジョンと調和したテナントや商業・文化施設の整備等の誘導。

（2）新宿歌舞伎町（東京）における先駆的な取組を踏まえ，薄野（札幌），池袋，渋谷，六本木（東京），関内・関外（横浜），栄周辺（名古屋），木屋町周辺（京都），ミナミ（大阪），流川・薬研堀（広島），中洲（福岡）等において，地域の実情に応じたモデル的取組の展開を図る。

（3）防災，福祉，産業，教育，文化，交流等の活動との連携，隣接地域との横の連携，廃校，空きビル等既存ストック活用の推進等を，できる限り組み込む。

2．全国の多様な主体の連携によるトータルな安全・安心まちづくり

まちづくりに関わる多様な主体が，防犯等地域の安全・安心に係る情報を共有し，相互に補完する活動を行うなど，連携を強め，民の力を結集するための共通基盤を構築する。

（1）以下のような連携基盤の整備により，通学路周辺，住宅地，商店街等の地域特性に応じ，とりわけ子ども・弱者の安全・安心な環境の確保を図る。

＞　ITの活用，地図化等による随時監視や即時の危険情報の公開・共有化とこれらを活用した死角除去。

＞　防犯，放火防止，子どもの見守り等，地域の安全・安心を目指す幅広い活動の拠点形成。

（2）住宅の防犯性能の評価システムの開発・普及，ロボット等新技術の活用，プライバシーに配慮した情報取扱い等，安全・安心の確保に係る新たな仕組の構築や実験的手法を展開するとともに，新たな市場と民間の事業化を誘導育成する。

5　犯罪対策閣僚会議（2008）「犯罪に強い社会の実現のための行動計画2008」序文

序　「犯罪に強い社会の実現のための行動計画2008」策定に当たって

1　治安の現状と国民の不安感

平成15年12月，犯罪対策閣僚会議は，国民の治安に対する不安感を解消し，犯罪の増勢に歯止めを掛け，治安の危機的状況を脱することを目標として，「犯罪に強い社会の実現のための行動計画」（以下「旧計画」という。）を策定した。旧計画では，策定時の犯罪情勢の特徴的傾向に即した５つの重点課題を設定し，国民，事業者，地方公共団体等の協力を得つつ，施策の着実な実現を図ることとした。以来５年間で，警察官等治安の維持に当たる公務員が大幅に増員されたほか，地域における防犯意識の向上に伴い，平成15年に約18万人であった防犯ボランティア団体構成員数は，19年には約234万人にまで増加し，国民と政府とが一体となって取組を行ってきた結果，我が国の治安は大きく改善しつつある。

平成14年に戦後最悪の約285万件を記録した刑法犯認知件数は，19年には約191万件にまで減少し，10年ぶりに200万件を下回った。旧計画策定時に大きな社会問題となっていた少年犯罪については，刑法犯少年の検挙人員が15年の約14万４千人から19年には約10万３千人まで減少し，また，15年に約22万人であった不法残留者の数は，19年には約15万人まで減少した。

こうした明らかな改善の一方で，我が国の治安を脅かす新たな要因も生まれてきている。少子高齢化が進む中，近年，弱い立場にある高齢者をねらった振り込め詐欺の被害が多発しており，警察・関係機関による様々な対策にもかかわらず，平成16年以降，毎年250億円以上の被害が発生している。また，無差別殺傷事件や子どもが被害者となる犯罪が相次いで発生するなど，凶悪な事件の発生も後を絶たない。

最近行われた内閣府の調査によれば，国民の半数以上が，我が国を「治安がよく，安全で安心して暮らせる国だと思わない」と答えている。

これまでの国民と政府とが一体となった取組の結果，治安状況は着実に改善しつつあるものの，客観的な治安状況は，刑法犯認知件数が140万件前後で推移していた戦後の安定期には依然として及ばず，また，社会の変化に伴う新たな不安要因も発生する中で，国民の体感治安は依然として改善していない。このような治安情勢に加え，近年，世界

的な金融危機等で社会的な不安感が増大する中，真の意味で「世界一安全な国，日本」を復活させていくためには，継続的で，かつ，より根本的な犯罪対策を講じていくことが必要である。

2　真の治安再生のための基本理念

こうした状況を踏まえ，内閣は，本年6月，犯罪対策閣僚会議を開催し，犯罪対策の新たな行動計画を策定することとした。

旧計画は，治安回復のための3つの視点，すなわち，「国民が自らの安全を確保するための活動の支援」，「犯罪の生じにくい社会環境の整備」及び「水際対策を始めとした各種犯罪対策」を前提としている。犯罪を抑止し，良好な治安を実現するためには，警察のパトロールや犯罪の取締りだけでなく，国民一人一人が地域において自発的な取組を推進することが必要であること，希薄化した地域の連帯や家族の絆を再生するとともに，道路，公園等のまちの構造や外国人受入れの在り方といった制度に至るまで，あらゆる観点から社会環境の整備に取り組む必要があること，また，各行政機関において，外国機関との連携も含め相互に密接な連携を保ちながら，犯罪の予防，取締り等各種犯罪対策を効果的に推進していくことが重要であることは，過去5年間の取組の中で繰り返し認識され，効果的な犯罪対策を講ずる上での指針となり続けてきた。いまだ道半ばである治安再生への取組を更に推し進めていく上で，上記3つの視点の重要性は今後も変わるものでなく，社会情勢の変化に応じて有効な犯罪対策を講じていくために維持すべきものである。

それと同時に，今後の犯罪対策をより有効で根本的なものとするためには，犯罪が発生する原因及び社会的背景に対する的確な分析と対処をこれらの視点の基礎とすることが重要である。19世紀のドイツの刑法学者であるフランツ・フォン・リストは，「社会政策こそが最善の刑事政策である」と述べたが，治安関係機関による取締りだけでなく，犯罪が発生する原因及び社会的背景を踏まえて，犯罪を起こさせないためのより広範な政策を総合的かつ持続的に講じていくことが，中長期的な治安の改善に資するものである。

3　犯罪情勢に即した重点課題

以上の基本理念に基づき，犯罪対策閣僚会議では，今後5年間を目途に，犯罪を更に減少させ，国民の治安に対する不安感を解消し，真の治安再生を実現することを目標として，「犯罪に強い社会の実現のための行動計画2008」を策定した。この行動計画では，これまで「テロの未然防止のための行動計画」に規定されていたテロ対策に係る事項等

を含め，現下の犯罪情勢の特徴的傾向に即した7つの重点課題を設定し，旧計画と同様に，国民，事業者，地方公共団体等の協力を得つつ，下記の施策の着実な実現を図るとともに，必要に応じて検証・見直しを行うこととする。

第一は，「身近な犯罪に強い社会の構築」である。

犯罪の発生を更に抑制するとともに，体感治安の回復を図るためには，旧計画の下で活性化してきた地域の自主防犯活動を，企業等の取組ともあいまって，その質を高めつつ共同体の構成員相互間の絆を強める手段の一つとして社会に根付かせると同時に，新たに社会的な不安要因となっている振り込め詐欺や食の安全・安心に係る事犯への対策を強化するなど，身近な犯罪を犯そうとする者にその機会を与えない社会をつくるための努力を，あらゆる角度から行っていく必要がある。

このため，

1　防犯ボランティア活動等の促進
2　犯罪に強いまちづくりの推進
3　振り込め詐欺対策の強化
4　消費者の目線に立った生活経済事犯への対策の強化
5　子どもと女性の安全を守るための施策の推進
6　自動車盗等身近な窃盗事犯への対策の推進
7　犯罪被害者の保護

の施策を推進することとし，具体的には，

・的確な犯罪情報・地域安全情報の提供
・官民協働による犯罪の発生しにくいまちづくりの推進
・携帯電話，預貯金口座等の犯罪への利用の遮断
・食の安全・安心に係る事犯等への対策及び違法行為の監視の強化
・犯罪被害者等に対する各種支援の一層の推進

等に積極的に取り組んでいくこととする。

第二は，「犯罪者を生まない社会の構築」である。

現代社会においては，公共の利益よりも私的利益を優先する私事化が様々な面で進展し，個人と社会のつながりが希薄化する傾向にあると言われる。近年，構造改革の進展とともに経済社会の効率性が改善する反面，若者，高齢者や社会的に弱い立場にいる人々の一部が激しい競争やインターネット文化の普及の中で孤立化し，犯罪に走る実態がみられる。こうした人々の孤立化を防ぎ，又は社会との間で失われた絆を再構築し，

市民としての意識を涵養させる仕組みをつくることは，人々の内面から犯罪を防止する有効な対策となる。また，人数においては全犯罪者の３割である再犯者が，件数においては全犯罪の６割を実行している状況にあり，一度犯罪を犯した者の再犯をどのように防止するかが，犯罪対策上避けては通れない重要課題となっている。

このため，青少年育成推進本部における成果も踏まえつつ，

1　少年の健全育成と孤立した若者等の社会参加の促進

2　刑務所出所者等の再犯防止

の施策を推進することとし，具体的には，

・少年の規範意識の向上

・孤立した若者，高齢者等の社会参加の促進

・安定的な収入を確保できない者等に対する就労，雇用促進

・福祉による支援を必要とする刑務所出所者等の地域生活定着支援の実施

・自立更生のための各種施策の推進

等に積極的に取り組んでいくこととする。

第三は，「国際化への対応」である。

旧計画が不法滞在者の半減化を目標に掲げ，水際対策や摘発強化を推進してきた結果，不法滞在者は大きく減少し，目標に近づきつつある。他方で，国際化の進展に伴い我が国に労働者等として入国し，定着する外国人は年々増え続けており，これらの人々やその子弟の一部が我が国の社会に適応できず，犯罪等の問題につながるという実態がみられる。したがって，在留管理と違法行為への取締りをより厳正かつ効果的に行うと同時に，適法に我が国に滞在する外国人が日本人と同様に様々な生活サービスを享受することができ，日本人と安心して共生できる社会を構築することは，より抜本的な外国人犯罪対策ともなる。

このため，国際組織犯罪等・国際テロ対策推進本部における成果も踏まえつつ，

1　水際対策

2　新たな在留管理制度による不法滞在者等を生まない社会の構築

3　多文化共生を可能とする社会基盤の整備

4　国際組織犯罪対策

の施策を推進することとし，具体的には，

・社会悪物品等の密輸入の防止等

・新たな在留管理制度の創設

・不法滞在者の摘発強化と退去強制の効率化

・地域における多文化共生の推進
・外国人犯罪に対する厳正な刑事処分の推進
等に積極的に取り組んでいくこととする。

第四は,「犯罪組織等反社会的勢力への対策」である。

暴力,威力と詐欺的手法を駆使して経済的利益を追求する反社会的勢力の存在は,健全な経済,社会活動を歪め,市民の平穏な生活を脅かし,強い不安に陥れる要因となっている。その中心である暴力団は,その存在自体が許容できない組織であるにもかかわらず,依然として一定の勢力を保っており,企業活動を装うなどして活動形態の不透明化を進展させつつ,証券取引等の経済活動を通じて莫大な資金を獲得している。また,利益供与と引き換えにその威力等を自らの利益拡大に利用するなどして暴力団と共生する者も存在し,暴力団の活動を助長している。企業や関係機関は,連携してこれらの反社会的勢力を経済活動から排除していかなければならない。さらに,近年,銃器を用いた凶悪な犯罪の発生や青少年等に対する薬物の浸透が大きな問題となっているが,暴力団等は,これらの事犯にも深く関与しており,その対策が求められている。

このため,国際組織犯罪等・国際テロ対策推進本部等における成果も踏まえつつ,

1　暴力団対策等
2　マネー・ローンダリング対策
3　銃器対策の推進
4　薬物対策の推進
5　組織的に敢行される各種事犯への対策

の施策を推進することとし,具体的には,

・組織犯罪情報の収集,分析の更なる強化と利便性の向上
・暴力団及び周辺者の経済活動からの排除
・疑わしい取引に関する情報分析能力の強化
・厳格な銃砲刀剣類行政の推進
・薬物密輸の水際阻止
等に積極的に取り組んでいくこととする。

第五は,「安全なサイバー空間の構築」である。

急速に発達・普及し続ける情報通信技術とサイバー空間は,今や国民生活に欠かせない基盤となり,その存在が人々の生活を形づくることと併せて,特に若者の人格形成に大きな影響を及ぼしている。また,サイバー空間における行動規範の形成や情報セキュ

リティに関する知識の普及が不完全な中，インターネットを様々な形で利用した犯罪の増加が大きな脅威となっており，その対策が急務となっている。

このため，高度情報通信ネットワーク社会推進戦略本部等における成果も踏まえつつ，

1　違法・有害情報対策

2　違法・有害情報を排除するための自主的な取組への支援

3　サイバー犯罪対策の推進

の施策を推進することとし，具体的には，

・インターネット上の有害情報から青少年を守るための対策の推進

・インターネット・ホットラインセンターの体制強化等の推進

・違法・有害情報検出方法及びフィルタリングソフトの高度化及び普及促進

・サイバー犯罪に関する条約の締結に向けた法整備等の推進

・情報セキュリティに関する知識及び対策の普及啓発活動の推進

等に積極的に取り組んでいくこととする。

第六は，「テロの脅威等への対処」である。

平成13年９月11日の米国における同時多発テロ事件以降，世界各国でテロ対策が強化されているにもかかわらず，イスラム過激派等によるテロの脅威は依然として高い状況にあり，大規模なテロ事件が各地で発生し続けている。アル・カーイダから標的として名指しされている我が国も，この脅威から決して無縁でない。また，近年，インターネットの発達等を背景として，非イスラム諸国で生まれ又は育ちながら，何らかの影響で過激化し，自らが居住する国の権益等をねらってテロを敢行する，いわゆるホームグローン・テロリストの危険性が認識されるなど，テロの発生形態は複雑化している。テロ等の発生を許さないため，社会全体での取組が必要とされている。

このため，国際組織犯罪等・国際テロ対策推進本部における成果も踏まえつつ，

1　テロに強い社会の構築

2　水際対策の強化

3　テロの手段を封じ込める対策の強化

4　情報機能等の強化及び違法行為の取締りの徹底

5　重要施設等の警戒警備及び対処能力の強化

6　サイバーテロ対策・サイバーインテリジェンス対策

7　大量破壊兵器の拡散等国境を越える脅威に対する対策の強化

8　北朝鮮による日本人拉致容疑事案等への対応

の施策を推進することとし，具体的には，

・事前報告情報等の効果的活用・資機材の整備等
・NBC テロ等に使用されるおそれのある各種物質の管理体制等の強化
・テロの未然防止に向けた国内外における情報収集・分析機能の強化
・テロ等の未然防止のための重要施設・要人等の警戒警備の強化
・重要インフラ事業者等との更なる連携の強化
等に積極的に取り組んでいくこととする。

第七は，「治安再生のための基盤整備」である。

以上に掲げた施策を効果的に推進していくためには，治安対策に取り組む要員・施設の重点的な充実・整備や制度の改善，研究の推進や科学技術の活用，新たな制度への適切な対応等多角的観点からの基盤整備が重要である。

このため，

1　人的・物的基盤の強化
2　犯罪の追跡可能性の確保，証拠収集方法の拡充
3　裁判への的確な対応

の施策を推進することとし，具体的には，

・地方警察官等の増員
・治安関係職員の増員
・犯罪の痕跡の確実な記録と迅速かつ的確な犯罪捜査への協力確保
・死因究明体制の強化
・裁判員裁判への的確な対応
等に積極的に取り組んでいくこととする。

これら施策の具体的内容は，次項以降に掲げたとおりである。

旧計画は，カール・ヴィルヘルム・フォン・フンボルトが述べた「安全なくして自由なし」との考え方を基本として，安全で安心して暮らせる社会の実現を目指してきた。しかしながら，冒頭に記したとおり，いくつかの治安指標の改善の一方で，国民の多くは，このような社会が実現されたとは考えておらず，平穏な日常生活が犯罪によって破られることはないとの安心は，残念ながら，いまだ国民が等しく享受するところとはなっていない。家族を思いやる気持ちに乗じて多額の金銭をだまし取られる振り込め詐欺や被害者には関係のない理不尽な動機により凶刃の犠牲になる無差別殺傷事件には，他者への信頼を危うくさせる深刻さがある。他者への信頼の低下は，国民が感じている不安の大きな要因となっている。

安全で安心して暮らせる社会を実現するためには，単に全体としての犯罪の件数を減少させるだけでなく，他者を信頼して行動することができるような社会をつくることが必要である。地域社会においては，その構成員である一人一人の住民が，時として協働する場面があれば，互いの行動を考えるよい機会となる。それにより，地域社会における絆を深め，相互の信頼を醸成することができる。このように，各種施策の総合的推進を通じて相互信頼の醸成を目指すことにより，社会の安全と安心は大きく向上すると考える。

犯罪対策閣僚会議は，ここに，「犯罪に強い社会の実現のための行動計画2008」を策定し，真の治安再生を目指して施策の着実な実現を図るものである。

〈著者紹介〉
山本奈生（やまもと・なお）
1979年生まれ
佛教大学大学院社会学研究科博士課程単位取得退学，博士（社会学，佛教大学）
現在　佛教大学社会学部専任講師
主要論文等
「自主防犯活動と街区のポリティクス」『フォーラム現代社会学』第10号，2010年.
「主体なき責任の帰属——ドラッグ政策と診断室のカルテ」『現代思想』第38巻14号，2010年.

MINERVA 社会学叢書㊿
犯罪統制と空間の社会学
——ゼロ年代日本における犯罪・都市政策——

2015年7月10日　初版第1刷発行　〈検印省略〉

価格はカバーに
表示しています

著　者　山本奈生
発行者　杉田啓三
印刷者　藤森英夫

発行所　株式会社　ミネルヴァ書房
607-8494　京都市山科区日ノ岡堤谷町1
電話(075)581-5191／振替01020-0-8076

亜細亜印刷・兼文堂

ISBN978-4-623-07338-2
Printed in Japan